教育部人文社会科学重点研究基地重大项目
"美国政府财政和债务危机及其对我国经济的影响"
(项目批准号:12JJD790041)研究成果

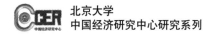
北京大学
中国经济研究中心研究系列

美国政府财政与债务危机
对中国的借鉴

The U.S. Government Fiscal and Debt Crisis
Lessons for China

张　帆　肖诗阳　著

北京大学出版社
PEKING UNIVERSITY PRESS

图书在版编目(CIP)数据

美国政府财政与债务危机:对中国的借鉴/张帆,肖诗阳著.—北京:北京大学出版社,2016.1
(北京大学中国经济研究中心研究系列)
ISBN 978-7-301-26679-3

Ⅰ.①美… Ⅱ.①张…②肖… Ⅲ.①财政危机—研究—美国 ②债务危机—研究—美国 Ⅳ.①F817.123 ②F817.126

中国版本图书馆 CIP 数据核字(2015)第 312327 号

书　　　名	美国政府财政与债务危机:对中国的借鉴 MEIGUO ZHENGFU CAIZHENG YU ZHAIWU WEIJI
著作责任者	张　帆　肖诗阳　著
责任编辑	黄炜婷
标准书号	ISBN 978-7-301-26679-3
出版发行	北京大学出版社
地　　　址	北京市海淀区成府路 205 号　100871
网　　　址	http://www.pup.cn
电子信箱	em@pup.cn　QQ:552063295
新浪微博	@北京大学出版社　@北京大学出版社经管图书
电　　　话	邮购部 62752015　发行部 62750672　编辑部 62752926
印　刷　者	北京大学印刷厂
经　销　者	新华书店 720 毫米×1020 毫米　16 开本　22.75 印张　297 千字 2016 年 1 月第 1 版　2016 年 1 月第 1 次印刷
定　　　价	58.00 元

未经许可,不得以任何方式复制或抄袭本书之部分或全部内容。
版权所有,侵权必究
举报电话:010-62752024　电子信箱:fd@pup.pku.edu.cn
图书如有印装质量问题,请与出版部联系,电话:010-62756370

课题组成员

黄益平　陶坤玉　汤宁越　肖诗阳　何　萍　苟　琴
沈仲凯　王　萌　原韦迪　高京霞　郝艳颖　云梦妍
彭　月　葛　润　董　奇　万　凤　刘佳佳　李珊珊
赵　琳　陈思佳　都闻心　邓博文　王茵之　郭　磊
谭炜杰　刘一璇　邱　晗　王亦轩　张　帆

执　笔

张　帆　肖诗阳

致　　谢

感谢世界银行刘莉莉博士,财政部财政科学研究所吕旺石研究员、陈穗红教授、王美桃博士,纽约大学 Thomas F. Cooley 教授、Kim Schoenholtz 教授、Edward I. Altman 教授,麻省理工学院教授及 NBER 现任主席 James M. Poterba 教授,北京大学国家发展研究院周其仁教授、卢锋教授、林双林教授、薛兆丰教授、徐建国教授、席天扬教授提供的非常有价值的意见和帮助。

总　　序

自 2004 年首次亮相以来，"北京大学中国经济研究中心研究系列"已经出版了中国经济研究中心学者的二十余部研究著作。2014 年恰逢中国经济研究中心（国家发展研究院）成立二十周年，"北京大学中国经济研究中心研究系列"出版新的一辑研究著作，可喜可贺。

中国经济研究中心以及在其基础上于 2008 年成立的国家发展研究院致力于应用现代经济学的方法研究中国当下的经济问题，目标是既为经济学的发展添砖加瓦，又为国家的经济政策出谋划策。作为中国第一个全部由海归学者组成的研究机构，中国经济研究中心从 20 世纪 90 年代中期就开始系统引进现代经济学的研究生培养体系，并在国内倡导经济学研究的本土化、规范化和国际化。本土化指的是研究中国本土的问题；规范化指的是应用现代经济学的研究方法；国际化指的是采用国际通行的评价体系，参与国际对话。这种研究取向既不同于过去单一地依赖政治经济学来研究中国问题的做法，也不同于一些国外学者仅仅把中国作为一个研究样本的做法，而是全方位地应用现代经济学（包括现代政治经济学）的方法，力图从中国的实践中总结出新的经济学理论，并最终推动中国经济和社会的进步。

随着中国经济的发展壮大，国内的经济学教学和研究取得了长足的进步。面向未来，中国经济学研究仍需要解决好以下两个关系问题：一是学术研究和现实关照之间的关系。目前的一个倾向是,一部分学者完全放弃对现实的关照,专注于做纯学术研究。这其中当然有专业分工的原因,但是,这种割裂对中国经济学的发展可能是极为不利的。多数做纯学术研究的学者都只在国外发表他们的论文,然而,国外杂志未必对中国经济感兴趣,久而久之,中国学者在国外发表的论文就自然会脱离中国实际,甚至出现"投人所好"的现象。时下,在国外杂志上发表论文往往被认为是达到更高学术标准的标志,因此这种现象还有不断加强的趋势。但是,经济学毕竟是一门关注现实的社会科学,长期脱离生于斯、长于斯的土壤,中国学者是不太可能创造出世人关注的学术贡献的。中国正处在一个前所未有的伟大转型时期,这为经济学研究提供了无与伦比的素材,观察和研究当下的中国更可能产生有影响的学术成果。二是政策研究和学术研究之间的关系。与一部分学者放弃对现实的关照相反,另一部分学者则放弃学术研究,专注于政策研究。同样,这其中也有专业分工的原因,但是,如果没有学术研究做支撑,单纯的政策研究就可能变成无本之木。比如,在关于中美经济失衡的讨论中,美国的学者和政策研究者可以拿出"雄辩的"理论与证据,说明中美经济失衡完全是中国的过错,而中国的学者和政策研究者在多数时间里只有应答的份儿。究其原因,完全是中国的研究准备不足造成的。学者忙于在国外杂志上发表论文,政策研究者忙于解决政府迫在眉睫的政策问题,缺少对中国现实进行中长期研究的人。

"北京大学中国经济研究中心研究系列"倡导用现代经济学的方法研究中国的现实问题,并由此推动经济学理论的发展,为中国的经济繁荣和社会进步做出贡献。这个宗旨和国家发展研究院的办院方针是一致的。国家发展研究院作为一个综合性的研究机构,从事经济学、管理学以及其他社会科学的教学和研究,并努力把学术研究和政策研究结合起来,成为在中国和世界上有影响的智库。"北京大学中国经济研究中心研究系列"是中国经济研究中心和国家发展研究院学者学术研究成果的集中展示平台,这些研究不仅具有一定的学术高度,而且具有强烈的现实关怀和政策含义,为中国经济学研究树立了一个榜样。在过去的十几年里,"北京大学中国经济研究中心研究系列"得到了学术界的认可,希望今后继续得到学界和社会各界的支持。

北京大学国家发展研究院院长、

中国经济研究中心主任

2014年3月于北京大学朗润园

前　言

每年收入 20 镑,每年支出 19.96 镑,结果是幸福;每年收入 20 镑,每年支出 20.06 镑,结果是穷困。

——米考伯①

米考伯的话表达了持家度日的浅显真理。一个国家或一个政府与一个家庭相同,也存在收入与支出的平衡问题。当收不抵支时,就出现政府财政赤字和债务;当债务超过政府的支付能力时,就会出现债务危机。债务有好坏两个方面:一方面,债务是一种融资手段,用别人的钱或未来的钱来办自己眼下的事,解决了政府和个人资金不足的问题;另一方面,借债就必须偿还,过度的借债会产生巨大的风险。近年来,无论中外,债务问题经常出现在新闻媒体、政府报告和研究文件上。债务问题引人注目,债务带来的经常是坏消息。

20 世纪末和 21 世纪初,除了一个简短的间隔(克林顿执政的最后几年),美国的财政预算连续出现巨额赤字,债台高筑。这是一系列政治经济问题长期积累的结果,并因国际金融危机等短期问题而爆发。在此金融危机的过程中,不仅联邦政府出现债务危机,美国州和地方政府预算和债务也发生了比较普遍的危机,这既与美国联邦政府的预算危机有联系,也有自身特点。金融危机使美国政府的债务问题充分暴露。近期,随着美国经济走出衰退,联邦、州和地方政府税

---

① 米考伯是狄更斯小说《雾都孤儿》中的人物。

收持续得到改善,债务危机的风险有所缓解。然而,从长期来看,政府财政和债务问题的根源依然存在,政府过度花费以及由此引起的债务问题并未从根本上得到解决。

美国联邦政府面临严重的财政问题,财政赤字近年达到历史上和平时期的最高水平。美国财政面临的问题可以分为短期问题和长期问题。短期问题与战争和经济衰退有关;长期问题与福利制度的花费有关。具体说,财政问题与人口构成的变化和人均健保支出的增长有关。在短期,金融危机引起的经济停滞和失业是联邦财政收入减少的重要原因;在长期,预算和债务问题关系福利制度的规模和发展方向。20世纪的美国逐步演变成一个福利国家,福利支出成为联邦政府支出最重要的一部分,而其中对预算和债务影响最大的是和医疗保险有关的支出,包括国防支出的日常支出的削减并不足以解决预算赤字问题。为支持这一巨大的福利支出,政府必须取得足够的税收,这又涉及税收制度的建设和改革,特别是关乎社会公平和经济发展的税收累进程度的设计。考虑到现实的可能性,美国政府的强制性支出(医疗保障和医疗辅助)占 GDP 的比重预计在未来会显著上升,其他支出的比重相对稳定。这是由于:(1)人口结构的变动,即工作人数相对享受福利人数的下降;(2)人均健保成本的上升,这涉及医疗服务和药品器材成本的上升。因此,美国的长期财政问题可以概括为七成在于健保,三成在于增加政府收入。预算问题的解决涉及政府议事和决策程序,本质上是政治问题。目前,美国民主和共和两党对财政预算问题存在尖锐的意见分歧。共和党认为,联邦政府的预算问题是过度支出问题、而不是收入问题,主张减少支出、坚决反对增税。民主党则认为,预算问题本质上是福利问题,必须保证人民的基本福利支出,因此不能大幅度减少支出,必须增税,至少是对一小部分富人增税。美国政府的债务前景不容乐观,要改变这一情况,必须对现有政策作出较大的改革;然而,目前的政治制度使政府在长远问题的决策上步履蹒跚,不时瘫痪。这实质上是民主制度下的决策程序问题,决策程序的改革开始受到关注。

美国财政和债务问题中没有引起足够注意,但具有潜在危险性的是州和地方政府的财政和债务问题。美国许多州的经济和政府预算具有很大的规模,一些州和城市的经济和预算规模大于世界上的多数国家(如加利福尼亚州就大于欧洲发生债务危机的所有国家)。美国地方政府的财政和债务问题,在短期是由于经济衰退而暴露;在长期,其根本原因也与地方政府雇员的福利制度和政治家的行为有关。美国地方政府的债务危机可能导致地方政府破产,一旦联邦政府对破产的地方政府实施救助,就会影响美国的总体财务状况。因此,美国地方政府债务危机可能对美元的地位产生长远的影响。这一问题尚未受到普遍的关注,需要进行深入的研究。由于地方政府承担的福利功能较弱,面临的平衡预算的约束较强,美国州和地方政府的财政与债务问题与联邦政府的问题相比较轻,但也不容忽视。

债务问题并不局限在美国,欧洲债务危机是过去几年影响世界经济的一件大事。近年来,我国地方政府债务也成为引人关注的问题。根据国家审计署的报告,截至2013年6月底,地方政府负有偿还责任的债务10.89万亿元,负有担保责任的债务2.67万亿元,可能承担一定救助责任的债务4.34万亿元。与2010年年底相比,省市县三级政府负有偿还责任的债务余额年均增长19.97%,地方政府债务的规模和惊人的增长速度引发了对于地方债务可能造成的各类风险的担忧。我国的地方债问题,在短期,与美国有所不同,主要是各级政府之间的职责不清和预算软约束以及制度不够健全和不够透明的问题。因此不能将我国的债务风险与美国进行简单的比较。在长期,与美国相似,我国也面临如何建立中央——地方财政关系、如何建设福利制度和如何设计和建设累进税收制度的问题。这些都关乎社会公平和经济发展的激励机制,十分重要。

美国地方政府的债务问题,为我国解决地方债问题提供了正反两方面的经验和借鉴。一方面,我们可以借鉴美国的比较完善的发债、监管和破产体系,建立一个公开、透明的地方债务体系;另一方面,借鉴美国地方政府债务危机的负面经验,建立正确的激励机制,设计和建设符合我国经济发展水平的社会福利体系,预防地方政府由于更广泛的制度原因造成的债务风险。

本书包括两篇:第1篇,美国政府财政和债务的现状和前景;第2篇,美国政府财政和债务危机对中国的影响和借鉴。本书首先对美国总体经济的基本情况进行梳理,并对其前景作出估计。在此基础上深入研究美国政府的财政赤字和债务,包括联邦政府和地方政府的财政赤字和债务,并对其风险进行评估。继而在对美国的情况作出基本判断的基础上,转而分析中国的政府债务问题产生的深层次原因及其解决办法。我们采用多种方法对中国地方政府债务的风险进行分析和估算,比较中美债务问题的表现和根源,分析美国经济情况和债务对我国的影响以及我国政府的可能对策。最后讨论美国债务监管制度对我国的借鉴,并提出我国地方债未来改革的建议。

本书的创新之处在于,(1)主流宏观经济学对目前发达国家的金融经济危机尚未提出共识性的对策,这类似大萧条初期的情况。本研究试图从债务问题入手,在时间的维度上归纳出一个分析视角,并在此基础上提出有关美国债务和经济长期发展方向的思路。(2)国内对美国地方政府债务的研究较少,本书对美国地方政府债务及其风险作出定性和定量的研究,弥补这方面的空白。(3)本书梳理了我国地方政府债务问题的事实和政策,分析了我国地方政府债务问题的制度性根源、解决思路的演变。(4)本书对中美两国政府债务问题进行了对比,找出我国应当汲取的教训和可以借鉴的地方。

在此,我们感谢对本书提出宝贵意见的各位学者。本书是课题组集体努力的结果,本课题组包括北京大学国家发展研究院的黄益平教授,中央财经大学的陶坤玉教授,大多数课题组成员是北京大学、北京师范大学、北京外国语大学各院系的本科生,他们有些即将开始研究生学习,其中的每一个人都是北京大学国家发展研究院经济学双学位的学生。

张　帆

2015 年 10 月

目 录

绪论　　/1

第1篇　美国政府财政和债务的现状和前景

第1章　美国经济的现状和前景　　/17
  1.1　美国的历史　　/18
  1.2　美国国民经济的基本情况　　/19
  1.3　美国联邦政府对经济的干预　　/25
  1.4　经济周期和金融危机　　/28

第2章　美国联邦政府的运作机制　　/35
  2.1　美国政府的主要机构设置　　/35
  2.2　联邦政府与州和地方政府的关系　　/37

第3章　美国联邦政府财政　　/39
  3.1　美国财政和预算现状　　/40
  3.2　美国财政和预算问题的历史渊源　　/50
  3.3　美国短期的政府预算问题　　/52
  3.4　美国长期的福利问题　　/54

第4章　美国联邦政府债务　　/59
  4.1　美国联邦政府债务的衡量　　/62
  4.2　联邦政府债务上限与"财政悬崖"　　/64

4.3 联邦债务的未来发展趋势 /67

4.4 联邦债务可持续性分析 /68

4.5 风险与未来挑战的焦点 /80

第5章 美国联邦政府债务的成因和可能的解决办法 /88

5.1 美国联邦赤字和债务的成因和面临的挑战 /88

5.2 美国应当如何解决财政整顿问题 /95

5.3 债务涉及的决策瘫痪问题 /102

5.4 赤字-债务问题具体解决的政治程序 /104

第6章 美国州和地方政府的运作机制 /106

6.1 美国各级政府之间的关系 /106

6.2 美国州和地方政府结构 /108

6.3 美国州和地方政府的职能 /109

6.4 美国州和地方政府的种类 /110

6.5 美国州和地方政府财政 /112

第7章 美国州和地方政府债务的历史和现状 /120

7.1 美国州和地方政府债务 /120

7.2 地方政府资本市场 /124

7.3 美国州和地方政府债务存在的问题 /127

第8章 美国州和地方政府债务风险与监管 /130

8.1 美国州和地方政府债务风险 /130

8.2 地方政府信用评估 /133

8.3 地方政府债务监管体系 /136

8.4 对隐性和或有负债估算方法的改革 /137

8.5 美国联邦政府对地方政府的救助 /139

8.6 美国市政债券违约风险预测 /141

第9章 美国地方政府债务危机的政治、经济原因及其防范 /151

9.1 美国州和地方政府债务的近期状况和未来预测 /151

9.2 美国州和地方政府债务危机的原因 /153

9.3 美国州和地方政府债务危机的防范 /156

第10章 美国主要州和市政府债务案例 /164

10.1 上级政府拒绝援助的案例：橙县破产 /164

10.2 上级政府提供援助的特例：华盛顿特区与卡姆登市 /165

10.3 加利福尼亚州的案例 /167

10.4 密歇根州底特律市的案例 /169

10.5 阿拉巴马州杰弗逊县的案例 /171

10.6 宾夕法尼亚州哈里斯堡市的案例 /173

10.7 加利福尼亚州斯托克顿市的案例 /175

10.8 其他案例 /175

第2篇 美国政府财政和债务危机对中国的影响和借鉴

第11章 美国政府债务对中国投资的影响以及中国的防范措施 /181

11.1 美国政府债务对中国的影响 /182

11.2 中国可能的应对措施 /184

第12章 中国政府财政和债务的现状和问题 /187

12.1 中国政府的财政问题和改革 /187

12.2 中国地方政府的债务问题 /191

12.3 解决债务问题的思路 /193

12.4 中国政府债务问题的深层次根源 /202

第13章 中国地方债务风险分析 /206

13.1 文献回顾 /208

13.2 从债务率角度分析地方政府债务的存量风险 /210

13.3 从地方投融资平台财务数据分析平台内部的流动性风险 /213

13.4 使用KMV模型估测地方政府债务风险 /225

13.5 从各地区政府债务构成来评价债务平台风险问题 /227

13.6 主要结论 /229

第14章 美国债务管理对中国的借鉴 /232

14.1 中国和美国政府财政和债务的比较 /232

14.2 美国债务管理的借鉴 /236

结束语 /241

附录 /243

参考文献 /311

名词索引 /336

表目录

表1.1 美国经济的基本数据 /17

表1.2 美国1969年以来的经济衰退 /29

表3.1 美国联邦政府收入 /41

表3.2 2013年美国联邦个人所得税税率 /42

表3.3 美国2010年不同收入组的实际有效税率 /43

表3.4 2012—2019年美国联邦政府支出 /44

表4.1 2000—2019年美国联邦政府债务 /60

表4.2 基准情境下的基础财政收支的假设的GDP占比 /82

表4.3 基于现行法律的联邦政府债务动态基准模拟 /83

表4.4 对比栏——基准情境下联邦债务动态模拟结果 /84

表4.5 替代情境下的基础财政收支假设的GDP占比 /85

表4.6 敏感性分析——财政政策角度 /86

表4.7 对比栏——替代情境下联邦债务动态模拟结果 /87

表6.1 美国地方政府的结构和数量 /108

表6.2 2012年美国州和地方政府收入 /114

表6.3 2012年美国州和地方政府支出 /116

表7.1 2012年美国州和地方政府债务 /121

表 7.2　美国州和地方政府未偿还债务　／121

表 7.3　2010 年美国一些州的政府债务占州
　　　　总产出的比重　／122

表 7.4　2012 年美国人均地方政府债务最高的 10 个州　／123

表 7.5　2007—2018 年纽约市政府债务　／124

表 8.1　标准普尔债券累积历史违约率　／131

表 8.2　人均 NTS 长期债券和州评级　／131

表 8.3　NTS 债务占个人收入的比例　／132

表 8.4　穆迪市政债券和公司债券的违约率比较　／132

表 8.5　穆迪和标准普尔提供的债券违约次数　／133

表 8.6　样本信息　／142

表 8.7　变量说明　／144

表 8.8　模型财务变量参数分析　／145

表 8.9　模型预测正确率测试　／145

表 8.10　检验结果的正确率　／148

表 9.1　州政府一般资金支出　／152

表 9.2　州政府税收的变动　／152

表 12.1　解决地方政府债务问题的政策演变　／194

表 13.1　各省份债务率与逾期债务率　／211

表 13.2　中国各省份债务率与第二类逾期债务率　／212

表 13.3　初选变量　／216

表 13.4　模型财务变量参数分析　／219

表 13.5　模型预测能力测试　／220

表13.6 中国非投融资平台上市公司与投融资平台公司
       的财务指标平均值对比　　/222

表13.7 中国有违约风险的投融资平台公司与健康的投融资
       平台公司的财务变量平均值对比　　/224

表13.8 不同时间地方政府财政收入的增长率和波动　　/226

表13.9 北京的借债限度和违约概率　　/227

表13.10 地方性债务融资资金去向　　/229

表14.1 中国需要借鉴的发债制度和指标体系　　/238

表A1 美国联邦政府预算　　/243

表A2 1934—2019年美国联邦政府收入（按来源划分）　　/247

表A3 1940—2019年美国联邦政府支出构成
     （按功能划分）　　/250

表A4 1940—2019年美国联邦政府债务　　/252

表A5 2012年美国州和地方政府收入　　/254

表A6 2012年美国州和地方政府支出　　/256

表A7 美国州和地方政府未偿付债务　　/258

表A8 2012年美国州和地方政府的财政与债务　　/260

图目录

图 1.1　美国 GDP 历史数据　/21

图 1.2　1914—2014 年美国通货膨胀率　/21

图 1.3　美国 2007 年以来的月失业率　/23

图 3.1　1934—2017 年美国联邦政府财政收入构成
（占总收入的百分比）　/43

图 3.2　2014 年美国联邦政府支出构成　/46

图 3.3　1940—2019 年美国联邦财政支出占
GDP 的比重　/48

图 3.4　1940—2019 年美国联邦财政支出占
预算的比重　/48

图 3.5　1950—2019 年美国联邦预算赤字　/49

图 3.6　美国国会预算办公室对美国公共债务长期趋势的
预测（扩展的基本情况假设）　/56

图 4.1　1940—2019 年公众持有的美国联邦政府债务占
GDP 的百分比　/61

图 4.2　联邦政府非利息支出预测的 GDP 占比　/72

图 4.3　联邦政府收入预测的 GDP 占比　/73

图4.4 基准情境下美国联邦债务占GDP比重的动态路径 /74

图4.5 不同利率假设下美国联邦政府债务的动态路径占GDP的比重 /75

图4.6 美国联邦政府非利息支出占GDP比重的预测（替代情境） /77

图4.7 替代情境下美国联邦债务占GDP比重的动态路径 /78

图4.8 替代情境不同利率假设下美国联邦债务动态路径占GDP的比重 /79

图7.1 市政债券的持有者分布 /126

图7.2 1930—2012年州和地方政府债务占GDP的比重 /127

图7.3 2000—2019年州和地方政府债务占GDP的比重 /128

图11.1 中国持有的美国国库券（2013年11月—2014年11月） /181

图13.1 在不同分界点下的第一类错误、第一类错误与第二类错误之和 /219

图13.2 有违约风险的投融资平台公司占投融资平台公司总数的比例 /221

图13.3 中国各地区土地收储负债占比与人均GDP的关系 /228

绪　　论

对政府债务问题的研究包括:(1)对主权债务的一般理论和实证研究;(2)对特定国家政府债务的研究。本书的绪论部分是文献回顾,分为主权债务理论、实证研究、美国联邦政府债务、美国地方政府债务和中国地方政府债务等部分。

主权债务理论

主权债务是指一国以该国主权为担保,以债券等方式向国内外个人或机构所借的款项。主权债务与公司债务的主要区别在于,主权债务缺乏直接有效的法律机制对债务的偿还形成强制性的约束。当该国政府因偿还能力下降而不能按照规定时间偿还所借债务时,即发生主权债务危机。

对主权债务危机的研究兴起于20世纪80年代。早期关于主权债务的研究主要集中在理论上,包括主权债务对经济发展的影响、主权债务危机形成的原因、主权债务危机的传导等。在对主权债务理论研究的基础上,近期研究更偏向实证分析,包括对主权债务的逆周期性研究、主权债务违约决定因素的研究、发生主权债务违约后的成本研究,以及对一国主权债务风险评价与危机预警的研究。

关于主权债务对经济发展的影响在学术界有两种不同的观点。Kaldor 和 Mirrlees(1962)通过建立经济增长模型得出一国可以通过借债推动本国经济增长的结论。Romer(1986)通过内生化经济长期增长率,得出主权债务有利于一国经济的长期增长的结论。与此相反,Lucas(1988)通过建立 Uzawa - Lucass 模型,得出一国对外借债将降低该国长期经济增长率的结论。对于主权债务的影响,更多的学者提出比较中立的观点,认为适度的主权债务有助于存在储蓄缺口的国家刺激国内经济增长;而过度的主权债务则易导致主权债务危机,影响该国的长期发展。

学者们对于主权债务危机形成的原因进行了很多研究。从国民经济恒等式可以看出,财政赤字与主权债务危机有着密切的联系。一国政府因为长期的财政赤字不得不对外借债以弥补收支缺口,而贸易逆差与私人储蓄缺口是导致财政赤字的两个主要原因。因此,对主权债务危机成因的分析主要从以上两个角度展开。首先,全球性的经济金融危机以及主要贸易伙伴国经济的恶化会对一国的贸易造成负面影响。沈安(2003)指出,在20世纪70年代中后期,石油危机导致的美国经济衰退致使严重依赖美国贸易的拉丁美洲地区出现大量的贸易逆差,进而引发20世纪80年代拉丁美洲多个国家的主权债务危机。杨晓龙(2012)则指出,希腊、意大利、西班牙等国的企业相对法国、德国的企业竞争力低,经济"空心化",由此导致的贸易逆差是欧洲多国发生债务危机的重要成因。此外,汇率制度的僵化与金融霸权主义也是贸易赤字的重要成因。其次,赵瑾(2014)指出,私人部门的低储蓄与高储蓄均会引起政府部门扩张财政的欲望,因此由私人储蓄缺口导致的财政赤字究其根本是来自政府的干预倾向。

主权债务危机的传导主要有三个路径,即贸易路径、金融路径和预期路径。其中,贸易路径主要经"价格效应"与"收入效应"完成。价格效应是指发生主权债务危机的国家因货币贬值而导致物价相对贸易伙伴国下降,从而使贸易伙伴国的出口恶化、经济增长下降。收入效应是指主权债务危机发生国的居民收入下降,导致贸易伙伴国出口恶化。金融路径是指经济全球化导致各国金融体系产生错综复杂的关系(包括银行体系和资本市场的密切联系),使一国的债务危机通过金融体系迅速传导到其他国家。预期路径是指投资者对与主权债务危机发生国相似的国家产生类似预期,从而将危机传导到该国。

实证研究

实证方面,主要是对主权债务的逆周期性研究。传统的凯恩斯主义理论和新古典主义认为,一国政府倾向于在该国产出下降、经济不景气时对外借债,因而主权债务具有逆周期性。然而大量的实证研究表明,发展中国家的主权债务借贷具有顺周期性。Yeyati(2011)利用净转移支付与该国产出的缺口进行回归,发现主权国家对私人借款具有顺周期性,对其他国家的政府部门的贷款则具有逆周期性。Jaimovich 和 Panizza(2007)的研究进一步确认一国主权债务的顺周期性。而对此现象的解释,Gavin 和 Perotti(1997)认为,发展中国家由于在经济萧条期无法获得国际借贷机会,因而主权债务呈现顺周期性。

主权债务违约的决定因素的实证研究中,有较多文献从不同指标的角度进行。经济类指标是最常被纳入计量模型中,一般包括短期指标(如外汇储备与进口额的比值)及长期指标(如经济增长率、政府总负债率、通货膨胀率等)。Cline(1984)的分析指出,人均 GDP、债务占出口额的比重与债务违约呈正相关,经济增长率、政府总负债率、外债偿还金额、外汇储备占出口的比重则与债务违约呈负相关。Li(1992)就债务规模对于违约的影响做了研究,以拉丁美洲地区为样本,发现债务在达到一定规模之前,"愿意支付"占据主要地位;而债务超过一定规模之后,支付能力将决定最终的债务支付结果。不同于以往文献用债务绝对值描述债务违约,Peter(2002)采用债务变化值,发现前 5 年的债务偿还、国际信用的成本、人均收入的波动性及汇率的变动情况等都是影响债务违约的重要因素。此外,由于违约可能性带来的风险溢价,不同国家的外债限额也不同,大部分研究逐渐针对特定的新兴市场、拉丁美洲地区、发达国家,或者某个具体国家。比如,Reinhart(2002)对主权违约与收入危机之间的关系进行了统计分析,发现新兴市场发生的主权违约事件中有84%与货币危机有关,50%的危机导致了主权违约事件;而对于发达国家,货币危机与主权违约则没有显著的相关性。马宇和程道金(2014)比较了欧洲与拉丁美洲主权债务危机的成因,发现欧洲与拉丁美洲主权债务危机影响因素存在显著差别;并且从国家内部经济结构和国际经济形势变化(外部原因)两方面,对两类主权债务危机的成因进行比较分析。

债务违约决定因素的第二类常用指标是政治类指标。Balkan(1992)认为,政治不稳定会直接提高违约的可能性。近年来许多实证研究都得出了显著相关的结果,如Zeaiter(2008)针对发展中国家的债务违约研究指出,政治不稳定、通货膨胀率和实际利率等因素对债务违约产生显著影响。

第三类指标是近年来逐渐进入模型的其他指标,主要包括人口、技术、声誉等。司明和孙大超(2013)运用贝叶斯模型平均方法研究OECD国家主权债务的偿付能力,发现人口老龄化也是债务危机爆发的主要原因之一。杨晓龙(2012)从投入和产出两个角度测度了欧元区国家的技术效率,使用面板回归得出技术效率与债务危机的负相关关系。杜萌等(2015)使用70个新兴市场国家和发展中国家的面板数据,指出较高的人口抚养比会提高债务违约的风险;同时从声誉视角来看,历史违约记录在短期对主权债务违约有一定的约束作用,在长期则没有影响。

以上大部分研究是从国家内部因素来分析债务违约,还有从国家外部来进行分析的。金鹏(2010)运用CCA模型(或有要求权模型)推导出的主权风险指标违约距离、风险中性条件下信用利差和违约概率,在度量主权风险时发现与市场数据有趋同和相似的走势,并检验得出评级机构在主权风险分析中存在滞后性,而评级机构不恰当的行为推动了债务的蔓延。林河(2011)通过对45个发展中国家建立政府融资选择模型,纳入政府违约行为和债务货币化行为,发现金融危机中由于政府难以获得外部融资,债务危机爆发的可能性会提高。巴曙松等(2012)针对主权信用违约互换主权(CDS)的投机交易加剧债务危机的争论进行实证研究。基于面板数据用向量误差修正模型(VECM)检验了主权 CDS 息差与国债息差的价格发现过程,应用 VAR 模型分析了各国主权 CDS 息差之间的传染效应,得出主权 CDS 与主权债务危机没有必然联系、各国债务危机之间确实存在传染效应的结论。陈志昂等(2014)从劳动力全球化的视角研究欧洲债务危机的成因,运用劳动力成本平价建立模型,认为希腊等国家长期在发展中国家的低成本竞争和发达国家的生产率冲击下遇到"夹层效应",最终引发了主权债务危机。

发生主权债务违约后的成本研究。Tomz(2005)等通过对近 200 年主权债务危机的研究,发现约一半的违约国家被排除在资本市场之外超过 12 年。而 Sandleris 等(2004)则发现,在 19 世纪 80 年代前,违约政府被排除在国际资本市场之外达 4 年之久,而 19 世纪 80 年代后,该期限缩短为 2 年以内。此外,借贷成本的提高是违约后的另一主要代价(Sturzenegger and Zettelmayer, 2007),但这种借贷成本的提高是暂时的。Das 等(2008)将主权违约带来的影响按四种成本进行划分,即声誉成本、国际贸易排除成本、国内经济体通过金融市场再融资的成本和政府当局的政治成本,但这些成本易于定性而难于定量。

债务危机预警模型研究主要包括三类。

第一类是国际货币基金组织(IMF)进行的一系列实证研究。1994 年墨西哥比索危机之后,Kaminsky 等(1998)提出第一个基于指标信号分析的定量预警模型,采用噪音/信号比率最小化的方法,将汇率高估程度、股票指数、出口增长率等宏观经济变量作为预警指标。单个指标超过一定的阈值就意味着危机可能在 24 个月内发生,多个指标的预警信号可以提高危机发生的概率。这个模型被称为 KLR 模型,也叫做信号模型。IMF 的第二个预警危机模型是 Berg 和 Pattillo(1999)提出的 DCSD(Developing Country Studies Division),采用多变量 Probit 模型。与 KLR 相比,DCSD 选取了效果最好的 5 个指标,并借鉴东南亚金融危机对流动性恐慌的启示,新增短期贷款指标;同时修改了指标阈值的测定,并采用指标数据的百分比形式,便于各国比对自己的历史数据。第三个危机预警模型是 Mulder 等(2001)提出的 PDR(Policy Development and Review),在 DCSD 基础上增加了微观经济层面的预警指标,包括公司的平均杠杆比率、短期贷款与流动资本比率、银行的资产负债表变量、对国外银行的债务与出口比率等。

第二类是基于受限制变量回归分析的模型,这些预警方法的不同主要体现在预警指标和计量模型的不同选择。预警指标的选取方面,Detragiache 和 Spilimbergo(2001)使用 Probit 模型,以 69 个国家 1970—1998 年爆发的 55 次主权债务危机为样本,指出国际债券市场压力会引发主权国家的流动性危机,进而导致债务危机,并发现流动性变量的三个指标(短期债务额、债务到期日和外汇储备)与债务危机的爆发有很强的相关性。与此相对应,Kruger 和 Messmacher(2004)提出,短期融资压力是一个很好的债务危机预警指标。Reihart 等(2003)的研究表明,考虑政治和机构性的变量,历史债务违约次数可以提高债务危机预警模型的准确度。

计量模型选取方面,Peter(2002)使用面板 Logit 模型估计了 78 个新兴市场国家 1984—1997 年发生债务危机的概率,在样本内预测的准确率高达 91%,而样本外预测的准确率也有 81%。Manasse 等(2003)同时建立了 Logit 模型和 CART(Classification and Regression Tree)模型,通过实证分析发现,Logit 模型预测危机的准确率较低(74%)但发出错误预警信号的次数较少,CART 模型预测危机的准确度较 Logit 模型高(89%)但发出错误预警信号的次数较多;两者结合则能够显著提高预测危机的准确度和减少发出错误预警信号的次数。

Ciarlone 和 Trebeschi(2004)采用多元 Logit 模型,以 28 个新兴市场国家 1980—2002 年的债务危机数据为样本进行实证研究,发现多元 Logit 模型的预警效果显著好于一元 Logit 模型。Fioramanti(2008)以 46 个新兴市场国家 1980—2004 年的数据为样本进行实证研究,建立 ANN(Artificial Neural Network)模型,通过对比发现,ANN 在预测债务危机的能力方面要超过传统的参数和非参数模型。林伯强(2002)建立多元累计和(Multivariate Cumulative Sum, MCS)模型,使用 59 个发展中国家和发达国家 1976—1992 年的相关数据进行实证研究,指出 Logit 及 Probit 等静态模型不易对一国的债务危机提前预警,而 MCS 模型有能力评价一国金融状况的动态过程。

国内学者对于危机预警的研究多数属于信号模型和回归模型(选取不同的宏观经济指标),而且主要集中在货币危机的预警方面。由于货币危机和债务危机的共生性,这些研究具有一定的参考价值。比如,冯芸和吴冲锋(2002)将指标系统进行分类,设计了短期、中期和长期的指标进行预警;刘志强(1999)、张元萍和孙刚(2003)等都对信号模型或 Probit 模型进行了实证研究。

第三类是基于时间序列分析的预警模型。前两类模型采用面板数据,尝试利用同一模型预警不同国家的主权危机。然而在不同时间段、不同地区、不同国家,每个指标的预测能力与解释能力都不同,因而指标选取具有无法克服的不足。针对这个缺陷,一些学者开始基于马尔可夫状态转移模型建立预警模型。Martinez-Peria(2002)和 Mariano 等(2002)结合时变概率马尔可夫状态转移模型与 VAR 状态转移模型,分别对 1992—1993 年欧共体的货币危机和东南亚金融危机进行研究,得出该模型在这两种案例下均有一定的预测能力。Mouratidis(2008)利用 MCMC 估计法研究 1994 年墨西哥货币危机后发现,货币危机可能被与宏观经济无关的变量的预期影响。国内学者中,张伟(2004)利用马尔可夫状态转移模型对若干国家的货币危机进行相关研究,发现该模型的预警效果较好。朱钧钧等(2010)利用 MS-GARCH 预警模型进行研究,发现该模型在预警危机上也具有较好的效果。

美国联邦政府债务

除国内外学者对政府债务的研究外,各国的国家政府机构也对其政府主权债务发表大量的研究报告。由于联邦赤字和债务问题的凸显,过去几年美国政府和政策研究机构进行了大量研究,撰写了很多报告。

民主、共和两党最有代表性的财政-债务问题报告是"鲍尔斯-辛普森报告"和"莱恩未来路线图"。为解决财政和债务问题,奥巴马总统建立了财政责任与改革全国委员会,该委员会于 2010 年 12 月发表了一份报告,被称为"鲍尔斯-辛普森"报告(Bowles-Simpson report,以委员会的两位联合主席命名)。该报告提出了若干税收和支出的改革建议,并对未来的联邦赤字和债务前景进行了预测。该报告反映了民主党对财政和债务问题的观点。

共和党众议院预算委员会主席众议员莱恩(Paul Ryan)提出了美国未来路线图,包括不同的版本。该计划反对奥巴马总统的预算计划,全面阐述了共和党对预算改革的看法。

美国国会预算办公室(CBO)近年来不断对美国联邦政府的长期债务进行预测(Long-term Budget Outlook),其最近的版本是 2014 年 7 月版。预测一般假设若干不同情况,分别进行预测。2014 年版本预测的基本期限为 25 年,到 2039 年。预测分若干种假定情况进行了估算。这是对美国联邦政府财政和债务的长期趋势的最权威的预测。

关于债务上限和"财政悬崖"问题,美国国会通过的一系列法案反映了这些问题发展的过程,提供了很多有用的信息。这方面的法案包括 2012 年《美国纳税者减负法案》(American Taxpayer Relief Act of 2012,ATRA)和各个时期的拨款法案。

学者对财政和债务问题也作了很多研究。其中需要特别指出的包括克鲁格曼等人。克鲁格曼在一系列非学术性论文(很多是《纽约时报》的专栏评论)中,对联邦预算问题进行了大量的论述,例如对美国联邦预算问题的原因的分析和解决办法的建议(Krugman,2011)。费拉拉(Peter Ferrara)的著作对美国联邦预算和债务问题进行了比较尖锐的批评(Ferrara,2011)。

在具体数据和信息上,本书所有资料都来自公开信息。关于联邦政府的一些资料来自白宫、美国财政部、美国人口普查局。本书还使用了不少网上的资料,如维基百科(Wikipedia)。

美国地方政府债务

美国地方政府的资料更加分散,需要整合。数据也存在较大程度的滞后。

美国人口普查局的一份研究报告关于州和地方政府财政问题的报告,给出了州和地方政府2012年和金融危机前2007年比较的大量信息,很有参考价值(Barnett et al.,2012)。

政府会计办公室(GAO)在不同年份特别是2014年进行的预测,描绘了未来50年州和地方政府预算和债务前景。报告指出美国州和地方政府面临的挑战和应对挑战必须进行的政策改革。

在民间学者的研究方面,Novy-Marx 等(2009)和 Rauh(2009)对地方债务问题进行了大量研究和估算,指出了其中存在的巨大风险。费拉拉的书提供了州和地方政府财政和债务问题的很多情况(Ferrara,2011)。拉弗的书《富州,穷州》则提出了地方政府改革的途径包括许多具体做法(Laffer,2010)。刘俐俐的著作《地方政府债务融资及其风险管理:国际经验》对地方政府债务监管作了系统的论述,极有参考价值(刘俐俐,2011)。

在资料方面,美国人口普查局给出了十分详细的州和地方政府资料,可惜有一定时差,最新到2012年。本书还参考了一些州和市的预算资料。Chantrill的网站给出了更新的数据,可惜是预测的(Chantrill,2015)。

中国地方政府债务

关于中国债务问题,最权威的数据来自审计署2013年12月的报告以及各省的审计报告(审计署,2013)。

在2008年金融危机期间,为应对金融危机给经济发展带来的不利影响,中国政府实行扩张性的财政政策。其中,2009年3月发布的《关于进一步加强信贷结构调整,促进国民经济平稳较快发展的指导意见》提出,"支持有条件的地方政府组建投融资平台,发行企业债、中期票据等融资工具,拓宽中央政府投资项目的配套资金融资渠道",对地方政府投融资平台的发展具有巨大的推动作用。由此,中国地方政府投融资平台在中央政府的认可下得到发展;与此同时,地方政府信贷规模的不断扩大而可能引发的风险问题引起有关机构与学者的关注。魏加宁(2010)指出,地方投融资平台存在自身负债率过高、治理结构不健全、担保行为不规范、部分项目效率不高、多头借款、违规挪用等现象。杨跃东(2012)指出,地方政府投融资平台存在扩张速度过快、过分依赖土地出让金偿还以及管理混乱等弊病,不利于其长期发展。巴曙松(2009)指出,地方投融资平台缺少银行方面有效的风险管理约束,账务状况不明;同时,在选择投资项目时缺乏、缺少理性投资人应有的风险意识。因而,地方政府可能存在累积的风险。林晓君(2011)则认为,地方投融资平台受政府政策、国家规划的影响显著,其偿债能力具有很大的不确定性,加大了风险。Ma(2013)指出,地方政府深陷巨额债务中,并且主要债务形式为或然债务,隐藏着巨大的风险。Lu和Sun(2013)通过分析地方投融资平台的功能、扩张原因及其面临的风险,认为如果地方投融资平台不合理地操作,就将给地方政府带来巨大的财务风险。为此,他们建议对地方政府的财政预算收支建立综合的管理体系,确保地方政府的土地收入来源平稳可持续,发展地方政府债券市场,促进金融体制改革。Zhang 和 Barnett(2014)通过将预算外的财政活动(主要包括基础设施建设开支)纳入财政赤字之列,得出 2012 年的增广财政负债率为 45%。孙雯(2012)指出,面对政府投融资平台存在的风险,最重要的是实现市场化,实现投资方对平台信用风险与运营能力的合理评估以及监管部门对平台的市场化监管。孟玲剑(2012)指出,各级政府部门应及时、有效地披露平台的各项信息,实现平台公司管理的透明化、规范化;同时,应强化平台自我约束及监管部门的监管,建立合理的风险预警机制。魏加宁(2012)系统测算了我国政府性债务及其风险大小,发现地方政府的债务率和负债都显著高于中央政府,地方政府的债务风险已处于较高水平。

针对地方投融资平台可能存在的风险,建立合理的模型来量化并预测地方投融资平台风险是当今学者致力研究的一个主要方向。地方投融资平台的风险量化研究一般基于企业信用风险的评估。企业风险评估兴起于 20 世纪 70 年代。Beaver(1966)提出利用单一变量对企业的信用风险进行评估。Altman(1968)将单变量模型拓展到多变量模型,利用多变量判别分析法(MDA)建立 Z-score,从 22 个财务指标中选取最有效的 5 个对企业的信用风险进行评估,区分健康企业和有违约风险的企业。MDA 模型提出后,被用于大量的违约预测模型(Deakin,1972;Piesse and Wood,1992;Altman et al,1995)。此后,Altman(1983,2005)还对上述模型进行改进,使之适用于不同国家企业的信用风险评估及主权债务的风险评估。Libby(1975)在多变量差别分析中引入主成分分析法,克服了变量之前的多重共线性问题,利用会计指标建立线性模型对企业违约风险作出判断。Yang 和 Yang(2003)为主成分分析与线性判别模型的结合建立了理论基础,并使用费雪标准作为判别准则。在债务风险的计量研究方面,我们曾得到这方面的顶尖研究者、纽约大学的奥特曼(Edward Altman)的直接指导,并从他的研究中受益匪浅。

尽管 MDA 模型获得了大量的认同并被用于债务违约的研究中,但 MDA 模型并未包含变量之间的相互影响。Ohlson(1980)运用条件 Logit 模型进行信用风险预测;但 Zavgren(1983)发现 Logit 模型的表现并不比线性判别模型具有明显的优势。West(1985)使用 Logit 模型鉴别金融机构中的问题银行。Platt 和 Platt(1990)使用 Logit 模型对含有企业相关会计指标的公司模型进行了调整。

对账面价值的过度依赖与严格的线性假设降低了这类模型的可信度,后续研究提出大量新的模型用于风险预测。比如,著名的 Risk-of-Ruin 模型,该模型与 Black 和 Scholes(1973)提出的期权定价模型有相似之处。该模型的基本观点是,当一家公司现在与未来的资产净现值不足以偿还其短期外债时,该公司即破产。其中,KMV 模型是运用较为广泛的模型之一。KMV 模型充分利用金融市场的信息对一家公司的债务风险进行评价,将违约距离定义为资产价值与债务之间的差距并利用该指标进行企业信用风险评估。

基于国际上通用的企业信用风险评估方法,国内学者尝试建立适用于中国地方政府投融资平台的信用风险评估模型。地方政府投融资平台的信用风险评估与企业信用风险评估的主要不同之处在于,投融资平台公司集项目投融资运营与国有资本运营于一体,其信用评价中必须包含其与地方政府财政的密切关系。目前的国内研究中,周青(2011)运用模糊综合评价法和层次分析法建立投融资平台公司的风险预警模型,并将平台风险指标体系划分为微观、中观及宏观三个层次。林晓君(2011)利用多分类有序 Logistic 模型分析财务指标对城投公司信用评级的影响,并建立物元模型建立地方政府投融资平台的风险预警模型。王丽(2012)考虑到我国目前信用数据样本不足、信息不透明等,采用 Credit Metrics 模型建立信用评价模型。瞿定远(2012)则利用模糊数学的方法,确立风险因子指标体系,并利用专家评价法确定各指标权重,建立风险预警模型。Tao(2015)结合主成分分析法与 Z-score 方法建立地方政府的债务风险模型。

本书使用的所有资料都来自公开出版物。这里我们感谢美国政府统计资料的公开和透明。

第 1 篇
美国政府财政和债务的现状和前景

本篇对美国政府财政和债务的历史和现状作出详细描述,给读者一个比较全面真实的图像;进而对美国政府财政和债务存在的问题及其产生的短期和长期原因进行深入的分析,并在此基础上对美国财政和债务的未来作出大体的预测。

本篇共 10 章,第 1 章简要介绍美国经济的概况,第 2—5 章论述美国联邦政府财政与债务,第 6—10 章专门论述美国州和地方政府财政与债务。

第1章 美国经济的现状和前景

美国是目前世界上最主要的发达经济体,美国经济在20世纪初超过英国,成为世界经济的引领者,走在世界的前列。在过去的100年中,美国经济经历了繁荣和衰退,见证了各种危机。进入21世纪,美国的经济状况如何呢?面对中国的崛起,美国经济是否还能保持其领先地位?本章回顾21世纪之初美国经济的整体状况及其存在的问题和发展潜力。

美国的经济状况与美国政府的财政和债务问题是紧密联系的。我们在本书的开端介绍美国的经济状况是为了更好地分析和理解美国政府的财政和债务。

从表1.1我们看到,美国的GDP按名义值计算仍居世界第一,按购买力平价(PPP)计算则已经被中国超越;美国的人均GDP仅为世界第九(名义)或第十(PPP),还存在相当比例的贫困人口;美国的产业结构中,服务业占80.0%;美国的失业率和通货膨胀率在本书写作的时候都处于历史低位;美国存在大量的贸易逆差,中国是美国主要的贸易伙伴之一。

表1.1 美国经济的基本数据

项目	数据	时间	排名状况
GDP	17.7 万亿美元	2014 年第四季度	名义第一,PPP 第二
GDP 增长率	2.6%	2014 年第四季度	
人均 GDP	53 001 美元	2013 年	名义第九,PPP 第十
GDP 部门结构	农业 1.2%	2011 年	
	工业 19.0%		
	服务业 80.0%		

(续表)

项目	数据	时间	排名状况
通货膨胀率	1.7%	2014年10月	
贫困人口	14.5%	2014年10月	
基尼系数	0.38	2013年	
劳动力	1.56亿		
失业率	5.7%	2015年1月	
出口	2.27万亿美元	2013年	
主要出口伙伴	加拿大、墨西哥、中国	2014年5月	
进口	2.74万亿美元	2013年	
主要进口伙伴	中国、加拿大、墨西哥	2014年5月	
外汇储备	1 430亿美元	2014年5月16日	

注:[1] 指购买力平价。
资料来源:Wikipedia,2015。

1.1 美国的历史

与中国相比,美国的历史比较短暂。欧洲殖民者由于宗教等原因,从16世纪开始远渡重洋,从欧洲到美国定居。这一过程持续了几个世纪。以农业为主的、相互分割的殖民地经济逐渐在广阔的北美大陆上发展起来。1776年,北美13个殖民地联合起来脱离了与英国的关系,建立了美利坚合众国。经过一百多年的发展,在20世纪初,美国经济超过英国,成为世界最大的经济体。

在20世纪,美国经济以较高的速度发展,经历了经济繁荣和衰退的交替,经历了战争和各种危机,最令美国人民难忘的是20世纪30年代的大萧条。在大萧条中,GDP下降了20%以上,1/4的工人失业,股市暴跌了80%。大萧条持续十年之久,直到第二次世界大战的爆发,战争产生的需求最终使美国摆脱了萧条的泥潭。大萧条促使政府加强对宏观经济的干预。经过长期的摸索,美国政府在20世纪60年代正式采纳英国经济学家凯恩斯(John Maynard Keynes)的理论,通过财政政策和货币政策干预经济。这一政策最初取得了令人高兴的效果,但很快又带来通货膨胀等严重的问题。决策者和经济学家逐渐认识到,宏观政策的使用是有限度的,如果过分地刺激经济就会适得其反。今天,这些政策已经成为标准的宏观经济政策操作程序,对减少短期的经济波动产生了一定的效果。

在19世纪,美国政府极少对经济进行干预,美国经济是一个典型的自由竞争经济。20世纪,随着经济的发展,特别是由于大萧条,美国政府对经济的干预加强了。20世纪30年代的罗斯福新政和60年代约翰逊的"伟大社会"(Great Society)运动使美国走向福利社会。财政政策和福利政策的实行,极大地增加了政府的规模。美国各级政府的财政支出占GDP的比重在20世纪有较大的增长,到目前的占比略低于40%。尽管政府的规模有了很大的增加,但比起一些欧洲国家,美国的财政支出占GDP的比重还是较小的。

1.2 美国国民经济的基本情况

自19世纪末以来,美国经济在较长时间内保持了比较稳定的增长率和适度的失业率,以及较高的物质资本和人力资本的积累。美国有着丰富的自然资源和良好的基础设施,其劳动生产率处于较高的水平。美国经济在2007—2009年金融危机中经历了衰退,此后缓慢复苏。在本书撰写的2015年年初,美国经济的情况不错。

人口

美国的人口规模大于欧洲的主要国家,小于中国和印度。2015年1月17日,美国的人口为320 064 285人,仅次于中国和印度,是世界上人口数量排名第三的国家(U. S. Census,2015)。2014年,美国的城市化率为81%(United Nations, 2014),加利福尼亚和得克萨斯是美国人口最多的州,纽约市是美国人口最多的城市。

2013年,美国的生育率为每个妇女生育1.86个婴儿,低于一些发达国家(National Vital Statistics System,2014);但是由于移民水平较高,美国的人口增长率在发达国家中是最高的。移民是美国人口的重要来源之一,在一定意义上,移民弥补了劳动力的不足。历史上,移民的来源地发生了很大的变化,从西欧、东欧逐渐转移到拉丁美洲和亚洲。移民采取合法和非法的途径进入美国,仅20世纪90年代就有1 300万移民通过合法途径进入美国(Altarriba et al.,2008);今天,在美国的城市中有很多来自中国内地的移民。

国内总产值

尽管存在种种缺陷,国内总产值(GDP)仍是衡量整体经济规模的最重要的指标。美国的GDP在2014年达到17.7万亿美元,其名义值为世界第一,其购买力平价值已经被中国超过,为世界第二(BEA,2015)。美国的人均GDP在2013年为53 001美元,其名义值为世界第九,其购买力平价值为世界第十(Wikipedia,2015i)。美国的经济结构已经进入后工业化时代,2011年的GDP中,农业占1.2%、工业占19.0%、服务业占80.0%(BLS,2014)。

图1.1显示,美国经济从1946年到1973年平均年增长3.8%,同期实际中位数家庭收入年增长2.1%(U. S. Department of Commerce,1946,1987)。此后直至2007年,美国的经济增长率下降到平均每年2.7%,家庭收入几乎没有变化(Census Bureau,2008)。美国经济增长速度减缓成为一个困扰决策者和经济学家的问题。

通货膨胀

历史上,美国的通货膨胀率波动很大。一般来说,通货膨胀在战争期间上

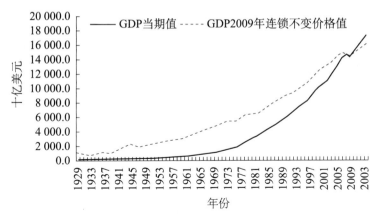

图1.1 美国GDP历史数据

资料来源：BEA，2015。

升，例如两次世界大战期间；和平时期最大的上升是20世纪70年代的石油危机期间；进入21世纪，美国的通货膨胀处于较低的水平（见图1.2）。2014年12月，美国的通货膨胀率为1.6%；2015年年初，美国的通货膨胀率处于近几年的低位，其原因主要是石油价格的下跌。通货膨胀率是美联储决定货币政策的重要依据。

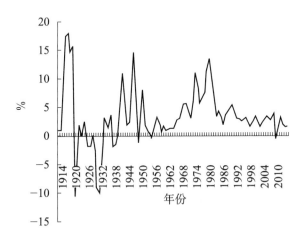

图1.2 1914—2014年美国通货膨胀率

注：通货膨胀率是用劳工统计局（BLS）每月公布的消费者物价指数计算。本数据于2015年1月16日更新。

资料来源：U.S. Inflation Calculator，http://www.usinflationcalculator.com/inflation/historical-inflation-rates/。

就业与失业

劳动力是一个国家重要的生产性资源。劳动力的使用就是就业,劳动力的闲置就是失业。就业和失业是衡量一国经济健康的晴雨表,对一国的经济发展和人民福利都至关重要。美国的就业和失业在经济周期的不同阶段呈现出不同的特点。

劳动力等于就业者与失业者之和,而劳动力参与率是适龄劳动人口中劳动力(寻找工作的人)的比例。20世纪下半叶以来,美国的劳动力参与率一直呈上升趋势,直到1990年代才开始略有下降。美国劳动力参与率的长期增长在很大程度上受益于女性劳动力参与率的稳定增长,反映了美国社会的变化。

劳动力包括就业者和失业者。美国有大约1.54亿就业者(McFeatters,2010),其中,私人部门雇用了91%的就业者,政府雇用了8%的就业者,99%的雇主是小企业(SBA,2012)。美国工人的人均收入在OECD国家中最高。很多工人有两份工作,或在全职工作之外有一个非全职工作。按部门划分,2012年美国的就业者中79.7%在服务业、19.2%在制造业、1.1%在农业(Wikipedia,2015i)。世界银行把美国排在最容易雇用和最容易解雇的国家的第一位(McFeatters,2010)。也就是说,与欧洲有很大的不同,美国的就业和失业处于较快的流动中,对经济的发展基本上是有利的。

经济正常发展时期也总有一部分人在找工作,失业在经济发展的过程中是不可避免的,正常情况下的失业率并不为零,但是一旦失业过多,就说明经济出了问题。美国的失业在21世纪初发生了剧烈的波动(见图1.3)。2008年的金融危机使失业率大幅度上升。2009年经济开始复苏,但出现经济好转而就业滞后的情况,失业率长期居高不下,引起决策者和经济学家的担心。2010年4月,官方失业率为9.9%,而更宽泛定义的U-6失业率(包括部分时间的失业,经季节调整)却达到 17.1%(Izzo,2010)。在 2008 年 2 月到 2010 年 2 月间,由于经济原因部分时间工作的工人从 400 万人增加到 880 万人(EconPost,2010)。2009 年 10 月达到峰顶之后,失业率缓慢下降,经过近两年时间在 2011 年 9 月下降到 9.0%,2012 年 8 月下降到 8.0%,2013 年 11 月下降到 7.0%,2014 年 8 月下降到 6.1%。2014 年 12 月,美国劳动力为 1.561 亿人,其中 869 万人失业,失业率为 5.6%。最近一段时间,美国的失业率大幅度下降,从 2009 年 10 月的 10.0% 下降到 2014 年 12 月的 5.6%(BLS,2014b);但是,更宽概念的 U-6 失业率在 2014 年 12 月为 11.2%(BLS,2015)。

图 1.3 美国 2007 年以来的月失业率

资料来源:BLS,Labor Force Statistics from the Current Population Survey, Series LNS14000000。

金融市场

美国有世界上最大的金融市场,按市值计算,纽约股票交易所是世界最大的股票交易所。20 世纪下半叶以来,金融业在美国经济中的重要性日益提高。美国金融业的利润占非农企业利润的比重从 1947 年的 10.0% 增加到 2010 年的 50.0%;同期,金融业收入占公司收入的比重从 2.5% 上升到 7.5%。金融业从业人员的收入增长比平均收入增长快得多,引起民众的反感。纽约市金融业的平均工资从 1981 年的 8 万美元增加到 2011 年的 36 万美元,而同期纽约市的平均工资仅从4万美元上升到7万美元(Wikipedia,2015i)。由于金融业产值的增长速度较低,美国金融业虽然增加了其雇员的工资,却使整体经济的增长速度下降。

对外经济关系

美国是一个大型开放经济,对外开放程度较高。美国虽然是世界上第二大贸易国,但是长期存在贸易赤字。2013年,美国产品和服务出口2.27万亿美元,进口2.74万亿美元,贸易逆差4503亿美元(BEA,2014b);同期,美国在服务贸易上存在2310亿美元顺差,在商品贸易上存在7030亿美元逆差。美国的主要贸易伙伴包括加拿大、中国、墨西哥、日本和德国。美国对中国存在巨额贸易逆差,同时中国持有巨额外汇储备,中国2013年的外汇储备中包括1.6万亿美元美国证券(Morrison,2014)。

美元是世界主要的储备货币,世界各国的外汇储备中几乎2/3是美元(IMF,2012)。美元是目前世界贸易的主要交换媒介和计价尺度。近年来,随着中国的崛起,美元在世界经济中的主导地位开始受到挑战。

收入分配和福利制度

2013年第四季度,美国的资本净值(Net Worth)为80.664万亿美元(Federal Reserve,2014)。2013年,美国成年人的平均净资产达到301 140美元,这些资产主要是持有的金融资产(Keating,2013)。

美国的平均家庭收入很高,2010年在OECD国家中排名第四(OECD,2014),2011年美国家庭收入的中位数为50 502美元(U. S. Census,2012)。但是,美国收入分配的不平均有扩大的趋势。百分之一的收入获得者在总收入中的份额从1976年的9.0%上升到2011年的20.0%(Alvaredo et al. ,2013)。最富有的百分之十的人拥有80%的金融资产(Hurst,2007)。男人比女人的收入高,亚裔和白人比黑人和西班牙裔的收入高。2008年美国有1660万名百万富翁(Barclays,2008),而2011年世界34%的百万富翁生活在美国(Ody,2011)。OECD数据显示,美国可支配收入(交税和接受转移支付以后的收入)的基尼系数最高(OECD,2011)。

美国的相对贫困率持续高于其他富裕国家,但绝对贫困率低于其他富裕国家(Woolf et al.,2013)。极贫困人口(政府救助前每天生活费2美元以下的家户)在2011年比1996年增加150万人,其中的大部分是儿童(National Poverty Center,2012)。尽管美国对贫困人口的救济低于发达国家的平均水平,美国政府仍然需要相当数额的支出来解决这个问题(Smeeding,2005)。收入分配不平均的加剧和持久减少了社会的流动性,影响到美国中产阶级的存在,从而影响美国以中产阶级为基础的两党政治体制的运作。

1.3 美国联邦政府对经济的干预

美国联邦政府以各种方式对经济进行干预,这种干预一般是指自由市场经济下政府基本职能(如合同的执行、市场基本秩序的维护、基本公共物品的提供等)之外的干预。干预通常采取制定规则、控制价格、宏观调控、补贴等形式。在19世纪末之前,美国政府对经济的干预十分有限,大体集中在运输、邮电等领域。19世纪末至20世纪初,美国政府开始加强对经济的干预,经过20世纪30年代的大萧条和罗斯福新政、凯恩斯主义宏观政策的实施、福利制度的建立,美国政府对经济的干预大大加强。人们对政府在经济中的角色有着不同的意见,政府干预引起了共和、民主两党和社会舆论的持久不息的争论。

美国联邦政府对经济的干预大体可以分为宏观经济政策和经济管制政策。

美国政府的宏观经济政策以经过修改的凯恩斯主义宏观经济学为基础,国内宏观经济政策主要包括财政政策和货币政策。

财政政策的主要工具是政府支出和税收,由政府的立法和行政部门制定和实施,与政府预算密切相关。政府支出通过政府对商品和劳务的直接购买来增加或减少总需求,从而影响经济的总产出。例如,在经济衰退时期,政府增加对基础设施的支出,可以弥补私人部门支出的不足,减少失业。政府还可以通过税收的调节使私人消费和投资发生变化,从而影响总需求和总产出。例如,在经济衰退时期,政府可以通过减税,使消费者和企业增加支出,减少总需求的不足。当然,如果政府支出增加但同时税收减少,政府预算就会出现赤字,债务就会增加。但一般认为,这是摆脱衰退的必要成本,因此经济学家认为衰退时期政府预算的赤字是正常的。一般来说,财政政策可以是扩张性的,也可以是紧缩性的。当政府支出增加或税收减少时,财政政策就是扩张性的。

货币政策主要是通过向流通注入(或抽出)货币量从而调节经济活动而实现的,由美国联邦储备委员会(Federal Reserve Board,简称"美联储")制定和执行。美国货币政策的目标是控制通货膨胀,从而促进经济发展。实际上,美国货币政策对通货膨胀和经济增长及失业的权重是大致相等的。由于金融创新,货币的定义不再清晰,目前美联储是以利率作为目标来间接控制货币量。美联储主要有三种货币政策工具:(1)公开市场操作(Open-Market Operations)是美联储对政府债券的买卖。当联储从公众手中购买债券时,为债券支付的货币就增加了基础货币,从而增加了货币供给。公开市场操作是美联储最经常使用的政策工具,几乎每一个工作日美联储都在纽约债券市场进行操作。(2)法定准备率(Reserve Requirements)是联储对银行的最低准备金-存款率的规定。法定准备率的上升提高了准备金-存款率,从而降低了货币乘数并减少了货币供给。法定准备率的变动是美联储三项政策工具中最不经常使用的。(3)贴现率(Discount

Rate，或再贴现率）是美联储向银行发放贷款时所收取的利率。当银行发现自己的准备金太少无法满足法定准备率要求时，就要从美联储借款。贴现率越低，所借的准备金越便宜，银行在美联储贴现窗口的借款就越多。这样，贴现率的下降增加了基础货币和货币供给。目前美联储主要是通过设定贴现率或通过公开市场操作控制联邦基金利率（存款机构相互借贷其联邦准备金余额的短期利率）来实现货币政策目标。一般来说，货币政策可以是扩张性的，也可以是紧缩性的。当流通中的货币量增加或利率降低时，货币政策就是扩张性的。

财政政策和货币政策的实施都有一定的时间滞后。时滞可以分为内在时滞与外在时滞。内在时滞（Inside Lag）是对情况作出反应、制定政策的时间；外在时滞（Outside Lag）是从政策开始实施到对经济产生影响的时间。内在时滞过长是财政政策的主要问题。财政政策（例如减税、增加政府支出等）的制定，需要经过主管部门制订方案、国会讨论和批准，时间很长，因此往往到实施时，黄花菜已凉，甚至会帮倒忙。货币政策的内在时滞比财政政策短得多，美联储货币政策决策机构定期开会，对货币政策作出决定。货币政策的问题是外在时滞太长（在美国，货币政策的外在时滞约6个月）。这是因为货币政策通过影响货币余额、利率、投资，来影响产出，其对经济的作用一般是间接的。

美国联邦政府干预经济的另一个手段是管制（Regulation）。管制是政府对特定行业或特定经济活动进行的干预。管制的理由包括自然垄断、外部性、不对称信息、消费者权益保护和避免过度竞争等。广义的管制通常包括反垄断法、经济管制（对自然垄断的管制）和社会管制。

反垄断法是在竞争性领域管理企业的非正常竞争行为的特殊的法律手段，美国国会在1890年通过《谢尔曼反垄断法》（Sherman Antitrust Act），开始了反对大企业独占单一行业的活动。涉及公司企图垄断市场、合谋控制价格等非正常竞争行为。20世纪初，老罗斯福总统等坚决推行反垄断政策，向大垄断企业开战,产生了一系列著名案例,如1911年的标准石油公司案。

经济管制是针对自然垄断行业的管制。简单地说,当某行业存在规模经济时,由单一企业来经营成本最低,这就存在自然垄断。自然垄断的严格定义是,不管是否存在规模经济,只要一个企业经营成本最低,就是自然垄断。在这种情况下,政府应当把该行业的经营交给一个企业,同时对该企业的价格、服务进行管制。存在自然垄断的行业主要是在公用事业、电信、交通运输等领域中的一些行业。20世纪上半叶,美国联邦政府对一系列具有自然垄断特性的行业进行了管制,包括电报电话、铁路、航空、公路运输、电力、石油开采等。管制的起因或者是保护消费者自身利益的要求,或者是为了避免企业过度竞争的要求,通常由国会立法并建立专门机构进行管制。20世纪70年代,美国的民众、政治家和学术界都认为美国当时自然垄断的管制范围过大,在各方取得共识的情况下,出现了连续四届总统推动的放松自然垄断管制的浪潮。目前,自然垄断管制的范围大大缩小。

社会管制是针对特定经济活动并涉及多个行业的管制,例如环境管制、产品安全管制、工作场所安全管制等。金融管制尽管有很多特殊性,大体也可以放入这一类管制。社会管制涉及风险、外部性、不完全信息、合同的不完全性等问题。社会管制是20世纪下半叶产生和发展的管制领域,目前美国政府把大量的资金投入这个领域。

1.4 经济周期和金融危机

经济周期是整体经济活动反复出现的扩张和收缩的过程,通常以实际GDP的增长率来衡量。经济周期是现代市场经济中循环出现的一种现象,通常包括繁荣、疲软、衰退和复苏等阶段,这些阶段按顺序周而复始地出现。在美国,通常由全国经济研究局(the National Bureau of Economic Research, NBER)确定经济周期,一般把衰退定义为连续两季度GDP下降,但并不是总按这一规则来定义经济周期。经济周期还可以分为不同程度的长周期和短周期。

美国历史上曾经出现过多次经济衰退(见表1.2),其中最严重的是20世纪30年代的大萧条和20世纪70年代的滞涨(经济停滞加通货膨胀)。

表1.2 美国1969年以来的经济衰退

衰退期	衰退开始时间	衰退长度(月)
1970年衰退	1970年1月	11
1974年衰退	1973年2月	16
1980年衰退	1980年2月	6
1981—1982年衰退	1981年8月	16
1990年衰退	1990年8月	8
2001年衰退	2001年4月	8
2008年衰退	2007年12月	18
1969年以来平均		12
1969年以来标准差		4.78

资料来源:Wikipedia,2015e。

21世纪初最严重的经济衰退是2008年发生的金融危机,这是20世纪30年代大萧条以来最严重的经济衰退。在此次危机中,出现了大批金融机构集体破产的可能性,美国联邦政府对这些金融机构进行了大规模救助,才使金融机构的大规模破产得以避免。在此次危机中,股市下跌、住房市场严重受损、失业大幅度增加、消费者的财产缩水,产生了严重的国际影响并间接导致欧洲主权债务危机。

2008年金融危机的直接原因是美国住房市场的泡沫。21世纪初,美国的住房市场火爆(房地产价格的飙升与美联储宽松的货币政策有关),住房抵押贷款出借者之间的恶性竞争,使借款者放松了借款标准,次贷增加。次贷(Subprime Lending)是针对还款可能性较低的借款人(如失业者、离婚者等)的风险较高的贷款。美国的主要投资银行和政府资助的企业(如Fannie Mae和Freddie Mac)

发放了大量的高风险贷款。由于贷款极其容易获得,大量资金涌入住房市场,出现了大量以住房信贷为基础的金融创新。据估计,Fannie Mae 和 Freddie Mac 持有总价值 2 万亿美元的次贷(Wallison and Pinto,2011)。这两家政府资助的企业的行为与住房及城市发展部(Department of Housing and Urban Development,HUD)20 世纪 90 年代提出的可负担住房政策有关。

低利率也助长了住房借贷。2000—2003 年,美联储将联邦基金目标利率从 6.5% 下降到 1.0%(Federal Reserve,2008)。这一措施最初的目的是使经济从互联网泡沫和"9·11"恐怖攻击中复苏,但是却助长了住房市场的泡沫。从 2004 年开始,美联储提高了利率,这可能又助长了住房泡沫的破灭。

1998—2006 年,美国的一般住房价格上升了 124%(Wikipedia,2015j),这一住房泡沫使很多房主以较低的利率再贷款或借入第二个抵押贷款应;同时,还产生了大量的投资需求,这些投资希望得到比美国国库券更高的收益,而投资银行通过发展抵押贷款支持的证券(Mortgage-Backed Security)和债务抵押债券(Collateralized Debt Obligation)等金融创新产品来满足这一巨大需求。这样,华尔街就把这些投资与住房抵押市场联系起来了。这种联系是通过抵押贷款经纪人、资助这些经纪人的小银行和大投资银行形成的,金融机构得到投资者的资金来为次贷融资。

美国的住房泡沫在 2006 年达到峰顶,随后破灭,不动产价格下跌。到 2008 年 9 月,平均住房价格比 2006 年最高时下降 20% 以上,抵押贷款的债务人不能支付上升的利率,开始违约。2007 年,丧失抵押贷款赎回权的债务人的资产达到 130 万个,比 2006 年增加 79%(RealtyTrac Staff,2008);此后这一数字又上升到 230 万个,比 2007 年又上升 81%(RealtyTrac Staff,2009);到 2009 年 9 月,全美 14.4% 的抵押贷款或者拖欠或者拍卖房屋(MBA,2009)。大量投资这些以住房信贷为基础的金融机构损失巨大,破产或面临破产危机;价格下跌造成的住房财产缩水迫使金融机构收回抵押权,这使消费者的资产也缩水。

20世纪70年代以来的放松管制活动,使政府对金融机构的监管过于放松,不能有效地防范金融风险。监管落后于金融创新活动,对影子银行(非银行金融中介机构提供类似传统商业银行的服务)缺乏监管,第一个遇到麻烦的美国金融机构是南加州的IndyMac银行,IndyMac是洛杉矶最大的储蓄借贷协会、第七大抵押贷款发放机构,其发放了大量的Alt-A贷款。这是风险高于正常贷款但低于次贷的抵押贷款,很多贷款被发放给没有还债能力的人,然后再把这些贷款在二级市场上出售。2008年4月,穆迪和标准普尔降低了抵押贷款所支持的证券的评级,致使IndyMac持有的大量贷款不能在二级市场上出售,而储户提款又进一步恶化了IndyMac的资本状况。最终,IndyMac于2008年7月31日申请破产保护(LaCapra,2008)。

此后一系列深陷抵押贷款借贷的金融机构纷纷倒闭,包括Northern Rock和Countrywide Financial;著名投资银行Bear Stearns在2008年3月被出售给JP Morgan Chase;一些主要机构或破产、或出售、或被政府接管。美国第四大投资银行雷曼兄弟公司(Lehman Brothers)于2008年9月15日申请破产保护;次日,Barcley宣布收购雷曼的北美投资银行和交易部门以及位于纽约的公司总部大楼;此后,Nomura Holdings宣布收购雷曼的亚太地区分支机构。美林(Merrill Lynch)严重涉足以抵押贷款为基础的证券,在金融危机中,这些证券使美林损失巨大;在政府施加的压力下,2008年9月14日美洲银行(Bank of America)兼并了美林。花旗集团(Citigroup)在2008年是世界最大的银行,有35万名雇员。花旗也在金融危机中遭受巨大损失,产生3 000亿美元的有问题资产。2009年2月27日,花旗宣布,美国政府将使用紧急联邦救助和财政部信贷换购该公司36%的股份。这样,美国政府用纳税人的钱援救了花旗银行;2010年,美国政府出售了其拥有的花旗银行的全部股份。2008年9月到10月,金融机构的危机达到顶峰,一系列金融机构被兼并或接受联邦救助同时受到联邦政府的监管。

美国股票市场于 2007 年 10 月达到高点,道琼斯工业平均指数超过 14 000 点;此后由于经济衰退和信心低迷,股市下跌。截至 2009 年 3 月,道琼斯指数下跌到 6 600 点的谷底。在 2007 年 6 月到 2008 年 11 月间,由于股市下跌,美国人损失了其净资产的 1/4 以上(Wikipedia,2015j)。到 2008 年 11 月,美国的住房价格比 2006 年的最高点下降 20%,美国的房屋净值在 2006 年为 13 万亿美元,到 2008 年年中下降到 8.8 万亿美元。退休金资产、储蓄和投资资产都损失巨大(Altman,2009)。2008 年第四季度和 2009 年第一季度,美国的 GDP 同比下降了约 8%。美国的失业率在 2009 年 10 月上升到 10.1%,是 1983 年以来的最高值(BLS,2014b)。

面对爆发的金融危机,美联储降低利率,买进政府债券和有问题资产,从而增加了货币供给。为增加流动性、执行最后贷款者的职能,美联储进行了一系列的制度创新。联邦政府实施了大规模的财政救助,通过政府支出抵消私人支出的减少,2008 年和 2009 年实施了数额达 1 万亿美元的救助计划。联邦政府采取提供贷款、购买资产、担保等形式救助了一批大企业,包括一批大银行和保险公司、通用汽车公司和克莱斯勒汽车公司以及两大房贷公司 Fannie Mae 和 Freddie Mac。2008 年 10 月,国会通过并由总统批准了 7000 亿美元的《问题资产救助计划》(*Troubled Asset Relief Program*, TARP),这是一个从金融机构购买资产和股份以加强金融监管部门实力的法案;2010 年,《华尔街改革和消费者保护法》(*Dodd-Frank Wall Street Reform and Consumer Protection Act*)将这一数额减少到 4 750 亿美元;2012 年,国会预算办公室(CBO)宣布该计划总开支 4 310 亿美元,总成本 240 亿美元(CBO,2012)。这些被救助公司多数偿还了借款,到 2014 年,财政部已经出售了持有的这些公司的股份(Tracy et al. ,2014)。2008 年通过的《住房和经济复兴法》(*Housing and Economic Recovery Act of 2008*)采取一系列措施来稳定抵押贷款行业的信心。这些措施包括为抵押贷款提供 3 000 万美元的担保(涉及 40 万住房所有者),建立联邦住房金融局监管的 14 个政府支持的住房金融企业,为面临被住房拍卖的房主(或住户)的抵押贷款再融资提供贷款等(Congress,2008)。

美国联邦政府在金融危机中就开始加强对金融业的管制。奥巴马总统在 2009 年提出一系列加强管制的计划,计划涵盖消费者保护、高管工资、资本要求等方面,把管制扩展到影子银行和衍生工具。这些管制措施的要点包括在财政部长盖特纳(Timothy Geithner) 2009 年的国会听证发言中:(1)把联邦储蓄保险扩大到非银行金融机构;(2)确保企业按程序倒闭而不被救助;(3)通过由企业投资者先承担损失,然后建立由最大的金融机构来融资的基金来保证纳税人不受损失;(4)在这一解决程序中加强对联邦储蓄保险公司和联储的监督和制衡;(5)要求金融机构具有更强的资本和流动性(Geithner,2009)。2009 年和 2010 年,美国国会相应通过了一些加强管制的法案,建立了消费者金融保护局。

始于 2007 年 12 月的经济衰退在 2009 年 6 月结束,金融危机也同时结束,股市到 2009 年已经大幅度上升。正如 2009 年 4 月的《时代》杂志所说,"就像开始时那么迅速,银行危机结束了"(McIntyre,2009)。

此后,美国经济进入缓慢的复苏过程,失业率长期居高不下。2009 年 1 月,奥巴马上台时失业率为 7.8%,四年以后,奥巴马第一届任期结束的 2012 年 12 月的失业率为 7.9%(此前曾降到 7.7%)。在此期间,失业率先上升,然后缓慢下降。奥巴马降低失业率的努力几乎毫无所获,这使很多人担心失业率再也不能回到正常水平。此后两年,失业率才大幅下降,到 2014 年 12 月下降到 5.6%。

在此期间,美联储使用了量化宽松(Quantitative Easing,QE)政策来增加货币供给。量化宽松是中央银行使用的非传统的扩张性货币政策。央行通过从商业银行或其他私人金融机构购买金融资产,提高这些金融资产的价值并降低其收益率，从而增加基础货币。这与通常的通过买卖政府债券来调节银行间借贷利率的传统货币政策不同。

在2008年金融危机期间，由于短期利率已经接近零，美联储开始实施量化宽松政策。美联储在金融危机开始前通常持有7 000亿—8 000亿美元国库券。由于金融危机，美联储于2008年11月开始买进6 000亿美元的抵押贷款所支持的证券，同时把货币注入流通。到2010年6月，美联储持有银行债券、抵押贷款支持的证券和国库券达到2.1万亿美元。到2012年，由于债务到期等原因，美联储把持有目标定为2.054万亿美元，即每月购买300亿美元国库券(Wikipedia, 2015n)。2010年11月，美联储宣布第二波量化宽松政策，在2011年第二季度结束前购买6 000亿美元债券，这个项目被称为"QE2"(Censky, 2010)。2012年9月，美联储宣布开始"QE3"，这是一个每月400亿美元的无限期的购买抵押贷款支持的债务的行动。2012年12月，美联储把购债数额提高到每月850亿美元(Federal Reserve, 2012)。2013年6月，美联储主席伯南克(Ben Shalom Bernanke)宣布，美联储将逐步退出量化宽松政策，并视经济情况而适时提高利率。2014年2月，耶伦(Janet Yellen)继任美联储主席。2014年10月，由于经济情况的根本好转，美联储宣布结束量化宽松政策。该项目历时六年，共购债4.5万亿美元(Theguardian, 2014)。

综上所述，美国经济是一个高度复杂的发达经济，政府在美国经济中起着重要的作用。下一章，我们就转向美国政府，对美国政府的结构和功能作一个介绍。

第 2 章　美国联邦政府的运作机制

理解美国政府财政和债务问题,需要对美国政府的组织结构和运作机制有所了解。为此,我们在本章简要介绍美国联邦政府的运作机制以及联邦政府与州和地方政府的关系。第 6 章将详细介绍美国州和地方政府的运作机制以及美国各级政府之间的关系。

美国联邦政府是美国 50 个州和华盛顿特区组成的美利坚合众国的政府。美国联邦政府包括立法、行政和司法三个分支,其权力由美国《宪法》赋予。美国联邦政府成立于 1789 年,其权力在美国建国初期较小,自 19 世纪以来一直在扩张,目前对美国的社会生活有着重要的影响。

2.1　美国政府的主要机构设置

美国联邦政府包括立法、行政和司法三大分支,这些分支之间互相合作、制约和平衡。

美国国会是美国联邦政府的立法机构,包括众议院和参议院。根据美国《宪法》,国会的权力包括征税、印钞、建立邮局和修路、公布专利、在最高法院之下建立联邦法院、惩治犯罪、宣战、组建陆军和海军、对土地和森林建立规制、在哥伦比亚特区实行专门的法律,并为适当行使权力建立必要的法律。

美国国会众议院目前有 435 名具有投票权的议员,每人代表一个众议院选区。为了让选民得到广泛的代表,选区按人口确定,因此人口较多的州在众议院占有较多的席位。众议院议员必须年满25岁,成为美国公民七年以上并居住在所代表的州,众议员任期两年、任期没有限制。美国国会参议院有100名参议员,代表50个州,不管人口多少,每个州有2名参议员。参议员任期六年,每两年改选约1/3的参议员。参议员不是按人口选出,目的是使各州不论人口多少都有同样的代表,保护人口较少的州的代表权。

国会参众两院有不同的分工。参议院负责批准总统的重要任命,包括内阁成员、联邦法官、各部首长、军队高级指挥官、驻外使节等。所有增加政府收入的法律必须由众议院提出,由两院批准并由总统签署。如果总统否决而两院2/3通过,仍可成为法律。《宪法》还允许国会制定适当的法律,国会的权力限于《宪法》所规定的权力。国会两院建立委员会,撰写法律、进行调查,近年两院各设有十几个委员会,分别解决各种问题。

联邦政府的行政权属于总统。总统和副总统由选举团选出,各州在选举团中有一定席位,而选举团由全体选民选出。总统任期两届、每届四年,总统是国家元首和政府首脑、军队的最高统帅和最高外交官,领导政府的行政部门,签署或否决法律。经参议院2/3通过,总统可以与外国建立合约。总统在国会同意下有权实施行政命令,任命最高法院法官和联邦法官。总统可能被国会弹劾。与一些国家不同,总统无权解散国会和召集特别选举。目前美国的行政部门有大约500万名雇员,包括100万名军人和60万名邮局职工。副总统是总统死亡、辞职或被罢免时的第一继任人;副总统是参议院议长,在参议院票数相等时有投票权。

联邦行政机构负责法律的日常执行。15个部的首长由总统提名、参议院批准,这些人组成总统的顾问委员会,通常被称为"内阁"。在这些部之外,还有一些行政办公室,如白宫、国家安全委员会等。与预算直接有关的部门包括政府会计办公室(Government Accountability Office,GAO)、国会预算办公室(Congressional Budget Office,CBO)、财政部(U. S. Treasury Department)和直接负责帮助总统编制预算的管理和预算办公室(Office of Management and Budget,OMB)。

联邦政府的司法分支负责解释和实施法律。《宪法》建立美国最高法院并授权国会建立最高法院下的其他法院,所有的联邦法官为终身制。根据法律,美国全国分为若干地区,每个地区建立联邦法院。目前美国的联邦司法系统包括最高法院、13个上诉法院、94个地区法院和2个特区法院;在联邦司法系统之外,各州有自己的司法系统执行自己的法律。

2.2 联邦政府与州和地方政府的关系

美国的政府体系包括联邦政府、州政府和州以下地方政府。联邦政府、州政府和地方政府之间有一定的从属关系,但又是相对独立的。

美国联邦政府负责外交、国防、大部分的社会福利、宏观经济政策、发行钞票,以及其他涉及各州之间关系的事务。随着美国逐步演变为福利国家、宏观经济政策的实施和扮演"世界警察"的角色,20世纪美国联邦政府的作用大幅度提高。

与联邦政府相比,州和地方政府对日常生活的影响更大。州和地方政府负责本辖区的经济发展、治安和教育等与人们息息相关的公共服务。每个州有自己的《宪法》,州政府和地方政府是按照各州和各地方的法律而建立起来的。这些法律有很多相同点,但也有很多不同,因此美国的州和地方政府的组织形式千差万别,各州在有关财产、犯罪、教育和健保方面的法律与程序上有很大的不同。

美国各州的最高民选官员被称为州长(Governor),每个州有民选的州议会(通常也分为州参议院和州众议院)、行政机构和各州自己的司法机构。在一些州,最高法院和较低级别的法院的法官也由民选产生。州以下的地方政府通常是镇、市和县政府,这些地方政府受有关法律的约束。例如,市政府通常是根据市宪章建立的,同时在某些方面受州法的约束。市政府的最高长官是市长,市长通常由本市选民选出。地方政府通常根据有关法律收税,同时提供必要的公共服务。

联邦政府受《宪法》约束,通常不干涉地方事务,由有关的地方政府来处理。联邦政府通常负责处理与多州有关的事务(比如国防、外交、发行钞票,以及州际贸易等),体现了国家作为一个整体的总体原则和各级地方自治的原则。总体原则和自治原则并存(即联邦主义),在实施联邦主义的时候,各级政府同时治理同一块土地上的人民,但是各级政府的权威都必须受到限制。

基于美国各级政府的建立原则和组织结构,美国政府的重大决策往往涉及不同的政府分支,需要经过各种不同意见的交锋,这一过程有时是冗长的。美国政府的预算和债务决策就需要经过这样的复杂过程,因此在研究美国政府财政和债务问题时,需要对此有所了解。

第 3 章 美国联邦政府财政

美国联邦政府有着巨额收入和支出。如果支出超过收入,就形成政府预算赤字,必须用借债的方法来弥补。从20世纪下半叶开始,美国政府长期存在预算赤字,在21世纪的最初几年,美国联邦政府面临着严重的财政问题。在短期,美国联邦政府的财政问题是出于以下原因:(1)伊拉克-阿富汗战争引起的军费的增加和经济衰退引起的失业救济支出的增加;(2)金融危机引起的经济衰退使美国联邦政府的税收减少,产生了巨额财政赤字。在长期,由于人口老龄化和平均每人健康保障支出的增加,基于现有经济增长率的长期财政收入难以满足支出增长的需要。正如美国总统奥巴马所指出的,美国的现有税收到2025年只够支付医疗保障、社会保障和利息。如果不进行财政改革,所有其他关系国计民生的重要支出(教育、交通,甚至国防)都要通过举债筹资(Obama,2011)。自2013年以来,美国经济的好转使短期预算赤字和债务问题有所缓解,但长期问题并没有得到解决。

简言之,美国财政面临的问题可以分为短期和长期。短期问题与战争和2007—2010年的经济衰退有关,长期问题与人口构成的变化和人均健保支出的增长有关。

3.1 美国财政和预算现状

美国联邦政府预算是总统向国会提交的下一财政年度收支水平的预测和规划,预算需要经过国会批准、总统签署,形成法律后才能付诸实施。美国《宪法》规定,除非根据有关的拨款法案,任何人任何政府部门都不得从财政部提款;政府的所有收入和支出都必须及时公开。美国联邦政府的财政年度开始于上年的10月1日,结束于当年的9月30日。总统须在上年1月的第一个周一和2月的第一个周一之间向国会提交本年度财政预算请求,通常在2月的第一个周一提交预算。国会预算委员会设定支出上限,国会各拨款委员会通过每一个预算项目的拨款。美国参众两院目前的拨款委员会有12个分会,负责撰写各拨款法案,这些法案通常会合并成综合拨款法案,拨款法案必须由国会两院通过。国会通过的拨款提案送交总统,总统可以签署使之成为法律,或否决提案。被否决的提案回到国会,如果参众两院都以2/3多数通过,仍然可以成为法律。国会还有权通过特别的或紧急的拨款法案,例如对自然灾害救助的拨款法案。国会通过的预算可能经过修改,与总统最初提出的预算不同,一些项目的预算是跨年度的。美国联邦政府的预算程序是十分复杂的,有时甚至是混乱的。尽管总统有否决权,但政府支出的控制基本上掌握在国会手中。

美国政府预算是建立在现期收支而不是权责发生的基础上,一些福利项目的长期成本没有反映在预算中。联邦预算的数据由若干政府机构提供。国会预算办公室在每年1月出版《预算与经济展望》,对未来多年的预算和经济情况作出预测;该机构还出版《长期预算展望》和《月度预算回顾》。管理和预算办公室负责整理总统在2月提出的预算,并在7月公布更新后的预算。政府问责办公室和财政部通常在9月30日财政年度结束时公布美国政府财务报告(Financial Statement)。

美国联邦政府收入如表 3.1 所示。由于经济好转,2014 财政年度美国联邦政府收入占 GDP 的比重为 17.3%, 比 2013 财政年度有较大增加(8.2%)。与其他发达国家相比,美国各级政府的税收占 GDP 的比重为 28.0%, 低于 30 个 OECD 国家 36.0% 的平均水平(Tax Policy Center, 2011)。

表 3.1 美国联邦政府收入   单位:百万美元

财政年度	个人所得税	公司所得税	社会保障和退休金		
			总额	(预算内)	(预算外)
2012	1 132 206	242 289	845 314	275 813	569 501
2013	1 316 405	273 506	947 820	274 546	673 274
2014 估算	1 386 068	332 740	1 021 109	288 777	732 332
2015 估算	1 533 942	449 020	1 055 744	297 867	757 877
2016 估算	1 647 750	501 701	1 127 271	315 780	811 491
2019 估算	2 047 136	514 373	1 313 723	368 632	945 091

财政年度	消费税	其他	总收入		
			总额	(预算内)	(预算外)
2012	79 061	151 294	2 450 164	1 880 663	569 501
2013	84 007	153 365	2 775 103	2 101 829	673 274
2014 估算	93 528	168 276	3 001 721	2 269 389	732 332
2015 估算	110 539	188 180	3 337 425	2 579 548	757 877
2016 估算	115 383	175 847	3 567 952	2 756 461	811 491
2019 估算	126 651	224 236	4 226 119	3 281 028	945 091

资料来源:The White House. Historical Tables, Table 2.1. http://www.whitehouse.gov/omb/budget/Historicals Retrieved january 24, 2015。

2013 财政年度,美国联邦政府税收收入约为 2.77 万亿美元,比 2012 财政年度增加 13.0%, 由于一些减税终止和经济好转,各项税收都增加了。个人所得税和社会保险税是最主要的联邦税种。在主要的联邦税收中,个人所得税占 47.0%, 社会保险税占 34.0%, 公司税占 10.0%。在 1970—2009 年,美国联邦政府的税收收入平均占 GDP 的比重为 18.3%, 波动范围约为 2 个百分点(Wikipedia, 2015i)。

联邦个人所得税是累进的,对每个纳税人收入的高收入部分实行较高的税率。2013 年,联合纳税的一对夫妇最初的 17 850 美元应纳税收入的税率为 10.0%, 经过一些中间纳税等级后,一对夫妇 450 001 美元以上应纳税收入的税率为 39.6%。20 世纪 80 年代以来,个人所得税的最高边际税率大幅度降低,从

1980年的70%下降到1988年的28%,此后又有所上升;21世纪初,小布什和奥巴马政府把最高边际税率从39.6%降到35%;2013年开始,最高边际税率又提高到39.6%。大约35%—40%的美国家户由于收入较低而不交个人所得税。表3.2显示了美国联邦个人所得税的边际税率和纳税收入的分组。边际税率对调动人们的劳动积极性关系重大,是永远存在争议的话题。除联邦所得税之外,美国各州和一些市也征收个人所得税。

表3.2 2013年美国联邦个人所得税税率

边际税率(%)	单身纳税收入(美元)	结婚联合交税纳税收入(美元)
10	0—8 925	0—17 850
15	8 926—36 250	17 851—72 500
25	36 251—87 850	72 501—146 400
28	87 851—183 250	146 401—223 050
33	183 251—398 350	223 051—398 350
35	398 351—400 000	398 351—450 000
39.6	400 001 +	450 001 +

资料来源:Wikipedia,2015k。

用于社会保障和医疗保障的工薪税从2013年开始从单一税率改为累进税率。其中,用于社会保险的部分由工人和雇主分别支付工人毛收入的6.2%,2013年113 700美元以上的收入不用交社会保险税;用于医疗保障的部分由雇员和雇主分别交1.45%(不封顶),2013年开始对个人200 000美元和夫妇250 000美元的纳税人增收0.9%的医疗保障税。

在个人所得税和工薪税之外,联邦政府还征收公司所得税、消费税、遗产税和关税。公司所得税在联邦、多数州和一些地方层面征收。公司税基于公司应纳税收入,联邦公司税的税率为15%—35%(Wikipedia,2015k);消费税对烟、酒、武器等征收;联邦政府不征收销售税。

边际税率是对一个纳税者收入的不同部分征收的不同税率,把这些不同的税率平均起来,就得到某一个具有一定收入的纳税人的实际有效税率(Effective

Tax Rate)。实际有效税率一般低于边际税率,表3.3显示了美国2010年不同收入组的实际有效税率。

表3.3 美国2010年不同收入组的实际有效税率

分组	税前平均收入(美元)	实际有效个人所得税税率(%)	实际有效工薪税税率(%)	所得税和工薪税实际有效税率(%)	总联邦实际有效税率(包括公司税和消费税,%)
最低	24 100	-9.2	8.4	-0.8	1.5
低中	44 200	-2.3	7.8	5.5	7.2
中间	65 400	1.6	8.3	9.9	11.5
高中	95 500	5.0	9.0	14.0	15.6
最高	239 100	13.8	6.7	20.5	24.0

资料来源:CBO,2013。

观察美国联邦政府财政收入构成的历史变化,我们发现个人所得税的比重在20世纪40年代中期以后就保持在一个稳定的水平,占总收入的40%以上;公司所得税和消费税的比重下降;社会保险税和退休金的比重自20世纪50年代以来大幅度增加,近年占30%左右(见图3.1)。

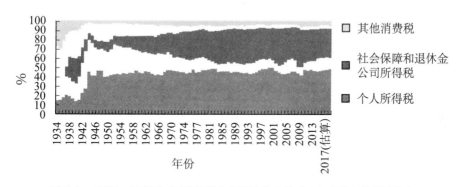

图3.1 1934—2017年美国联邦政府财政收入构成(占总收入的百分比)

资料来源:The White House. Historical Tables, Table 2.1(2014—2017年为估算),http://www.whitehouse.gov/omb/budget/Historicals。

美国联邦政府提供了大量的公共服务,按功能可以分为国防、人力资源、物质资源、净利息和其他功能。为提供这些服务,联邦政府财政支出的数额巨大(见表3.4)。

表 3.4　2012—2019 年美国联邦政府支出

功能＼年份	2012	2013	2014（预测）	2015（预测）	2016（预测）	2019（预测）
	金额（百万美元）					
国防	677 852	633 385	620 562	631 280	592 448	585 786
人力资源	2 348 587	2 417 949	2 621 003	2 759 550	2 913 633	3 297 938
教育、培训、就业和社会服务	90 823	72 808	100 460	117 350	113 357	124 328
健保	346 742	358 315	450 795	512 193	549 421	627 997
医疗保障	471 793	497 826	519 027	532 324	574 888	654 127
收入保险	541 344	536 511	542 237	535 963	549 292	570 240
社会保险	773 290	813 551	857 319	903 196	952 022	1 131 060
退伍军人福利和服务	124 595	138 938	151 165	158 524	174 653	190 186
物质资源	215 463	89 997	99 018	145 229	144 062	138 646
能源	14 858	11 042	13 375	8 620	5 232	2 838
自然资源和环境	41 631	38 145	39 102	41 349	41 809	42 713
商业和住房信贷	40 823	-83 199	-82 283	-31 430	-31 043	-25 258
交通	93 019	91 673	95 519	97 825	102 309	104 156
社区和区域发展	25 132	32 336	33 305	28 865	25 755	14 197
净利息	220 408	220 885	223 450	251 871	317 608	550 654
其他功能	178 353	185 174	177 233	208 712	235 634	257 351
外交	47 189	46 418	48 472	50 086	49 886	47 842
通用科学、空间和技术	29 060	28 908	28 718	30 839	30 098	31 268
农业	17 791	29 492	22 659	16 953	22 937	18 017
司法	56 277	52 601	53 102	55 843	55 934	59 331
一般政府	28 036	27 755	22 407	25 706	27 464	32 798
津贴	……	……	1 875	29 285	49 315	68 095
未分配的补充收入	-103 536	-92 785	-90 740	-95 653	-104 307	-101 584
联邦支出总额	3 537 127	3 454 605	3 650 526	3 900 989	4 099 078	4 728 791
（预算内）	3 029 539	2 820 794	2 939 299	3 143 368	3 291 521	3 752 609
（预算外）	507 588	633 811	711 227	757 621	807 557	976 182
	占支出的比例（%）					
国防	19.2	18.3	17.0	16.2	14.5	12.4
人力资源	66.4	70.0	71.8	70.7	71.1	69.7
物质资源	6.1	2.6	2.7	3.7	3.5	2.9
净利息	6.2	6.4	6.1	6.5	7.7	11.6
其他功能	5.0	5.4	4.9	5.4	5.7	5.4

(续表)

年份\功能	2012	2013	2014（预测）	2015（预测）	2016（预测）	2019（预测）
未分配的补充收入	-2.9	-2.7	-2.5	-2.5	-2.5	-2.1
联邦总支出	100.0	100.0	100.0	100.0	100.0	100.0
（预算内）	85.6	81.7	80.5	80.6	80.3	79.4
（预算外）	14.4	18.3	19.5	19.4	19.7	20.6
占GDP的比例(%)						
国防	4.2	3.8	3.6	3.5	3.1	2.6
人力资源	14.6	14.5	15.1	15.1	15.2	14.9
物质资源	1.3	0.5	0.6	0.8	0.8	0.6
净利息	1.4	1.3	1.3	1.4	1.7	2.5
其他功能	1.1	1.1	1.0	1.1	1.2	1.2
未分配的补充收入	-0.6	-0.6	-0.5	-0.5	-0.5	-0.5
联邦总支出	22.0	20.8	21.1	21.4	21.4	21.3
（预算内）	18.8	17.0	17.0	17.3	17.2	16.9
（预算外）	3.2	3.8	4.1	4.2	4.2	4.4

资料来源：The White House. FY2015 Budget, Historical Tables, Table 3.1. http://www.whitehouse.gov/omb/budget/Historicals。

表3.4显示，美国联邦政府在2014财政年度支出3.65万亿美元，比2013财政年度增加5.7%。2014财政年度联邦支出占GDP的21.1%，而过去四十年支出平均占GDP的20.4%，误差为正负2个百分点。美国联邦政府支出反映了美国作为巨型福利国家的特性。政府支出可以分为强制性的（法律规定不可随意变动的）和斟酌处置的两部分，再加上债务利息。社会保障(Social Security)、医疗保障(Medicare)和医疗辅助(Medicaid)等福利项目属于强制性支出，不需要国会每年批准就可以自动延长。社会保障和医疗保障有时被称为"固有权利"，是依法享受这些福利的人的权利，政府不可随意改变。2014财政年度联邦政府支出中，社会保障支出占23.4%，医疗保障和医疗辅助支出占22.6%（见图3.2）。

社会保障是对老年人和残疾人提供援助的联邦福利项目，包括由1935年《联邦保障法》的目前版本所规定的若干社会福利和社会保险项目。社会保障通过工薪税支付，税收由国内收入服务部(Internal Revenue Service, IRS)征收后

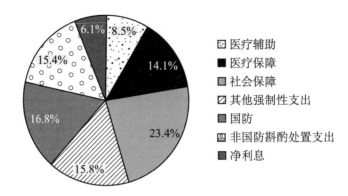

图 3.2　2014 年美国联邦政府支出构成

资料来源：根据 The White House. FY2015 Budget, Historical Tables, Table 8.15 计算。

投入社会保障信托基金；所有在美国境内工作的合法居民都有一个社会保障号。社会保障包括退休、遗孀和残疾人保障(Federal Old-Age, Survivors, and Disability Insurance, OASDI)、对需要帮助的家庭的临时支援(Temporary Assistance for Needy Families, TANF)、医疗保障(Health Insurance for Aged and Disabled, Medicare)、医疗辅助(Grants to States for Medical Assistance Programs)和附加的保险收入(Supplemental Security Income, SSI)。OASDI 中最主要的部分是退休福利,资金的来源是一个人工作期间缴纳的工薪税中用于退休保险的部分；所有支付社会保障税四十个季度或以上的工人可得到完全保障。工人可以在 62 岁退休,但只能得到部分福利；如果在完全退休年龄(65 岁、66 岁或 67 岁,取决于出生日期)退休,就可以得到完全保障。退休保障取决于工人或配偶在退休前三十五年的经调整的平均工资。总的来说,1983—2009 年,美国的社会保障收入大于社会保障支出,但其中有些项目收不抵支,如残疾人保障、医疗保障的医院保险部分等(CBO,2012b)。

医疗保障是美国的一个全国性的社会保障项目,为其 65 岁或以上的成员提供健康保险,也对年纪较轻的残疾人提供健康保险。2010 年该项目为 4 800 万名美国人提供健康保险；2014 年的总支出估计为 3 086 万美元(The White

House,2015)。医疗保障支付了项目成员大约一半的医疗保健费用,其他费用由成员参加的其他保险或自己支付。

医疗辅助是为低收入家庭和个人提供的政府健保项目,由州和联邦政府共同筹款,由州政府管理。医疗辅助计划的参加者必须是美国公民或合法居民,同时是低收入成人及其子女。目前美国50个州都参加了这一项目,参加这一项目的标准因州而异。

联邦政府支出还包括斟酌处置支出。斟酌处置支出包括国防支出(2014财政年度占总支出的17.0%)和非国防斟酌处置支出。除伊拉克、阿富汗战争、国土安全和退伍人员开支之外,美国国防开支约占GDP的4%;如果加上这些开支,国防开支占GDP的5%。国防开支的比重在2001—2010年上升,此后的总趋势是下降。非国防斟酌处置支出主要包括行政部门和独立政府机构的支出(如法院的运行支出等),这部分支出由国会每年批准,约占2012财政年度总支出的17.0%和GDP的4.0%(CBO,2013);这些斟酌处置支出需要国会每年批准。此外,2014财政年度利息支出占总支出的6.1%。

国会对斟酌处置支出的批准包括两部分:(1)批准项目;(2)批准项目所需资金。资金的批准是每年一次的;对一个跨年项目,国会每年批准一部分资金。一般来说,目前美国联邦政府支出中,强制性支出约占60%,斟酌处置支出占1/3(其中国防与非国防支出各占一半),利息支出占7%。

历史上,美国联邦财政支出占GDP的比重在第二次世界大战期间达到高峰,此后大体保持在20%左右。如图3.3所示,财政支出占GDP的比重在2000年和2001年达到17.6%的低点,在金融危机的2009年上升到24.4%,此后又逐步下降,2014财政年度为21.1%。

从支出结构来看,国防支出在第二次世界大战和朝鲜战争期间大幅度上升,1945年达到总支出的89.5%;此后国防支出的总趋势是下降,2014财政年度为

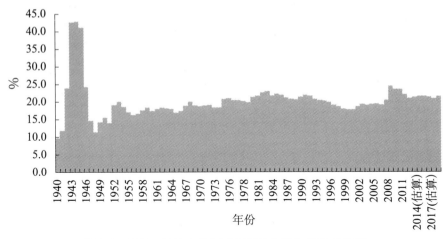

图 3.3　1940—2019 年美国联邦财政支出占 GDP 的比重

资料来源：The White House. FY2015 Budget，Historical Tables，Table 3.1，http：//www.whitehouse.gov/omb/budget/Historicals。

17.0%，到 2019 财政年度计划下降到 12.4%。对人力资源的支出从 20 世纪 50 年代开始一直在上升，2014 财政年度达到 71.8%（见图 3.4）。

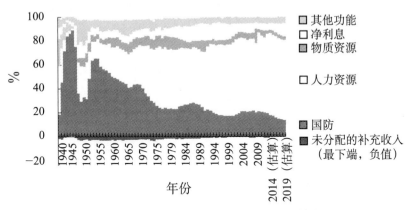

图 3.4　1940—2019 年美国联邦财政支出占预算的比重

资料来源：The White House. FY2015 Budget，Historical Tables，Table 3.1，http：//www.whitehouse.gov/omb/budget/Historicals。

预算赤字是实际收入与预算支出之差，国债年增加额是衡量政府实际支出的更真实的标准。2014 财政年度，美国联邦政府收入 3.00 万亿美元，支出 3.65

万亿美元,赤字约 6 488 亿美元;同期,美国国债增加 1.17 万亿美元。预算赤字与国债变动在现实中并不相等,预算赤字与国债年变动的差额包括社会保险税的收入盈余、追加的战争开支等。2009 年,美国联邦政府赤字为 GDP 的 9.8%,此后连续五年下降;2014 年预算赤字预计为 GDP 的 2.8%,略低于过去四十年的平均水平(CBO,2014)。

历史上,联邦赤字在战争期间增加、和平时期减少,但是自 20 世纪 80 年代初以来,和平时期的赤字也大幅度增加。在 20 世纪末和 21 世纪初出现了短暂的预算盈余,但是好景不长,随后赤字再次增加,并在金融危机后的 2009 年达到 1.41 万亿美元的纪录水平;此后,随着经济情况的好转,赤字逐步下降,2014 财政年度为 6 488 亿美元。预计赤字在未来几年会缓慢下降(见图 3.5)。

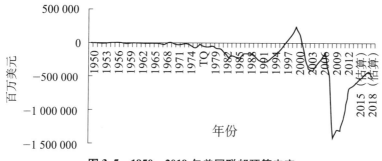

图 3.5　1950—2019 年美国联邦预算赤字

资料来源:The White House. FY2015 Budget, Historical Tables, Table 1.1, http://www.whitehouse.gov/omb/budget/Historicals。

2013 年,美国联邦政府总债务 16.72 万亿美元,其中公众持有 11.98 万亿美元,外国人持有 4.92 万亿美国长期国债、0.68 万亿美元美国短期国债;最大的外国债主是中国、日本、英国和巴西央行(U.S. Treasury,2014)。近期的数字显示,2015 年 2 月 19 日美国的公共债务总额为 18.13 万亿美元(U.S. Debt Clock,2015)。

鉴于美国在世界经济中的地位,美国的债务问题有着全球影响。美国政府赤字如果积累过多,一旦拖欠债务,将引起全球性的债务危机,引起持有者对美国政府债券的抛售、利率上升,导致各国银行资产减少、全球流动性枯竭、银行借贷停止、全球经济活动停滞。当然,这是最严重的情况,目前尚不存在这种可能性。

3.2 美国财政和预算问题的历史渊源

美国建国初期就出现了对如何建设联邦财政的问题的激烈争论。争论的一方为华盛顿总统的财政部长、联邦党(Federalist Party)人汉密尔顿(Alexander Hamilton),另一方为民主共和党(Democratic-Republican Party)人、华盛顿之后的总统杰弗逊(Thomas Jefferson)和麦迪逊(James Madison)。两种不同观点争论的核心是政府开支的规模、税收和国家债务问题。汉密尔顿强调建立一个强大的中央政府以调动资源应付战争等紧急状态,重组国家债务,建立国家银行。汉密尔顿上任时,美国联邦政府只有支出而无权征税,花费依靠各州提供的资金接济。汉密尔顿认为国家应当有信用,偿还独立战争期间所欠的巨额债务,由联邦政府承担各州债务本息的偿还。这是通过征收进口关税和对酒、茶叶、咖啡征收消费税,以新国债替换旧国债筹集资金的方式实现的,其中的税收问题受到了激烈的批评。汉密尔顿的批评者是杰弗逊和麦迪逊领导的民主共和党人。杰弗逊是美国独立宣言的主要起草人,主张小政府以限制政府权力,特别是限制政府在财政方面的权力,反对征收消费税。他认为,收税所得到的资金会扩大政府权力,并导致债务过多。麦迪逊反对由联邦政府承担各州的债务,因为这意味着惩罚几乎偿还完债务的州。由于麦迪逊的反对,由联邦政府承担各州债务的提议没有被通过。1800年,杰弗逊当选总统后推翻了汉密尔顿的一些政策,废除消费税,削减国防开支,此后一段时间,美国联邦政府的收入更多地依靠关税,这是1812年战争期间美国政府财政困难的原因之一。两种不同意见的争论形成了两大政党,并且形成此后美国政坛对财政和债务问题的争论的基本脉络,其影响延续至今。

在反对税收和政府规模扩大的意见背后是保守主义的政治理念。现代保守主义始自英国国会议员、爱尔兰思想家伯克（Edmund Burke），伯克支持英国革命但反对法国大革命,是辉格党保守派的领军人物。他奠定了现代保守主义的思想基础,被认为是现代保守主义的鼻祖。他认为,英国革命实际上是一种渐进式的改良;法国革命像其他激进革命一样,破坏了社会的根基,造成了混乱、杀戮和独裁。保守主义强调保存人类社会积累的社会秩序和规则,反对用激进的形式破坏社会已经形成的规则,注重维护和发掘自由的传统（刘军宁,2014）。

保守主义在政府财政和税收问题上的具体表现就是著名的抗税运动。人们认为小政府和少税收是美国的自由传统的重要组成部分,抗税运动本身在美国历史上就早有传统。18世纪末,反对征收消费税的政策辩论发展成美国历史上第一个抗税暴动——威士忌暴动（Whiskey Rebellion）。1790年,反对汉密尔顿财政政策的游行演变成1794年的武装暴动;最后,华盛顿总统派遣军队到宾夕法尼亚州平息了暴乱。因此,美国联邦政府的征税权最初是靠武力实施的。美国的抗税运动一直延续到20世纪70年代。这一运动首先在州一级取得成果,例如加利福尼亚州1978年的《13号提案》（Proposition 13）将财产税减半。里根总统在20世纪80年代使减税成为全国性的政策,通过减税减轻私人企业的负担,刺激企业和个人的积极性是经济增长最根本的源泉,是里根最基本的施政方案;不过,由于赤字的上升,此后里根政府又不得不小幅增税。控制政府规模和减税的保守主义思想在20世纪下半叶取得了相当的成功,反对增税的思想深入人心,对政府预算平衡产生了负面影响。21世纪的共和党继承了这一传统。21世纪初,小布什总统当选,他的主要措施之一就是减税。减税加上战争和衰退使政府支出并未减少,使得21世纪初出现的短暂的预算盈余消失了。

历史上,政府债务在战争时期就大幅度增加,政府实际上是通过借债来打仗的。其规则是,哪国政府的融资能力强,就能够赢得战争。例如,美国南北战争时期,联邦政府(北方)通过增税和发债打败了在这方面做得较差的南方,战争时期联邦政府(北方)的开支达到和平时期的 20 倍(约翰逊和郭庚信,2013)。两次世界大战使赤字和债务激增。和平时期赤字和债务的大幅度增长始于 20 世纪 30 年代的大萧条。为应对大萧条造成的严重的失业问题,联邦政府大规模介入经济生活,开始为全体国民提供社会保险,罗斯福"新政"使联邦政府支出大幅度增加。20 世纪 60 年代的肯尼迪政府和约翰逊政府的"向贫穷开战"计划,进一步完善了全民福利体系,使政府支出进一步增加。20 世纪中叶,美国开始扮演"世界警察"的角色,也使美国联邦政府的支出进一步增加,但支出的增加并不一定意味着赤字。在克林顿总统时期,由于经济繁荣,政府及时增税,改变了持续多年的财政赤字,出现了短暂的财政盈余。从思想渊源看,积极干预和建设福利国家的思想来自维护全体人民基本权利的自由主义思想传统,并于 20 世纪中期融合了凯恩斯主义经济学的利用宏观经济政策积极调节经济的思想。

两种不同的政治和理财理念的争论已经持续了几百年,这种争论所造成的决策的延迟,有时会产生严重的后果。这方面的例子包括 1812 年战争期间美国的软弱无力,以及近期的美国联邦政府的关门。然而,只要在适当的规则下,理念争论可以避免或纠正国家在行动上的偏差,不同的极端观点的相互牵制,使国家行进在比较中庸的轨道上。

3.3 美国短期的政府预算问题

21 世纪的第一个十年,美国联邦政府财政状况恶化,预算盈余变为预算赤字。2010 年与 2001 年相比,支出从占 GDP 的 18.2% 上升到 23.8%,收入从占

GDP 的 19.9% 下降到 14.6%（The White House, Tables 2.3, 3.1）。在短期,正如美国经济学家克鲁格曼指出的,美国联邦预算问题的原因有三:第一,小布什减税,在过去十年中增加了 2.0 万亿美元国债;第二,伊拉克和阿富汗战争,增加了 1.1 万亿美元国债;第三,金融危机引起的大萧条使财政收入大幅度减少（Krugman, 2011b）。

小布什总统在 2001—2003 年实施了减税等一系列法案。这些减税法案到 2010 年年底到期。此后,奥巴马总统把小布什减税法案延期两年,小布什减税已在 2013 年 1 月 1 日过期。奥巴马总统在 2013 年 1 月 2 日签署的《2012 年美国纳税人减负法案》保持了很多减税规定,但没有改变最高收入组的税率,因此最高收入组税率从 35% 自动回到小布什减税前的 39.1%（Wikipedia, 2015d）。

2007 年开始的金融危机引起的经济停滞和失业是联邦财政收入短期减少的重要原因。国会预算办公室在 2009 年估计,所得税收入由于衰退引起的失业而减少 20%（CBO, 2009b）;此后,美国经济复苏缓慢,失业率居高不下,人们担忧经济可能再次衰退。自然失业率持续性地提高,使财政收入持续性地减少。在危机中,国会通过的经济刺激法案（*Economic Stimulus Act of 2008* 和 *American Recovery and Reinvestment Act of 2009*）包括税收减免措施等,但这些措施增加了联邦政府预算赤字。在经过长达六年的衰退和复苏之后,美国经济最终走出衰退,在 2014 年出现经济情况的全面好转。

美国民主、共和两党对财政预算问题存在尖锐的意见分歧。共和党认为,联邦政府的预算问题是支出问题,而不是收入问题,因此主张减少支出,坚决反对增税。民主党则认为,必须保证人民的基本福利支出,因此支出不能大幅度减少,必须增税,至少是对一小部分富人增税。小布什减税法案到期后对高收入群体应当自然失效,即需要把高收入群体的税率提高到小布什减税以前的水平。

总的来说,在短期,宏观经济形势对解决预算问题极为重要。政府为解决预算赤字而采取的扩张性财政政策可能危及减少预算赤字的努力,政府必须在扩张性财政政策和预算平衡之间作出艰难的选择。

3.4 美国长期的福利问题

在长期,美国联邦政府的财政问题涉及长期的税收水平、结构和支出中的福利支出水平问题。长期的税收问题首先是广义的政府财政的规模问题,实质上是政府的规模问题或政府所提供的公共产品的规模问题。严格地说,这里的政府规模主要不是指政府日常运作的规模,而主要是指福利支出的规模以及为支持该福利支出必须保持的税收规模。20世纪美国的一个根本性的变化是逐步变为一个福利国家,这是美国政府角色的一个重要的转变。美国联邦政府已经变成所有国民的保险提供者,福利支出成为美国联邦政府支出的主要部分。美国要在多大程度上变为福利国家,需要整个社会作出选择;在社会难以取得共识的情况下,需要各种社会集团的某种折中。因此,从支出角度来看,美国政府长期财政问题实质上是福利支出的水平问题,是要使美国变成一个什么样的福利国家的问题。

美国政府的福利支出被称为强制性支出,即未经法律修改,不可改变的支出。由于涉及人们的既得利益,这些福利被看作天生的权利,很难改变。如果假设现行政策不作较大的修改,那么美国政府强制性支出(医疗保障和医疗辅助)占GDP的比重预计在未来会显著上升,其他支出的比重则相对稳定,原因有两点。第一,人口结构的变动,即工作人数相对享受福利人数的下降。由于现行福利制度是把现在的工人的支付用于现在的老年人的费用,工作人员与享受福利者的比例(Worker to Beneficiary Ratio)就十分重要。美国这一比例在1960年为5.1,2010年下降到3.0(Social Security Advisory Board,2008),就是说提供税收的人数相对享受福利的人数大幅度减少。第二,人均成本的上升,这涉及医疗服务和药品器材成本的上升。把这两种因素都考虑进去,美国国会预算办公室(以下简称CBO)在2010年估计,医疗保障和医疗辅助占GDP的比重将由2009年的5.3%上升到2035年的10.0%和2082年的19.0%(CBO,2010)。与医疗福利成本的上升相比,社会保障费用的GDP占比在长期比较稳定。因此,经济学家克鲁格曼指出,美国的长期财政问题可以概括为"健保、健保、健保、收入"——就是说,七成在于健保,三成在于增加政府收入(Krugman,2011)。

在医疗保险改革方面,奥巴马政府在2010年提出的《医疗保险改革法案》已被国会通过。此外,美国许多州政府面临财政困境,美国联邦政府一旦对破产的州政府实施救助,也可能增加预算赤字。

与福利支出相比,政府的斟酌处置支出(国防和政府日常基本运作支出)的比例是下降的,但斟酌处置支出的减少不足以解决政府财政赤字问题。因此,长期财政问题的关键是福利支出的减少与否问题。

CBO 2014年7月对美国联邦政府的长期债务进行了预测。预测的基本期限为25年,到2039年。① 预测分若干种假定情况进行了估算。

(1)扩展的基本情况假定,现行法律大致不变。由于经济情况的好转、政策已经作出的反应和有关税收和支出的法律的变化,未来几年赤字和联邦公共债务相对GDP将略有下降,财政赤字占GDP的比重将由2009年的10%下降到大约3%。2017—2020年联邦债务将保持在GDP的72%—74%,但此后不久就会由于预算赤字的增加而上升到高于目前的水平。压力来自人口老龄化、健保成本上升、对健康保险的联邦补贴的增加以及利率的上升。2024年预算赤字将接近GDP的4%,该年年底债务将达到GDP的78%。

在长期,扩展的基本情况预测显示(见图3.6),收入的增加将小于支出的增

---

① CBO甚至预测了2039年以后的情况,但是这些预测的结果存在更大的不确定性。

加,2039年财政支出将从过去四十年平均占GDP的20.5%上升到26.0%。这是由于:第一,社会保障、医疗保障、医疗辅助和儿童健康保险的支出由于《平价医疗法》(Affordable Care Act)造成的变化而大幅度增加,从过去四十年平均占GDP的7.0%上升到2039年的14.0%。第二,政府的净利息支付将从过去四十年的平均占GDP的2.0%上升到2039年的4.5%。此外,其他支出将从过去四十年平均占GDP的11.0%减少到2039年的7.0%。在长期,联邦收入相对GDP也会增加,但增长速度比支出低。美国国会预算办公室预测,联邦政府收入占GDP的比重将从过去四十年的平均17.5%上升到2039年的19.5%。赤字将稳步增加,债务的增长将快于GDP,因而是不可持续的。2039年赤字将达到GDP的6.5%,高于1947—2008年的平均水平。2039年,联邦公共债务占GDP的比重将超过100%,公众持有的联邦政府债务将达到GDP的106%。债务的增加和边际税率的提高将减少经济的产出并提高利率。如果把这些影响考虑在内,公众持有的联邦债务将在2039年上升到GDP的111%。因此,在长期,联邦预算赤字和债务增长将快于GDP的增长,这种情况是不可持续的。

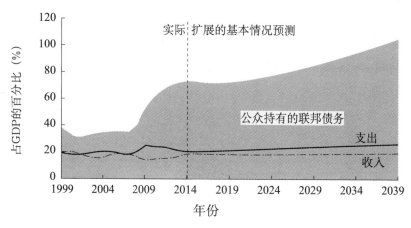

图3.6 美国国会预算办公室对美国公共债务长期趋势的预测(扩展的基本情况假设)

资料来源:CBO,The 2014 Long-Term Budget Outlook。

(2)扩展的替代情况假定,目前趋势继续下去(预定改变的法律将继续改变,难以持续的现行法律将作出修改),结果比情况(1)更糟。不算支付的利息,赤字在第一个十年将比情况(1)高 2 万亿美元,占 GDP 的比重将在十年内加倍;此后,赤字的增加将大大高于情况(1)。在长期,与情况(1)相比,经济的产出将更低,利率将更高。实际 GDP 在 2039 年将比情况(1)低 5%,利率将比情况(1)高 3/4 个百分点,联邦债务将达到 GDP 的 180%。

(3)赤字减少的情况一。如果政府采取措施逐步减少赤字,到 2024 年赤字(不包括利息支出)将比情况(1)总共减少 2 万亿美元。在这种情况下,产出将比情况(1)更高,利率将更低;公众持有的联邦债务在 2039 年将为 GDP 的 75%,接近其 2013 年的水平。

(4)赤字减少的情况二。在另一种假设下,如果政府更坚决地减少赤字,赤字下降得更多。2024 年公众持有的联邦债务在 2039 年将下降到 GDP 的 42%,稍大于 2008 年和过去四十年平均联邦债务占 GDP 的比例。在这种情形下,与情况(1)相比,产出将更高,利率将更低。

在前两种情况下,美国国会预算办公室预测,在长期,利息支出和强制性支出(医疗保障、医疗辅助和社会保障)相对 GDP 将继续上升,而斟酌性支出项目(国防和行政支出)相对 GDP 将下降,在两种情况下,债务的增长都高于 GDP。

谈到解决办法,一个经常提到的问题是,仅仅靠增税能否解决美国联邦政府的财政问题?经济学家巴特莱(Bruce Bartlett)估计,如果不减少医疗保障和社会保障支出,联邦税需要永久性地提高为 GDP 的 8.1%(Bartlett,2009)。这是一个任何一届美国政府都难以忍受的比例。它说明,只依靠增税(不削减开支)来解决赤字问题是不可能的。

本书作者认为,由于涉及政策的大幅度变动,而改变是比较困难的,因此至少在中期实际情况可能处于乐观与悲观趋势之间。这种前景发生的前提是,美国的政治制度有足够的灵活性，对财政问题有相当的认识和反省并作出适当的反应，对有关制度和政策进行一定程度的改革；同时，制度的改革是困难的，涉及不同的利益集团，需要进行大量的妥协，改革的步伐不会很快。因此，可能的前景是某种中间情况。

第4章 美国联邦政府债务

政府债务与财政赤字紧密相关,政府债务是财政赤字积累的结果,美国联邦政府财政赤字的长期积累造成了巨额联邦债务。本章介绍美国联邦政府债务的定义、计算、形成原因和可能的解决办法。

美国国债(National Debt)或公债(Public Debt)是指美国联邦政府所欠的债务,包括美国财政部和其他政府部门发行的国库券(Treasury Securities)。从持有者的角度来看,联邦债务包括两类:(1)公众持有的债券,这里的公众包括投资者、公司、联邦储备、州和地方政府以及外国人;(2)联邦政府内部债务或政府账户持有的债务,例如联邦政府账户中持有的所欠项目受益者(如社会保障基金)的非交易的债务。

历史上,美国公共债务占GDP的比重在战争和衰退期间上升、和平时期下降,但近期在和平时期也有较大上升。2014年9月30日,公众持有的公共债务达到12.8万亿美元,相当于2014年GDP的74%;政府内部持有的债务达到5.0万亿美元;债务总额达到17.8万亿美元,相当于GDP的103%。

从1789年开始,美国绝大部分时间存在公共债务。公共债务占GDP的比例在第二次世界大战后达到高峰;此后下降,在20世纪70年代初降到谷底;此后除短期外又持续上升(见表4.1)。

表 4.1　2000—2019 年美国联邦政府债务　　　　　单位：百万美元

财政年度年底	联邦债务总额	减：联邦政府账户持有的债务	等于：公众持有的债务		
			总额	联储持有	其他
2000	5 628 700	2 218 896	3 409 804	511 413	2 898 391
2001	5 769 881	2 450 266	3 319 615	534 135	2 785 480
2002	6 198 401	2 657 974	3 540 427	604 191	2 936 235
2003	6 760 014	2 846 570	3 913 443	656 116	3 257 327
2004	7 354 657	3 059 113	4 295 544	700 341	3 595 203
2005	7 905 300	3 313 088	4 592 212	736 360	3 855 852
2006	8 451 350	3 622 378	4 828 972	768 924	4 060 048
2007	8 950 744	3 915 615	5 035 129	779 632	4 255 497
2008	9 986 082	4 183 032	5 803 050	491 127	5 311 923
2009	11 875 851	4 331 144	7 544 707	769 160	6 775 547
2010	13 528 807	4 509 926	9 018 882	811 669	8 207 213
2011	14 764 222	4 636 035	10 128 187	1 664 660	8 463 527
2012	16 050 921	4 769 790	11 281 131	1 645 285	9 635 846
2013	16 719 434	4 736 856	11 982 577	2 072 283	9 910 294
2014（估算）	17 892 637	4 989 977	12 902 660	N/A	N/A
2015（估算）	18 713 486	5 121 683	13 591 802	N/A	N/A
2016（估算）	19 511 611	5 255 025	14 256 587	N/A	N/A
2017（估算）	20 261 711	5 418 252	14 843 459	N/A	N/A
2018（估算）	20 961 055	5 590 565	15 370 490	N/A	N/A
2019（估算）	21 670 744	5 688 788	15 981 956	N/A	N/A

资料来源：The White House. FY2015 Budget, Historical Tables, Table 7.1, http://www.whitehouse.gov/omb/budget/Historicals。

公众持有的美国联邦政府债务占 GDP 的百分比在第二次世界大战末期的 1945 年和战后的 1946 年超过 100%。这一比例长期处于 20%—40%。但在 2008 年金融危机期间又大幅度上升，在 2014 年估计达到 74%，如图 4.1 所示。

2013 年，美国联邦政府总债务 16.72 万亿美元，其中，公众持有 11.98 万亿美元。美国联邦债务的持有人包括国内外的个人和机构，2013 年外国人持有 4.92 万亿美元美国长期国债、0.68 万亿美元美国短期国债。2014 年 12 月，公众持有的债务中有 6.20 万亿美元由外国投资者持有，其中中国持有 1.20 万亿美元，名列第一；其次为日本、比利时等国（U. S. Treasury,2014）。

图 4.1　1940—2019 年公众持有的美国联邦政府债务占 GDP 的百分比

资料来源：The White House. FY2015 Budget, Historical Tables, Table 7.1, http://www.whitehouse.gov/omb/budget/Historicals。

2007—2009 年的金融危机和美国联邦政府通过扩张性财政政策对危机的干预，极大地增加了美国联邦政府的财政负担。截至 2009 年 5 月，这些负担包括 10.0 万亿美元的承诺和担保，2.6 万亿美元的投资和支出，但这些负担只有一部分包括在公共债务的计算中（Goldman，2009）。

政府债务的增加对经济有很多负面影响。如果债务不断增加到一定程度，投资者就会怀疑政府的偿债能力，利率就会大幅度提高，从而使政府的借债成本提高。当利率提高到一定程度，投资者就不愿借债给政府，造成利率急剧上升，于是就会发生债务危机。最近的希腊主权债务危机就是这样发生的。

即使没有达到发生债务危机的程度，不断增长的政府债务对经济和政府预算都有负面影响。政府债务的增加会使私人投资的比重减小，这会减少资本存量、产出和收入。利息支出的增加会使税收上升，使福利支出减少。巨额债务还限制了决策者对经济情况变化可能作出的反应,例如巨额债务可能限制应对衰退的扩张性财政政策的规模和政府选择不同宏观政策的余地。

4.1 美国联邦政府债务的衡量

在会计核算上,美国联邦政府的收入和支出的计算通常是在现金收支的基础上,而不是权责发生的基础上,因此在政府财务报表中只有公众持有的债务才被记为负债。联邦政府部门账户上持有的债务是这些部门的资产、财政部的负债,因此在财务报表中被抵消。政府的担保只是在实际被要求支付时才被计入债务总额,例如2008年金融危机期间政府为大量的共同基金、银行、公司作了担保,但仅在实际支付时包括在联邦债务之内。没有包括在债务中的责任包括未来的巨额强制性福利项目,而这些项目的支付在未来会显著超过税收收入。这些没有来源的责任在2009年大约为45.8万亿美元,包括7.7万亿美元社会保障和38.2万亿美元医疗保障和医疗辅助(Peterson Foundation,2010),数额极其巨大。

理论上,预算赤字应该等于债务的增加;但现实中,美国联邦赤字并不等于债务的增加。主要原因在于社会保障盈余的计算方法。美国联邦政府的资金分为预算内和预算外,其中社会保障工薪税和福利支付、美国邮政服务的净收入都被算作预算外,其他收支被算作预算内。联邦总赤字(或盈余)是预算内赤字(或盈余)与预算外赤字(或盈余)之和。FY1960年以来,除FY1999年和FY2000年,美国联邦政府一直存在预算内赤字;FY1960年以来,除FY1969年和FY1998—2001年,美国联邦政府一直存在总预算赤字。一般来说,美国联邦总预算赤字小于预算内赤字,主要是因为社会保障税收超过福利支付。社会保障盈余被计入政府间债务,而没有被计入公众持有的联邦债务(Wikipedia,2015e)。

美国政府拥有的两大房贷公司——Fannie Mae 和 Freddie Mac 没有被包括在美国联邦政府的预算和债务中,主要原因是这两家公司的规模很大,如果被计入联邦预算,其变动可能对联邦预算的变动产生很大影响。2008 年金融危机中,两公司请求政府援助时,联邦政府明确表示其预算不计入联邦预算。联邦政府这种违反一般会计规则的做法受到了批评。

关于财政政策的争论有时集中在应该如何衡量预算赤字。一些经济学家相信,预算赤字既不能准确地测量财政政策对当前经济的影响,又不能准确地测量它加在子孙后代纳税人身上的负担。曼昆(2011)总结了赤字和债务衡量存在的四个问题:

衡量问题 1 对通货膨胀的校正。衡量问题中争论最小的是对通货膨胀的校正。多数经济学家同意,应该用实际值而不是名义值来衡量政府的负债。一般所衡量的预算赤字并没有对通货膨胀进行校正,而对通货膨胀的校正可能是很大的,往往会改变对财政政策的基本评价。

衡量问题 2 资本资产。准确估价政府的预算赤字要求既考虑政府的负债又考虑其资产,应该用债务变动减去资产变动来衡量预算赤字。当一个人借款买了一所房屋时,用资产(房屋)的增加抵消债务(抵押贷款)的增加,记录下的净资产无变动。一种既衡量负债又衡量资产的预算程序被称为资本预算(Capital Budgeting)。假设政府出售了它的一座办公楼并用其收入来减少政府债务,按现行的预算程序,所报告的赤字会减少;在资本预算中,从出售中得到的收入并没有减少赤字,因为债务的减少被资产的减少所抵消了。

衡量问题 3 未计算的负债。所衡量的预算赤字没有包括一些重要的政府负债,例如政府工作人员的养老金。这些人现在向政府提供服务,但他们的一部分报酬要延期到未来支付,本质上这些人向政府提供了贷款,因此他们未来的养老金津贴代表政府应负的责任,与政府债务没有不同。这一隐含的负债几乎与正式的债务一样大。政府负债特别难以衡量的另一种形式是或有负债(Contingent Liability)——由于某个特定事件的发生而引起的负债,例如政府为私人信贷,如学生贷款、中低收入家庭住房抵押贷款等提供担保。如果债务人拖欠,政府就要偿还,因此当政府提供这种担保时,它承担了视债务人拖欠与否而定的负债。但是,这种不确定的负债并没有反映在预算赤字中。

衡量问题 4 经济周期。政府预算赤字中的许多变动是作为对经济波动的反应而自发地产生的。为了解决这个问题,政府计算了一种对周期进行调整的预算赤字(Cyclically Adjusted Budget Deficit),有时被称为充分就业预算赤字(Full-Employment Budget Deficit)。对周期调整的预算赤字是根据经济在其产出和就业的自然率水平运行时政府支出与税收收入的估算,这样计算的预算赤字或盈余剔除了经济周期的影响。

大多数经济学家认为这些衡量问题是严重的,但仍然把所衡量的预算赤字看作衡量财政政策的一个有用的指标。

4.2 联邦政府债务上限与"财政悬崖"

债务上限(Debt Ceiling)是由国会参议院立法 *Title 31 of the United States Code*, *section 3101* 规定的以加强财政纪律的手段。债务上限是对已有责任的支付限制(不限制政府新的责任的发生),它只是一个程序性问题,但是近年来曾多次引起民主共和两党的激烈争论,并造成美国联邦政府关门。美国《宪法》给予国会以美国国家的信用进行借款的权利。1917 年以前,国会单独批准每一个借款项目;1917 年为方便第一次世界大战的借款,国会立法建立债券发行总数的上限(P. L. ,1917);此后,债务上限被不时提高,以应付政府的需要。美国联邦政府分别在1995年11月14—19日、1995年12月16日至1996年1月6日关门，联邦雇员被强制休假，停止非基本服务。关门的原因是民主党总统克林顿和共和党领导的国会对1996年预算难以达成协议。

2011年7月31日，美国总统奥巴马和共和民主两党就债务上限达成谅解；同年8月2日，美国国会投票通过《2011年预算控制法》（*Budget Control Act of 2011*），立即把借债上限提高4 000亿美元。而总统可以提出再提高借债上限5 000亿美元的要求，如果国会否决，总统可以否决国会决定并需国会2/3批准；总统可以最终提高借债上限1.2万亿—1.5万亿美元，但需经同样程序批准。法案直接规定在十年内削减赤字9 170亿美元，并成立国会联合委员会（超级委员会）在2011年11月23日以前达到削减赤字1.5万亿美元并相应提高借债上限的目标（P.L.，2011：112-125；Wikipedia，2015c）；法案没有提高富人的税率。奥巴马总统签署了这项法案。原来以为，这一法案的通过可以缓解美国政府信用评级的降低，但8月5日标准普尔仍然将美国主权评级由AAA调降为AA+，并表示18个月内可能继续调降，而多数其他评级机构没有降低美国评级。美国主权信用评级的降低使股票市场发生剧烈波动，反映了人们对美国财政和世界经济前景的担心。

"财政悬崖"（Tiscal Cliff）是指2013年1月出现的若干法案同时生效，从而产生增税并减少支出的情况。这些法案包括：（1）2001年小布什的减税法案，经过奥巴马总统2010年延长两年后，于2012年12月31日失效；（2）《2011年预算控制法》计划的支出削减生效。该法是为了解决美国债务上限问题。根据该法，政府的斟酌处置支出将大幅度削减。

"财政悬崖"将提高税率、减少政府支出，从而减少赤字，并可能引起小幅度衰退。《2012年美国纳税者减负法案》（*American Taxpayer Relief Act of 2012*，ATRA）通过使税收上升幅度减小，从收入方面解决"财政悬崖"问题；政府支出的调整

(Budget Sequestration)从支出方面解决"财政悬崖"问题。这些调整使赤字减少1 570亿美元,而不是"财政悬崖"可能造成的4 870亿美元的大幅度赤字减少。2013年1月1日美国东部时间12:01,美国技术上进入"财政悬崖"。当日国会通过法案,总统次日签署了法案(ATRA),从而使美国避免了"财政悬崖",但财政问题并未最终解决,债务上限保持不变,导致2013年的美国债务上限危机(Wikipedia,2015r)。

2011年设立的债务上限为16.4万亿美元。2012年12月31日美国技术上进入债务上限,财政部采取非常措施为政府的正常运作融资。为了避免债务上限危机重演,共和党领导的众议院于2013年1月23日通过法案把债务上限的确定推迟到2013年5月18日,该法案没有包括任何共和党先前坚持的把削减预算作为提高债务上限的条件的条款。同年5月19日美国联邦政府又一次进入债务上限。财政部宣布劳动节(9月初)以后可能出现危机。9月25日,财政部宣布10月17日后通过特殊手段将难以融资。2013年10月1日至16日,美国联邦政府由于2014年国会两党难以就法定拨款和临时性拨款达成协议而关门,停止了大多数的日常操作。80万名联邦雇员被强迫休假,另外130万名雇员被要求到单位报到,但被无限期延长工资的支付。10月6日,参议院通过《2014年继续拨款法案》(Continuing Appropriations Act,2014),把债务上限推迟到2014年2月7日,众议院随后也通过该法案。2014年2月7日,债务上限再次到期。2014年2月11日,众议院通过法案,把债务上限无条件延长到2015年3月15日;参议院2月12日通过该法案,总统2月15日签署了该法案(Wikipedia,2015s);2015年6月,在本书接近完稿时,较好的财政状况把债务上限的到期时间推迟到2015年年底(Schroeder,2015)。

由于债务上限危机,惠誉评级把美国列为"负面观察"对象;大公国际把美国降为A⁻级。作为关于债务上限的争斗的结果,民意测验显示60%被访者认为美国需要第三党来代表美国人民(Migdail-Smith,2013)。

债务上限和"财政悬崖"问题的争论反映了美国全国对解决预算和债务问题缺乏共识。在长期,解决预算赤字和债务问题是一个政治问题,在现行美国政治体制下,需要全体公民和两党的共识;在目前,解决这一问题的基础还没有形成。预算问题可能对未来的美国政治产生重要影响,不过近期值得注意的一个动向是,选民对因党派利益而拖延决策的行为已经感到反感。在债务上限等问题上,人们开始追究故意拖延决策的行为的责任。两党特别是共和党也开始注意自己的形象,在无关紧要的问题上避免过度的党派争斗。这一情况也许有助于未来债务问题的政治解决。

4.3 联邦债务的未来发展趋势

美国联邦债务相对GDP的百分比在2014年回归历史平均水平(3%),但此后,在长期,由于人口的老龄化和人均健保费用的上升,这一比例可能将再次上升。

CBO在2014年7对美国联邦政府的长期债务进行了预测(详见第3章)。预测主要分基本情况假定和替代情况假定进行了估算。

(1)扩展的基本情况假定,现行法律大致不变,未来几年联邦公共债务相对GDP将略有下降,但不久就会由于预算赤字的增加而上升到高于目前的水平。2039年联邦公共债务占GDP的比重将超过100%,债务的增长将快于GDP,因而是不可持续的。

(2)扩展的替代情况假定,目前趋势(指预定改变的法律将继续改变,难以持续的现行法律将作出修改)继续下去,结果比情况(1)更糟。不算支付的利息,赤字在第一个十年将比情况(1)高2万亿美元,占GDP的比重将在十年内加倍,2039 年联邦债务将达到 GDP 的 180%。

CBO 还预测了两种赤字减少的情况,对不同的削减赤字计划对债务的影响进行了预测。在情况(1)假设下,预算赤字将显著增加,从而使债务大幅度增加,2039 年公共债务占 GDP 的比重将超过 100%。在十年削减 2 万亿美元赤字的假设下,公众持有的联邦债务在 2039 年将为 GDP 的 75%,仅比 2013 年年底的 72% 稍高。在十年削减 4 万亿美元赤字的假设下,联邦债务在 2039 年将为 GDP 的 42%。

结论是,美国联邦政府债务处于不可持续的上升路径,必须进行改革。改革包括两大方面:减少政府支出和增税。

4.4 联邦债务可持续性分析

本节对未来 25 年美国联邦政府财政和债务的可持续性进行分析和预测。这一预测对我们判断美国政府财政和债务的可持续性至关重要。我们的预测利用世界银行主权债务分析框架,在 CBO 关于长期联邦收支预测的基础上,对联邦收支数据进行了修改并考虑了利率变化的各种情况。我们与 CBO 的预测的主要区别包括:(1)我们的预测是基于世界银行主权债务分析框架;(2)我们对远期的联邦收支数据在 CBO 数据的基础上进行了一些修改,我们的主要根据是,对美国政府和选民对预算和债务情况的变化可能作出的反应;(3)我们的模型考察了利率变化的各种情况,并发现预测结果对利率的变化十分敏感。

债务可持续性分析方法

我们利用世界银行主权国家政府财政可持续性分析框架(刘琍琍,2011),

建立了联邦政府债务可持续性分析模型。分析框架如下：

跨期的联邦政府融资约束（不考虑铸币税）：

$$B_t - B_{t-1} = n_t B_{t-1} - X_t \quad (4.1)$$

(4.1)式中，B_t表示联邦政府的公共债务，以t时期末计算；X_t表示t期的基础财政收支；n_t表示t期的国内利率。(4.1)式表示联邦债务的跨期的增加等于预算赤字加债务利息。

为了分析的便利，以GDP占比的形式表示债务和联邦政府预算约束：

$$b_t - \frac{b_{t-1}}{Z_t} = i_t - x_t \quad (4.2)$$

其中，$b_t = \frac{B_t}{P_t Y_t}$，$Z_t = \frac{P_t Y_t}{P_{t-1} Y_{t-1}}$，$x_t = \frac{X_t}{P_t Y_t}$，$i_t = \frac{n_t B_{t-1}}{P_t Y_t}$，$P_t$和$Y_t$分别表示在时间段$t$内的物价和产出水平。

g_t表示实际年增长率，π_t表示年通货膨胀率。则有：

$$b_t = \frac{1 + n_t}{(1 + g_t)(1 + \pi_t)} b_{t-1} - x_t \quad (4.3)$$

定义实际利率$r_t = \frac{1 + n_t}{1 + \pi_t} - 1$，则有：

$$b_t = \frac{1 + r_t}{1 + g_t} b_{t-1} - x_t \quad (4.4)$$

(4.4)式给出了t期债务的GDP占比与财政赤字比率、上期债务比率之间的关系。给定基础财政收支、实际利率、经济增长率的假设，利用预算约束(4.4)式，我们便可模拟联邦政府未来的债务动态路径。

美国联邦政府债务可持续性分析

我们在预测中假设了两种情境，即基准情境和替代情境。基准情境假设美国联邦政府的财政政策基本不变，社会保障和医疗保障方面的法律基本不变，税收政策基本不变。替代情境假设一些法律会发生变化,主要包括《2011年预算控制法案》规定的自2015年起支出的自动削减条规不存在,联邦支出随后再次以较快速度增加;立法者将医疗保障制度对医生的支付率维持在现有水平;联邦的非利息支出中除社会保险金、主要的医疗保健项目、某些应退的税收抵免的部分外,2024年后将上升至其过去二十年占GDP比重的平均水平。两种情境的预测结果都表明,美国联邦政府债务是不可持续的,但是具体的预测结果有很大不同;在替代情境预测中,长期公共债务占GDP的比重更大。

基准线分析

我们使用以上分析框架,以联邦政府现行财政政策基本不变的情境作为基准情境,在2015—2039年的时间跨度上对联邦政府债务动态路径进行了模拟。

基本假设

(1)财政政策与基础财政收支的假设。基准线分析基于联邦政府的现行财政政策,即假设支配税收与支出的现行法律在预测期内一般保持不变,对各方面收支的具体假设为:

关于支出政策的假设

支出项目	假设内容
社会保障	假设全部福利的支付根据现行法律计算,与该项目的信托基金的可得收入无关
国家老年人医疗保险制度	2024年前,根据现行法律;2014年后,预计支出取决于对受益人数量及人均医疗费用的估算
医疗补助计划	2024年前,根据现行法律;2014年后,预计支出取决于对受益人数量及人均医疗费用的估算

(续)

支出项目	假设内容
儿童医疗保险计划	除了个别例外①,2024年前,假设当前法律保持不变,未来强制性支出将取决于案件数量、受益成本、经济指标和其他因素的变化;2024年后,强制性支出占GDP比重维持不变
其他强制性支出	2024年前,根据现行法律;2024年后,预计收入的一部分用于退还的税收抵免,假设其他强制性支出占GDP比重下降
斟酌处置支出	假设年度财政拨款到2021年都将受到上限以及修订的《2011年预算控制法案》(公法112-125)制定的自动支出削减的限制;2022—2025年的年度财政拨款将在2021年数额的基础上按通货膨胀率增长;此后占GDP比重维持不变

关于收入政策的假设

收入项目	假设内容
个人所得税	根据现行法律②
工薪税	根据现行法律
公司所得税	2024年前,根据现行法律;2024年后,其占GDP比重维持不变
消费税	根据现行法律
遗产与赠与税	根据现行法律
其他收入来源	2024年前,根据现行法律;2024年后,其占GDP比重维持不变

---

① 一些例外:(1)《财政赤字控制法案》指定的一些强制性支出项目授权到期时将被假设延期。这一假设对《1997年平衡预算法案》之前与之后建立的项目适用性不同:所有建立于法案之前并且当年支出超过5 000万美元的直接支出项目都被假设为到期继续,1997年以后的项目的延期将由美国国会预算办公室与众议院和参议院预算委员会逐一协商。(2)以下项目均在预测期内授权到期但被假设继续:补充营养援助计划(SNAP)、贫困家庭临时救助计划(TANF)、儿童保健福利、退伍军人的薪酬将按生活成本进行调整、大多数农业补贴等。(3)在支出预测中,到期项目将继续的假设解释了2015年强制性支出中的不到10亿美元,2016—2025年的大约9 400亿美元,绝大部分是补充营养援助计划(SNAP),贫困家庭临时救助计划(TANF)。

② 最近到期的某些税收条款将不再被假设随后延期,一些计划在数年后到期的条款也不再被假设随后延期,即使这些条款在过去按惯例延期。特别地,2013年12月底到期的、允许某些特定的商业投资加速折旧扣除的条例将不再延期,2017年后某些个人所得税免税将到期或降低扣额。除条款到期不再延期以外,还有一些新税种在未来生效:依据现行法律,随《平价医疗法案》而来的一项对有高保费的某项工作健康保险的课税将于2018年起生效。

给定以上财政政策背景,我们假设:受老龄化、联邦医保项目扩张等因素的影响,未来25年联邦政府为社会保险、主要医疗保健计划的支出将显著上升。与CBO2014年7月对联邦政府的长期预算展望略有不同,由于最近时期实际医保支出增长的下降,我们假设主要医疗保健计划支出占GDP的比重在2036—2039年的上升较CBO的预算展望稍低;其他非利息支出占GDP比重将略有下降,但在2034—2039年这一比重将稍高于CBO预测值;联邦政府收入将因个人所得税收入的增长而显著增加,但政治因素使个人所得税的上升速度在2034—2039年将低于CBO的预测。由于收入增长速度不及支出,未来基础财政赤字将扩大。图4.2和图4.3分别为联邦政府非利息支出预测和联邦政府收入预测。

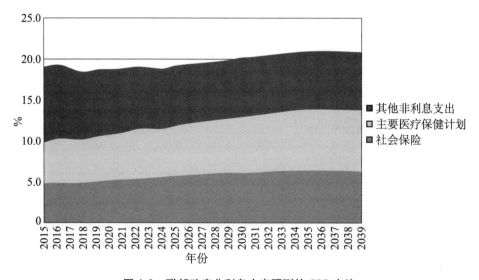

图4.2 联邦政府非利息支出预测的GDP占比

基础财政收支的具体情况参见本章附录表4.2。

(2)实际利率的假设。在预测长期债务时,利率是一个重要变量。有关利率的不同假设对预测的结果有着重要的影响。根据CBO2014年7月的长期预

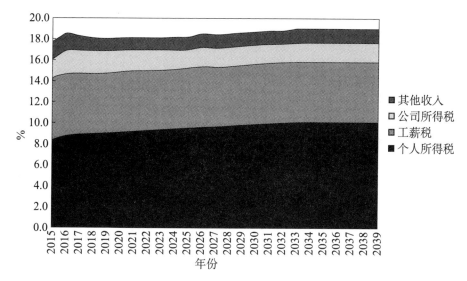

图 4.3　联邦政府收入预测的 GDP 占比

算展望,CBO 预计所有联邦债务支付的平均真实利率在 2014—2039 年为 1.7%,长期为 2.2%;预计 10 年期国库券的真实利率在 2017—2024 年为 2.6%,2024—2039 年为 2.5%。基于此,我们把整个预算期内的基准实际利率设定为 2.1%。

(3)经济增长率。经济增长率经由预算期内实际 GDP 预测值计算而来,实际 GDP 预测值基于 CBO 的长期预算展望,以 2014 年为基年,单位是十亿美元。

此外,我们维持了 CBO 关于人口增长及其结构和劳动生产率的基本预测。

债务动态模拟结果

根据以上基本假设,利用预算约束(4.4)式,我们模拟了基于现行财政政策的美国联邦政府未来的债务动态路径,详见本章附录表 4.3。

结果表明,如果税收与支出政策基本保持不变,美国联邦政府债务在未来

25年将沿持续攀升的路径发展,超过2014年债务占GDP比重(74%)的水平;2025年,债务存量占GDP比重将超过80%,随后以更快的速度攀升;2039年,债务存量将超过GDP,占GDP比重达102%。

与CBO2014年7月的长期预算展望中对2015—2039年联邦政府债务预测相比较(见图4.4),结果显示:未来25年间,联邦政府债务在CBO和我们的预测中无一例外地呈现不断攀升的趋势;不同的是,我们的模拟结果显示债务在整个预测期内的上升速度比CBO预测的稍为平缓。2015—2028年,我们的预测显示的债务水平占GDP比重较CBO预测的高1—2个百分点,差距逐年缩小;然而2028年以后,债务水平较CBO预测的要低1—4个百分点,差距逐年有所扩大;2039年,CBO预测债务占GDP106%,高于我们的预测值4个百分点(详见本章附录表4.4)。

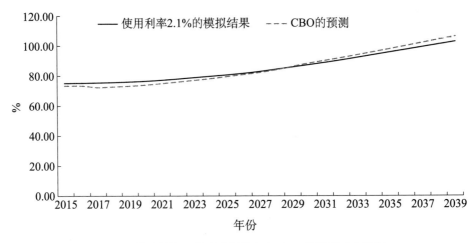

图4.4 基准情境下美国联邦债务占GDP比重的动态路径

此外,考虑到利率的不确定性,我们对分析进行了一些补充,作为预测的敏感性分析,继续讨论了财政可持续性面临的来自利率方面的风险(见图4.5)。

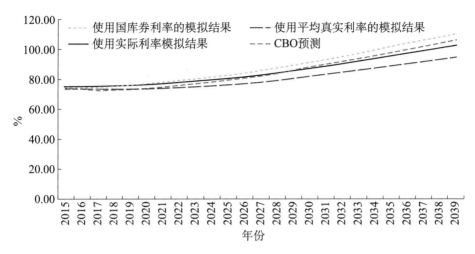

图 4.5 不同利率假设下美国联邦政府债务的动态路径占 GDP 的比重

我们将利率设定为 1.7%，这基于 CBO 长期预算展望中对未来 25 年间联邦政府债务支付的平均利率的预测，并重新对债务动态进行模拟。我们发现，虽然债务占 GDP 比重仍处于上升路径，但利率假设为 1.7% 时，这一比重在 2022 年前基本维持在 2014 年的水平不变，2022 年后以缓慢的速度上升，2039 年债务占 GDP 比重为 93.94%，这一水平明显低于基本假设下的债务动态模拟结果的 102.47%。

将利率设定在未来 25 年间联邦政府 10 年期国库券利率水平（多数年份为 2.6% 和 2.5%，见附录表 4.4）。再次对债务动态进行模拟。我们发现，在这一利率水平下联邦政府的债务于 2039 年达 110.01%，长期财政可持续性风险加大。

替代情境分析

对联邦政府财政未来可持续性的分析，是以未来年份联邦政府的基础财政收支为基础，它与未来实行的收支政策密切相关。如果未来的政策发生变化

(这是很可能发生的),预测的结果就会变化。仅进行基准线分析,无法应对可能的政策调整而导致的模型预测偏差。因此,参考 CBO 对联邦政府的长期预算展望,以及可能的财政政策的调整,我们构造出一个区别于基准情境的替代情境,针对财政政策进行联邦债务可持续性的敏感性测试。一方面,可以更好地认识联邦政府财政可持续性面临的风险;另一方面,也能更好地理解财政改革对财政可持续性的意义。

基本假设

(1)财政政策与基础财政收支的假设。在替代情境下我们假设:《2011 年预算控制法案》在随后修订中规定的自 2015 年起自动削减支出的条规不存在,但是此法案原先规定的自主性拨款上限仍具效力;立法者把医疗保障制度对医生的支付率维持在现有水平,联邦的非利息支出中除社会保险金、主要的医疗保健项目、某些应退的税收抵免部分外,2024 年后将上升至其过去 20 年占 GDP 比重的平均水平(与基准情境下假设它显著地低于平均水平不同);大约 70 项到期的税收条款(包括一项允许企业直接扣除新设备投资的 50% 的条款)将被假设延期到 2024 年。

给定以上财政政策背景,我们假设,2015—2039 年的大部分年份,收入占 GDP 在 18.0%—18.3%,这一比重平均每年高于 CBO 预测的 0.3 个百分点。我们认为,主要医疗保健计划支出受老年人口与人均健保费用两个因素的影响,假设主要医疗保健计划支出在未来 25 年增长明显,但增长速度比 CBO 预测的稍低。原因在于,未来人均健保费用的上升可能不及 CBO 预测的高。我们假设其他非利息支出 2032 年以后将维持在 2032 年的 9.5%,这一水平比 CBO 预测的稍低。替代情境下的非利息支出总和,相比基准情境有着明显增加,但与 CBO 预测的相比,我们的假设平均每年低近 0.5 个百分点(见图 4.6)。

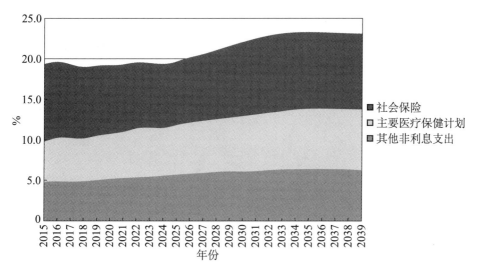

图 4.6　美国联邦政府非利息支出占 GDP 比重的预测(替代情境)

替代情境下的基础财政收支预测详见附录表 4.5。

(2)其他基本假设。敏感性测试针对财政政策,因此其他基本假设保持不变,真实利率和 GDP 增长率与基准线分析基本假设相同。值得注意的是,当债务水平提高时,利率也可能提高。

敏感性分析

基于以上基本假设,利用预算约束(4.4)式,我们模拟了财政政策作出特定调整的替代情境下联邦政府未来的债务动态路径(详见本章附录表 4.6)。

结果表明,赤字扩大化的财政政策调整,将会非常显著地提高联邦政府长期财政可持续性的风险。财政政策作出特定调整的替代情境下,联邦政府的债务占 GDP 比重 2025 年达 85.64%,比基准线分析高 5 个百分点;随后,债务以更快的速度累积,到2039年,债务占GDP比重将达143.69%,这一水平远远高于基准线分析里的102.47%。

与CBO2014年7月的长期预算展望中对2015—2039年联邦政府的债务预测结果相比较(见图4.7)。不同的是,我们的整个上升路径不及CBO预测的陡峭,2039年的债务比重也低于CBO预测的163%的高水平。然而,整个债务动态路径的趋势是一致的,那就是联邦政府债务将不断上升,没有回落的势头。

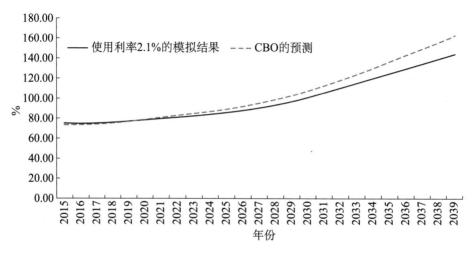

图4.7 替代情境下美国联邦债务占GDP比重的动态路径

我们继续讨论利率对债务风险的影响。分别将利率设定为CBO长期预算展望下的未来25年平均利率(1.7%)和10年期国库券利率水平,重新对债务动态进行模拟,(详见本章附录表4.7)。我们发现,将利率设定在国库券利率水平时,债务动态路径高于基本假设下的债务路径,债务占GDP比重2039年将高达153.28%;使用平均利率模拟得到的债务路径最低,但2039年债务占GDP比重仍达到134.76%的较高水平(见图4.8)。可见,无论采取何种利率假设,都可以影响联邦政府财政状况恶化的程度,却无法改变债务动态路径不断上升的趋势;并且,利率的不利冲击会是联邦政府长期财政可持续性的一大威胁。

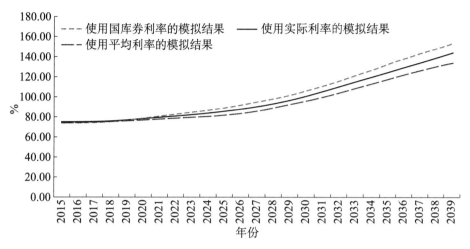

图 4.8　替代情境不同利率假设下美国联邦债务动态路径占 GDP 的比重

基本结论

我们的分析表明,美国联邦政府目前实行的是一条不可持续的财政路线。目前的联邦债务占 GDP 比重已经很高(2014 年为 74%),如果现行财政政策不变,预计到 2025 年,联邦政府债务占 GDP 比重将超过 80%;2039 年,债务存量将超过 GDP,占 GDP 比重达 102.47%。如果发生一些税收条款延期等极为可能的政策改变,联邦政府的财政状况将进一步恶化,有可能在 2039 年达到 143.69%。此外,联邦债务动态路径对利率表现敏感,利率的不利冲击将进一步加大联邦政府出现财政危机的风险。

导致联邦政府预期债务负担增大的主要原因在于,现行财政政策下的财政收支将不断恶化。而这是由于:(1)人口老龄化;(2)医疗成本的上升;(3)医疗保障计划涵盖人数的扩大。由于人口老龄化,很多福利项目的受惠人数不断增加,医疗保健项目的人均健保费用也持续增加;加之《平价医疗法案》带来的联邦医疗补助项目的扩张,联邦政府财政支出将不断加大。虽然通货膨胀将推动更多人进入高税率范围从而增加联邦收入,但其范围将不及联邦支出,导致财政赤字逐年增加,债务负担不断加重直至不可持续。

为了在长期走上可持续的道路,美国联邦政府政策制定者必须作出重大的改变——要么削减主要福利项目的支出,要么提高税收收入,要么将两者相结合。

4.5 风险与未来挑战的焦点

未来,美国联邦政府预算赤字和债务存在诸多风险,在这个问题上,民主党、共和党、政府、社会和研究人员有着不同的观点,进行着激烈的争论。

风险

美国联邦债务的不可持续发展导致一系列风险。如果储蓄中购买政府债券的比例增加,对生产性资本投资的比例减少,就会导致长期产出和收入下降。如果为支付利息而提高边际税率,储蓄会减少,人们工作的积极性就会降低。政府支出中利息支付比重的上升将减少政府对国民的福利支出,债务的增加还会限制政府通过使用财政政策工具稳定短期经济波动的能力,增加突发性财政危机的可能性。当风险增加到一定程度,投资者会要求较高的利率才给政府贷款;当利率大幅度上升时,政府借不到钱,就会发生财政危机,不久前希腊所发生的就是这种情况。

尽管债务水平增加,由于国库券的低利率,近年来美国联邦政府的利息支付大致保持在 2008 年的水平上(约 4 500 亿美元)。如果利率水平回归历史平均水平,利息支付将大幅度增加。当美国政府债务增加时,外国投资者也可能要求更高的利率才会提供贷款。

债务与子孙后代

债务是一种延时支付,涉及不同世代之间的利益和责任问题。通过赤字和债务使当前世代享受就业和福利,对子孙后代有什么影响?对子孙后代的利益有什么损害?对子孙后代有什么风险?这是一个世代之间利益分配的问题,在这个问题的决策上,子孙后代是缺席的。当前世代作为子孙后代的祖先,如何为他们作出决策?

一方面,公众持有的债券,代表了政府的责任;这一责任的代表——政府债券,成为投资者的资产,这一资产可以传递给子孙后代。这种资产的传递中有一个财富分配问题,获得遗产的这部分子孙后代并不是通过劳动获得这些资产,2010年在美国,人口中5%的最富有群体持有72%的金融资产(Domhoff,2013)。较高的债务水平意味着较多的利息支付,这一负担要由子孙后代来承担。政府内部债务通常代表特定的福利项目(如社会保险基金),对债务的调整意味着税收和福利项目的调整,这都会影响当前世代和子孙后代的利益。

另一方面,借债用于投资提高了经济的生产力,子孙后代会从中受益。克鲁格曼认为,忽视当前投资给子孙后代造成的损失大于遗留的债务对他们的损害。他认为,财政政策实质上是一个道德问题,我们的罪恶是投资太少,而不是借债太多(Krugman,2013)。这提出了一个社会面临的根本性选择问题:借债并增加公共投资,从而增加国民的福利,并使子孙后代也从中受益;还是减少债务,减少投资,为子孙后代而把资金节约下来,以后由子孙后代自己对投资作出选择。这个问题需要整个社会作出选择。

附 录

表 4.2 基准情境下的基础财政收支的假设的 GDP 占比   单位:%

财政年度	社会保险	主要医疗保健计划	其他非利息支出	非利息支出总计	个人所得税	工薪税	公司所得税	其他收入	收入总计	基础财政收支
2015	4.8	5.0	9.3	19.1	8.4	5.9	1.8	1.7	17.8	-1.3
2016	4.9	5.4	9.1	19.4	8.8	5.8	2.3	1.6	18.5	-0.9
2017	4.8	5.4	8.7	18.9	8.9	5.8	2.2	1.4	18.3	-0.6
2018	4.9	5.3	8.3	18.5	9.0	5.7	2.2	1.2	18.1	-0.4
2019	5.1	5.5	8.1	18.7	9.0	5.7	2.1	1.2	18.0	-0.7
2020	5.2	5.6	7.9	18.7	9.1	5.8	2.0	1.2	18.1	-0.6
2021	5.3	5.7	7.8	18.8	9.2	5.8	1.9	1.2	18.1	-0.7
2022	5.4	6.0	7.7	19.1	9.3	5.7	1.9	1.2	18.1	-1.0
2023	5.5	5.9	7.5	18.9	9.3	5.7	1.9	1.2	18.1	-0.8
2024	5.6	5.8	7.4	18.8	9.4	5.7	1.9	1.2	18.2	-0.6
2025	5.8	6.1	7.3	19.2	9.5	5.7	1.8	1.2	18.2	-1.0
2026	5.8	6.2	7.3	19.3	9.6	5.8	1.8	1.3	18.5	-0.8
2027	5.9	6.4	7.3	19.6	9.6	5.7	1.8	1.3	18.4	-1.2
2028	6.0	6.5	7.2	19.7	9.7	5.7	1.8	1.3	18.5	-1.2
2029	6.1	6.7	7.2	20.0	9.8	5.7	1.8	1.3	18.6	-1.4
2030	6.2	6.8	7.2	20.2	9.9	5.7	1.8	1.3	18.7	-1.5
2031	6.2	6.9	7.1	20.2	10.0	5.7	1.8	1.3	18.8	-1.4
2032	6.3	7.1	7.1	20.5	10.0	5.7	1.8	1.3	18.8	-1.7
2033	6.3	7.2	7.1	20.6	10.1	5.7	1.8	1.4	19.0	-1.6
2034	6.4	7.3	7.1	20.8	10.1	5.7	1.8	1.4	19.0	-1.8
2035	6.4	7.5	7.1	21.0	10.1	5.7	1.8	1.4	19.0	-2.0
2036	6.4	7.5	7.1	21.0	10.1	5.7	1.8	1.4	19.0	-2.0
2037	6.4	7.5	7.1	21.0	10.1	5.7	1.8	1.4	19.0	-2.0
2038	6.4	7.5	7.1	21.0	10.1	5.7	1.8	1.4	19.0	-2.0
2039	6.3	7.5	7.1	20.9	10.1	5.7	1.8	1.4	19.0	-1.9

表 4.3　基于现行法律的联邦政府债务动态基准模拟

假设年份	CBO 预测的实际 GDP* (十亿美元)	真实利率* (%)	实际增长率(g)* (%)	基础财政盈余(x)* (%)	调整因子 $(1+r)/(1+g)$ (%)	债务 b(占 GDP 比例)(%)**
2014	17 500					74.00
2015	18 100	2.1	2.30	−1.3	0.998044966	75.16
2016	18 700	2.1	3.31	−0.9	0.988240642	75.13
2017	19 200	2.1	2.67	−0.6	0.994411458	75.28
2018	19 700	2.1	2.60	−0.4	0.995086294	75.29
2019	20 100	2.1	2.03	−0.7	1.000681592	76.01
2020	20 600	2.1	2.49	−0.6	0.996218447	76.32
2021	21 000	2.1	1.94	−0.7	1.001552381	77.14
2022	21 500	2.1	2.38	−1.0	0.997255814	77.89
2023	21 900	2.1	1.86	−0.8	1.002351598	78.91
2024	22 400	2.1	2.28	−0.6	0.998209821	79.36
2025	22 800	2.1	1.79	−1.0	1.003087719	80.62
2026	23 300	2.1	2.19	−0.8	0.999090129	81.39
2027	23 800	2.1	2.15	−1.2	0.999550420	82.52
2028	24 200	2.1	1.68	−1.2	1.004123967	84.07
2029	24 700	2.1	2.07	−1.4	1.000331984	85.45
2030	25 200	2.1	2.02	−1.5	1.000742063	86.99
2031	25 700	2.1	1.98	−1.4	1.001136187	88.51
2032	26 200	2.1	1.95	−1.7	1.001515267	90.30
2033	26 800	2.1	2.29	−1.6	0.998141791	91.73
2034	27 300	2.1	1.87	−1.8	1.002300366	93.77
2035	27 900	2.1	2.20	−2.0	0.999043011	95.64
2036	28 500	2.1	2.15	−2.0	0.999505263	97.55
2037	29 200	2.1	2.46	−2.0	0.996523973	99.17
2038	29 900	2.1	2.40	−2.0	0.997096990	100.84
2039	30 600	2.1	2.34	−1.9	0.997643791	102.47

注：* 实际 GDP 基于 CBO 在现行财政政策下的长期预算展望，以 2014 年为基年，单位是十亿美元；真实利率基于作者的估测；实际增长率由每年实际 GDP 计算而来；基础财政盈余等于财政收入减财政支出之差除以 GDP。** 基于(4.4)式模拟。

表 4.4　对比栏——基准情境下联邦债务动态模拟结果　　　　单位:%

财政年度	实际利率	债务占GDP比例(b)	国库券利率	债务占GDP比例(b)	平均利率	债务占GDP比例(b)	债务占GDP比例(CBO预测结果)
2015	2.1	75.16	1.8	74.13	1.7	74.06	73
2016	2.1	75.13	2.2	74.19	1.7	73.77	73
2017	2.1	75.28	2.6	74.71	1.7	73.64	72
2018	2.1	75.29	2.6	75.09	1.7	73.37	73
2019	2.1	76.01	2.6	76.18	1.7	73.80	73
2020	2.1	76.32	2.6	76.85	1.7	73.82	74
2021	2.1	77.14	2.6	78.06	1.7	74.36	75
2022	2.1	77.89	2.6	79.18	1.7	74.82	76
2023	2.1	78.91	2.6	80.59	1.7	75.53	77
2024	2.1	79.36	2.6	81.44	1.7	75.70	78
2025	2.1	80.62	2.5	83.02	1.7	76.65	80
2026	2.1	81.39	2.5	84.11	1.7	77.12	81
2027	2.1	82.52	2.5	85.57	1.7	77.95	82
2028	2.1	84.07	2.5	87.47	1.7	79.18	84
2029	2.1	85.45	2.5	89.19	1.7	80.24	86
2030	2.1	86.99	2.5	91.09	1.7	81.47	88
2031	2.1	88.51	2.5	92.97	1.7	82.66	90
2032	2.1	90.30	2.5	95.14	1.7	84.12	92
2033	2.1	91.73	2.5	96.92	1.7	85.23	94
2034	2.1	93.77	2.5	99.35	1.7	86.92	96
2035	2.1	95.64	2.5	101.61	1.7	88.46	98
2036	2.1	97.55	2.5	103.92	1.7	90.03	100
2037	2.1	99.17	2.5	105.92	1.7	91.32	102
2038	2.1	100.84	2.5	107.99	1.7	92.66	104
2039	2.1	102.47	2.5	110.01	1.7	93.94	106

注:实际利率基于作者的估测;国库券利率基于CBO长期预算展望预测,指联邦政府10年期国库券真实利率;平均利率基于CBO长期预算展望预测,指联邦政府所有债务支付的平均真实利率;债务占GDP比例基于(4.4)式模拟。

表 4.5　替代情境下的基础财政收支假设的 GDP 占比　　单位:%

财政年度	社会保险	主要医疗保健计划	其他非利息支出	非利息支出总计	个人所得税	工薪税	公司所得税	其他收入	收入总计	基础财政收支
2015	4.9	5.1	9.4	19.4	8.4	5.9	1.8	1.7	17.8	-1.6
2016	4.9	5.4	9.4	19.7	8.8	5.8	2.3	1.6	18.5	-1.2
2017	4.9	5.4	9.0	19.3	8.9	5.8	2.2	1.4	18.3	-1.0
2018	5.0	5.4	8.7	19.1	9.0	5.7	2.2	1.2	18.1	-1.0
2019	5.1	5.5	8.6	19.2	9.0	5.7	2.1	1.2	18.0	-1.2
2020	5.2	5.7	8.4	19.3	9.1	5.8	2.0	1.2	18.1	-1.2
2021	5.3	5.8	8.3	19.4	9.2	5.8	1.9	1.2	18.1	-1.3
2022	5.4	6.0	8.2	19.6	9.3	5.7	1.9	1.2	18.1	-1.5
2023	5.5	6.1	8.0	19.6	9.3	5.7	1.9	1.2	18.1	-1.5
2024	5.6	6.0	7.7	19.3	9.4	5.7	1.9	1.2	18.2	-1.1
2025	5.7	6.1	8.0	19.8	9.4	5.7	1.8	1.2	18.1	-1.7
2026	5.8	6.3	8.2	20.3	9.4	5.8	1.8	1.3	18.3	-2.0
2027	5.9	6.4	8.4	20.7	9.4	5.7	1.8	1.3	18.2	-2.5
2028	6.0	6.6	8.6	21.2	9.4	5.7	1.8	1.3	18.2	-3.0
2029	6.1	6.7	8.8	21.6	9.4	5.7	1.8	1.3	18.2	-3.4
2030	6.2	6.9	9.1	22.2	9.4	5.7	1.8	1.3	18.2	-4.0
2031	6.2	7.0	9.3	22.5	9.4	5.7	1.8	1.3	18.2	-4.3
2032	6.3	7.2	9.5	23.0	9.4	5.7	1.8	1.3	18.2	-4.8
2033	6.3	7.3	9.5	23.1	9.4	5.7	1.8	1.4	18.3	-4.8
2034	6.4	7.4	9.5	23.3	9.4	5.7	1.8	1.4	18.3	-5.0
2035	6.4	7.4	9.5	23.3	9.4	5.7	1.8	1.4	18.3	-5.0
2036	6.4	7.4	9.5	23.3	9.4	5.7	1.8	1.4	18.3	-5.0
2037	6.4	7.4	9.5	23.3	9.4	5.7	1.8	1.4	18.3	-5.0
2038	6.4	7.4	9.5	23.3	9.4	5.7	1.8	1.4	18.3	-5.0
2039	6.3	7.4	9.5	23.2	9.4	5.7	1.8	1.4	18.3	-4.9

表 4.6 敏感性分析——财政政策角度

假设年份	CBO 预测的实际 GDP*（十亿美元）	真实利率*（%）	实际增长率(g)*（%）	基础财政盈余(x)*（%）	调整因子$(1+r)/(1+g)$（%）	债务占 GDP 比例(b)**（%）
2014	17 500					74.00
2015	18 100	2.1	3.43	−1.6	0.98715470	74.65
2016	18 700	2.1	3.31	−1.2	0.98824064	74.97
2017	19 200	2.1	2.67	−1.0	0.99441146	75.55
2018	19 700	2.1	2.60	−1.0	0.99508629	76.18
2019	20 100	2.1	2.03	−1.2	1.00068159	77.43
2020	20 600	2.1	2.49	−1.2	0.99621845	78.34
2021	21 000	2.1	1.94	−1.3	1.00155238	79.76
2022	21 500	2.1	2.38	−1.5	0.99725581	81.04
2023	21 900	2.1	1.86	−1.5	1.00235160	82.73
2024	22 400	2.1	2.28	−1.1	0.99820982	83.69
2025	22 800	2.1	1.79	−1.7	1.00308772	85.64
2026	23 300	2.1	2.19	−2.0	0.99909013	87.57
2027	23 800	2.1	2.15	−2.5	0.99955042	90.03
2028	24 200	2.1	1.68	−3.0	1.00412397	93.40
2029	24 700	2.1	2.07	−3.4	1.00033198	96.83
2030	25 200	2.1	2.02	−4.0	1.00074206	100.90
2031	25 700	2.1	1.98	−4.3	1.00113619	105.32
2032	26 200	2.1	1.95	−4.8	1.00151527	110.28
2033	26 800	2.1	2.29	−4.8	0.99814179	114.87
2034	27 300	2.1	1.87	−5.0	1.00230037	120.13
2035	27 900	2.1	2.20	−5.0	0.99904301	125.02
2036	28 500	2.1	2.15	−5.0	0.99950526	129.96
2037	29 200	2.1	2.46	−5.0	0.99652397	134.51
2038	29 900	2.1	2.40	−5.0	0.99709699	139.12
2039	30 600	2.1	2.34	−4.9	0.99764379	143.69

注：* 实际 GDP 基于 CBO 长期预算展望，以 2014 年为基年，单位是十亿美元；真实利率基于作者的估测；实际增长率由每年实际 GDP 计算而来；基础财政盈余等于财政收入减财政支出之差除以 GDP。** 基于(4.4)式模拟。

表 4.7 对比栏——替代情境下联邦债务动态模拟结果　　　　　　　单位:%

财政年度	实际利率	债务占GDP比例(b)	国库券利率	债务占GDP比例(b)	平均利率	债务占GDP比例(b)	债务占GDP比例(CBO预测结果)
2015	2.1	74.65	1.8	74.43	1.7	74.36	74
2016	2.1	74.97	2.2	74.83	1.7	74.40	74
2017	2.1	75.55	2.6	75.78	1.7	74.70	75
2018	2.1	76.18	2.6	76.77	1.7	75.04	76
2019	2.1	77.43	2.6	78.40	1.7	75.99	77
2020	2.1	78.34	2.6	79.69	1.7	76.61	79
2021	2.1	79.76	2.6	81.50	1.7	77.73	81
2022	2.1	81.04	2.6	83.18	1.7	78.71	83
2023	2.1	82.73	2.6	85.28	1.7	80.09	85
2024	2.1	83.69	2.6	86.65	1.7	80.73	87
2025	2.1	85.64	2.5	88.95	1.7	82.36	89
2026	2.1	87.57	2.5	91.22	1.7	83.97	92
2027	2.1	90.03	2.5	94.04	1.7	86.10	95
2028	2.1	93.40	2.5	97.80	1.7	89.12	99
2029	2.1	96.83	2.5	101.61	1.7	92.20	103
2030	2.1	100.90	2.5	106.09	1.7	95.90	108
2031	2.1	105.32	2.5	110.92	1.7	99.94	113
2032	2.1	110.28	2.5	116.32	1.7	104.49	118
2033	2.1	114.87	2.5	121.36	1.7	108.69	124
2034	2.1	120.13	2.5	127.12	1.7	113.52	130
2035	2.1	125.02	2.5	132.50	1.7	117.96	137
2036	2.1	129.96	2.5	137.95	1.7	122.44	143
2037	2.1	134.51	2.5	143.01	1.7	126.54	150
2038	2.1	139.12	2.5	148.15	1.7	130.68	156
2039	2.1	143.69	2.5	153.28	1.7	134.76	163

注:实际利率基于作者的估测;国库券利率基于CBO长期预算展望预测,指联邦政府10年期国库券真实利率;平均利率基于CBO长期预算展望预测,指联邦政府所有债务支付的平均真实利率;债务占GDP比例基于(4.4)式模拟。

第5章 美国联邦政府债务的成因和可能的解决办法

从长期来看,美国联邦政府的债务问题对美国经济和世界经济的长期发展都是一个严重的问题。尽管由于经济情况好转,债务问题有所缓解,但并没有得到根本解决。对于如何解决这一问题,政府、国会和研究人员提出了各种不同的方案,关键是如何在两党政治的环境下,通过一定的政治程序,达成解决问题的共识。

5.1 美国联邦赤字和债务的成因和面临的挑战

美国的民主和共和两党对联邦赤字-债务问题的成因和解决办法持有针锋相对的观点,代表了两党的不同理念。在不同理念的指引下,两党在赤字-债务问题上不断地发生激烈的碰撞,这种分歧涉及把美国建设成一个什么样的社会的问题,带有根本的性质。

民主、共和两党的不同基本理念

财政政策是伦理学的实施。两党都同意政府必须为国民谋福利,而且国民的福利很大程度上系于经济的发展;两党也同意应当由社会给予穷人、老人、儿童以最基本的生活资料,每个人都能享受基本的经济自由,适龄劳动人口应当找到适合自己的工作。两党的分歧在于用什么方法来改善国民福利、促进经济发展。

一般来说,美国的民主党比较关注平等问题,关注中下层民众的权利问题,认为应当通过政府提供的公共服务增加民众的福利,希望通过政府公共服务和福利项目来改善中下层民众的福利和生活水平,认为这是一个基本的道义问题。为此,需要有一个较大规模的政府,提供较大数量的公共服务和福利支出。美国的共和党则更注重自由的问题,在经济上希望通过市场的自由竞争实现经济发展和人民生活的提高,认为私人企业是经济发展的根本动力,政府没有足够的能力进行干预,政府干预可能损害市场机制。为此,需要限制政府的权力,防止政府对市场经济活动、企业和个人进行过多的干预。因此,政府的规模必须是有限的。简单地说,民主党希望有一个大政府,共和党则希望有一个小政府;民主党强调帮助穷人和弱势群体的道义责任,共和党则强调对穷人的帮助必须从现实出发,过分的理想化于事无补。这是很多关于经济政策的争论的根本分歧所在。

就经济理论而言,民主、共和两党从其根本理念出发,信奉不同的经济学思想。民主党更倾向凯恩斯主义经济学及其现代版本,认为政府应当通过宏观经济政策积极干预宏观经济,对经济实行比较严格的管制措施,从而促进经济增长,保证高水平就业,建立福利国家。经济学认为,完全竞争的市场可以有效率地分配产品和服务,然而当存在价格扭曲、外部性和信息不完全等因素的时候,市场不能有效率地运作,就需要一定程度的政府干预;而现实世界中,在很多情况下市场竞争并不是完全的。共和党则信奉自由竞争哲学和供给经济学,希望通过竞争和自由企业制度、小政府、低税收和有限的管制来促进经济发展,政府不应过多地干预经济。简单概括,民主党主张政府应当积极有为,共和党则主张无为而治。

从更高的层次来看,反对政府过分干预的人认为,幸福来自个人,个人的经济自由是社会幸福的唯一来源。支持政府干预的人则认为,社会幸福不仅来自个人,也来自社会的功能(例如社会保护个人经济自由的功能),而美国对后一点的强调太少了;美国需要正确地认识社会对增进福利的作用,正确认识美国在实现长期目标时面临的多种选择(Kleinbard,2015)。

总之,两党在经济问题上的争论围绕着什么是联邦政府适当的规模。因为政府的规模影响预算的规模、政府干预的程度等问题,而预算规模是政府规模和干预程度的衡量尺度。在更深的层次上,争论涉及道德、收入平均和代际平等等问题,例如社会是否应当帮助弱势群体、如何帮助弱势群体等。

在现实中,民主、共和两党的争论是通过美国的议会政治程序来影响预算决策的。议会政治制度的设计影响预算决策的形成。在美国现行的政治制度下,预算决策受到两党争论的严重影响,预算决策过程的交易成本很高。

政府花费的作用和水平

政府花费或支出的作用涉及政府提供的公共物品对社会福利的作用问题。大政府的支持者认为,政府所提供的公共物品(包括政府担保和政府投资等)对经济发展和社会福利起着不可替代的特殊作用。由于人们的财富和收入水平不完全取决于个人的努力程度,因此政府需要提供某种程度的福利来保证每一个公民的最低福利水平。这种服务是通过收入和财富的再分配实现的。由于这类工作的规模巨大,这种功能在现代社会主要应由政府来承担。大政府的反对者则认为,政府过度提供福利,会养成一个依赖福利而生活的、不劳而获的既得利益集团。这种再分配,会给勤劳工作守法交税的人们带来额外的负担,会伤害这些勤劳工作者,迫使他们减少劳动供给,从而给整个国家的经济发展造成不良的后果。

就经济的现实而言,支持高花费的人认为:第一,与很多实行福利制度的发达国家相比,美国的福利和政府支出规模并不大,美国联邦债务占 GDP 的比重也不大,美国政府和人民实际上被"政府支出规模过大"的说法的反复宣传所蒙蔽;第二,美国政府的债务规模完全处于可控的范围之内,美国政府有着巨大的潜在收入基础,其完全可以承受现有的债务。评级机构之所以降低美国的信用评级,不是由于债务相对收入基础太大,而是出于对国会及时解决债务问题、避免违约的能力的怀疑(Kleinbard,2015)。反对高花费大政府的人认为,美国联邦政府的债务已经很高,并且在长期可能进一步提高,是不可持续的,大多数人支持这种看法。因此,福利的问题是在可能的支出水平的限度内,更好地通过政府公共服务的提供来改善国民的福利。

从支出的角度来看,笔者认为,美国确实存在过度花费的问题,美国的政治体制对政府过度花费约束不够。在美国现行的政治体制下,政治家的前途取决于其选区的选民的支持,这种约束是紧密的,有时使政治家没有喘息的机会(想一想两年一选的众议员,刚刚当选就要准备下次选举)。政治家为了取得选民的支持,提出各种对选民有利的计划,并努力争取通过政治程序实现这些计划。这种约束和政治家之间的竞争,使政治家具有过度支出政府资金以取悦选民的倾向。这种倾向既受政治家本身的道德约束,也受选民对社会长期利益的认知的约束。在约束不足的情况下,就可能出现过度花费的情况。

为了维持过度花费,政府必须保持较高的税收并维持较大的政府规模。增税一般来说会受到选民的抵制,这是对政府规模的一种制约。失去选民的支持是政治家的一种损失,政治家必须权衡利弊,在花费程度和税收水平之间作出选择。在增税有困难的情况下,借债是政治上损失较小的一种选择。

从选民或福利享受的角度来看,在美国,很多社会福利的接受者认为享受社会福利是他们天生的权利,任何政府或个人都不能剥夺这种权利。这使政府决策者重新考虑福利的设置和分配充满困难,使福利改革步履蹒跚。这种遍及全民的认识,完全不顾政府支持现有福利制度的能力在一些情况下超出了政府的财政能力。因此,过度花费的基础是整个社会对福利社会的认同。长期接受高水平的福利使选民对福利社会习以为常,认为是当然的权利,任何削减福利的努力都会遭到强烈的反对。因此,福利水平的变动十分困难,福利具有刚性,很多研究机构预测未来赤字和债务时,都把福利支出作为给定。在过去一段时间,美国的政策争论过分集中于税收问题,而在一定程度上忽视了支出问题。

反对政府过度花费的意见认为,政府本身有过度花费的倾向,必须加以限制。布坎南(James Buchanan)和瓦格纳(Richard Wagner)在 1977 年的著作《赤字中的民主》(*Democracy in Deficit*)中支持财政政策的平衡预算规则,其依据是这个规则"将使决策者认识到公共支出实际成本的影响,并将消除财政选择'不付代价'的错觉"(Buchanan and Wagner,1977)。马丁·费尔斯丁(Martin Felstein,曾任里根总统的经济顾问,预算赤字的长期批判者)认为"只有必须平衡预算的硬预算约束",才可以迫使政治家判断支出的"收益是否真正证明其成本是值得的"(曼昆,2011)。因此,一些经济学家支持并要求国会通过平衡预算的《宪法》修正案,用平衡预算束缚决策者的手脚。

税收的累进程度与公平

在某种意义上,支出和税收是一个问题的两个方面,即政府的每一项支出决定都要求政府事先筹集足够的收入。美国财政和债务问题涉及的另一个基本问题是税收的水平和累进程度。税收涉及政府提供的公共服务的规模,税收的规模问题实质上是政府的规模问题;税收的累进程度既涉及税收的来源和规模,也涉及公平、收入和财富的再分配。

支持利用累进所得税来进行收入再分配的人们认为,自由市场不能解决收入公平问题。第一,由于外部性等各种原因,完全的市场竞争在现实世界中是不存在的;第二,收入的不平均并不完全是由努力的不同所造成的,先天条件的不同和偶然性都可能引起收入的不平均。因此,需要政府发挥作用,调节收入的分布,为低收入者提供必要的基本生活保障,美国的现实生活在一定程度上体现了政府的这一作用。这些人认为,美国的经济增长和人民福利的提高取决于政府能否更大程度地介入经济生活,而不是更少介入。

给定税收总量,利用税收来达到增进社会福利的作用,这取决于政府支出和税收政策的设计,既是一门艺术,也是一个技术问题,需要通过政府支出和税收政策的重新设计来达到这一目的。一些人认为,多数美国人在这个问题上存在偏见,需要纠正。

争论在于目前政府的作用是否足够,是应当继续增加这方面的作用,还是应当有所节制。或者说,所得税的累进程度是应该增加还是需要减小。扣除再分配因素后,美国的可支配收入的不平等程度在经济合作与发展组织国家中是最高的(见本书1.2节)。观察美国近一二十年的现实,互联网革命和金融业的发展加上制造业的衰落与服务业的繁荣,造成收入两极分化程度的提高,为了与收入的这种变化相适应,所得税的累进程度也应该相应提高。

反对政府增加所得税的累进程度的看法认为,在正常的市场经济中,人们的收入反映了其对社会的贡献程度,目前美国所得税的累进程度已经很高,继续提高所得税的累进程度,会伤害高收入者继续为社会作贡献的积极性。如果这些高收入者减少或停止为社会作贡献,最终伤害的是经济发展和整个社会的福利,这无异于杀鸡取卵,自断财路,这样做对高收入高贡献者是不公平的。他们认为,不能通过使富人更穷来达到使穷人变富的目的,这样做的社会成本太高。

笔者认为,一定程度的累进所得税是必需的,问题在于经济学尚未发展出一套确定最优累进程度的理论,因此在现实中,只能通过两种不同意见的辩论和妥协来确定所得税的累进程度。就美国的现实情况而言,可以谨慎地、有节制地提高所得税的累进程度,但是这方面的余地并不很大。

经济增长与削减债务的关系

2008年金融危机后,美国和很多欧洲国家面临的一个政策选择,是削减赤字还是通过增加政府支出来刺激经济。这个问题在短期是一个两难选择,因为在经济衰退的情况下,应当实行扩张性财政政策,而这种政策需要政府增加支出或减税,这必然造成财政赤字和债务的增加;反过来,如果削减政府开支和债务,就会加深衰退。这个问题使一些欧洲国家的政府十分为难(Wikipedia,2015q。)

然而,如果按照时间顺序来安排宏观经济政策,就有解决的办法。经济学家萨默斯(Lawrence Summers)和罗默(Christina D. Romer)在2012年4月发表文章,就欧洲国家削减赤字与经济增长之间的关系批评了"两者只能取其一"的观点,指出用大规模财政赤字刺激经济可以辅以逐步削减赤字的政策。例如,今天可以投资基础设施来刺激经济同时提高退休年龄,并在此后增税(Summers,2012;Romer,2012)。前OMB主管欧尔萨格(Peter Orszag)在2012年5月指出,美国需要做的正是现在刺激经济、未来减少联邦赤字的精心设计的政策(Orszag,2012)。短期政策和长期政策在时间上的交替安排可能可以解决经济增长和削减债务的矛盾。

除两党政治外的其他挑战

预算问题涉及国民财富的分配,本质上是一个政治问题。由于美国的政治体制在解决这种根本性问题时反应迟缓,因此预算问题的解决需要较长的时间。此外,美国财政整顿还遇到其他挑战:

(1)经济衰退与财政整顿的矛盾。如上所述,2008年的经济衰退对解决长期问题是一个障碍,特别是如果衰退长期化、欧洲债务危机恶化,那么短期救助和刺激经济将被摆在首位,财政整顿和债务问题就更难以被提上日程。经济增长缓慢、收入增长停滞等冲击都可能使美国经济和政府预算偏离轨道。长期以来,美国产业升级困难,制造业的产值和就业持续下降;人们也担心就业问题长期化、自然失业率上升、自然产出增长率永久性下降。不过,在就业方面,美国最近出现了积极变化,2014年12月美国失业率下降到5.6%,这对解决债务问题是一个很好的时机。

(2)人口结构的变动。老年人和退休人员在总人口中的比例上升,引起现收现付的医疗和福利制度的问题,而解决这方面的问题就必须对福利制度进行根本性的改革。

5.2 美国应当如何解决财政整顿问题

为了应付联邦财政面临的挑战,美国的联邦政府财政必须进行实质性的改革。从经济上看,改革面临的基本矛盾是促进经济发展和减少财政支出。2008年金融危机后,美国和欧洲各国政府都面临一个艰难的抉择:是要削减赤字(Austerity),还是要促进经济和就业的增长。在衰退中,如果采取扩张性财政政策(增加政府支出或减税)刺激经济,就会产生财政赤字;如果要减少赤字,就要增税或减少政府支出,这些政策都会损害经济的发展。何去何从,政府必须作出决策。

解决赤字-债务问题的可行的基本策略可以归结为增收减支,也就是增加税收、减少政府的福利支出(Wikipedia,2015q)。争论的焦点是单一的增税或单一的减支能否解决问题。(1)显著提高联邦政府财政收入占GDP的比重,需要增加税收。(2)对福利制度,特别是老年人的福利制度进行根本性的改革,减少支出。(3)显著减小政府相对于经济的规模。策略(1)体现了大政府的理念,策略(2)、(3)体现了小政府的理念。此外,还需要减少政府的日常开支,特别是国防支出。这些措施实际上是两党观念和政策主张的某种程度的中和。根据美国国会预算办公室的计算,如果要在2039年把公众持有的联邦债务占GDP的比重保持在过去四十年的平均水平(39%),那么从2015年开始,每年提高收入和削减非利息支出的总额占GDP的比重须达到2.6%(CBO,2014)。这些节约需要从增收和减支两方面来进行。如果只从收入方面取得这些节约,需要比扩展的基本情况增加税收14%;如果节约仅来自支出的削减,意味着非利息支出比扩展的基本情况减少13%。这两种情况在政治上都是不能忍受的,事实上,近几年单纯减支或单纯增收的提案都没获得足够的支持。改革必须从收支两方面着手,双管齐下。

在改革的方向和办法上也存在不同的意见和争论。共和党主张大幅度削减政府支出的规模,减少政府提供的公共服务,从而实现小政府的理想。民主党则主张保持较大规模的政府,从而能够对社会特别是低收入人群提供较高的社会福利,并对经济采取较大程度的宏观干预,这就需要较高的税收。大政府的支持者认为,有较高的税收作为基础,美国政府在短期内不会破产,但是如果现行支出和收入政策不变,美国联邦政府的债务在长期是不可持续的。

现实中存在各种削减联邦赤字的政策建议,决策者面临多种选择。这些建议的不同在于税收如何安排、政府支出如何削减、未来经济如何增长,以及如何保持较高水平的就业。建议涉及税收在社会各集团中如何分配,即富人应当承担多少税收,这是一个涉及社会公平和经济效率的根本性问题。

从时间上看,由于涉及债务的累积,财政赤字和债务的改革是紧迫的。越早实施赤字的削减,政府累积的债务就越小,政府的政策所需要的改变就越小。如果在网上看看美国的"债务钟",就会感觉到每分每秒美国的债务都在增加(US

Debt Clock,2015)。因此,财政和债务改革进行得越早,对经济的负面影响就越小。

对于财政和债务改革,美国两党和社会各界提出了各种不同的建议。共和党众议院预算委员会主席莱恩(Paul Ryan)提出了美国未来路线图(包括不同的版本),他反对奥巴马总统的预算计划,全面阐述了共和党对预算改革的看法。该路线图的 2010 年 1 月版包括社会保障的部分私有化,把医疗保障变为医疗券系统,削减和冻结政府的斟酌处置支出和税收改革。莱恩主持的众议院预算委员会于 2011 年 4 月发表题为"复兴之路"(*The Path to Prosperity*:*Restoring America's Promise*)的解决预算问题的建议,包括税收改革(降低税率、减少税收漏洞)、减少政府支出,改革医疗保障和医疗辅助制度等,建议没有对社会保障制度作较大的变动。"复兴之路"是共和党对 2012 财政年度的预算建议;2012 年 3 月,"复兴之路"的新版本(*The Path to Prosrity*:*A Blueprint for American Renewal*)成为共和党对 2013 财政年度的预算建议(House Budget Committee, 2012)。该版本提出医疗保障的新方案,允许目前年龄小于 55 岁的工人在医疗保障交易所选择相互竞争的私人保险计划。2013 年 3 月,莱恩提出"复兴之路" 2014 财政年度的新版本,众议院开始通过了相关法案,但此后莱恩失去了众议院对该法案的支持。由于莱恩在推动预算改革上的重要作用,因此以上报告经常被称为"莱恩计划"或"莱恩预算"。CBO 对该建议进行了估算,按照该计划, 2030 年美国联邦政府将实现预算平衡,国债将从 2010 年占 GDP 的 60% 以上降到 2050 年的 10%。经济学家对这项建议持不同态度。克鲁格曼批评说,税率降低有利于富人,而大幅度削减政府支出会损害穷人和中产阶级的利益。共和党 2012 财政年度预算案在 2011 年 4 月 15 日被众议院通过,但此后被参议院否决。

为解决财政和债务问题,奥巴马总统建立了财政责任与改革全国委员会,该委员会于 2010 年 12 月发表了一份报告,被称为"鲍尔斯-辛普森"报告(Bowles-Simpson Report,以委员会的两位联合主席命名)。该报告提出了若干税收和支出的改革建议,如果实行这些建议,到 2020 年赤字将减少 4 万亿美元,到 2015 年赤字将减少到 GDP 的 2.3%。该报告实质上是共和党支持的支出削减与民主党支持的税收增加的混合,提出的措施包括降低税率以交换许多税收减免条款的取消、取消替代最低税①、堵塞税收漏洞、把政府支出保持在 GDP 的 21%,同时把政府收入提高到 GDP 的 21%。债务将在十年内保持在 4 万亿美元的水平,在 2014 年减少到 GDP 的 60%,到 2035 年减少到 GDP 的 40%(The National Commission on Fiscal Responsibility and Reform,2010;Amadeo,2012)。

奥巴马总统在 2011 年 4 月提出减少未来预算赤字的策略。在投资方面,奥巴马计划增加关键领域(如医疗研究、清洁能源技术、道路、机场、宽带通讯、教育、工作培训等)的投资,同时减少总支出。总支出的减少包括减少非国防斟酌处置支出、节约国防支出和减少医疗保障支出(如减少补贴、通过政府集中谈判获得较低的药品价格并使用替代药品、提高医疗辅助的效率、改变医生的激励机制等)。在收入方面,奥巴马提出增税,特别是提高高收入税率(Obama,2011)。

2011 年 9 月,奥巴马总统公布增税减债计划——收支相抵与未来投资:关于经济增长与赤字削减的总统计划(Living within Our Means and Investing in the Future: The President's Plan for Economic Growth and Deficit Reduction),在未来十年(2012—2021 年)减少财政赤字 3.0 万亿美元,增税 1.5 万亿美元;减少 3.2 万亿美元债务,如果包括《2011 年预算控制法》,债务的削减将达到 4.4 万亿美元。该计划包括 5 800 亿美元支出削减和强制性福利项目的改革(其中 3 200 亿美元来自联邦健保计划的改革),未来 10 年从阿富汗和伊拉克撤军节省 1.0 万

---

① 替代最低税(Alternative Minimum Tax,AMT)是对超过一定收入水平的纳税人的替代税。AMT 使用不同的税率计算,使较高收入的纳税人更多地交税。由于纳税收入不变,越来越多的中产阶级需要交纳 AMT。

亿美元,税收改革减少1.5万亿美元赤字。该计划与鲍尔斯-辛普森报告的建议类似,只是支出水平稍高(OMB,2011)。《2011年预算控制法》被国会两院通过,并于2011年8月3日由总统签署成为法律,该法结束了2011年债务上限危机(Wikipedia,2015c)。

美国国会还提出了若干削减赤字的建议,包括国会改革者核心会议(Congressional Progressive Caucus,CPC)2011年4月的建议。该建议提出在2012年把债务保持在GDP的65%以下,与其他建议相比,该建议的支出和税收占GDP的比重最高(CPC,2011)。众议员库珀(Jim Cooper)和拉图雷特(Steven La-Tourette)于2012年3月提出预算建议,该建议通过降低公司和个人所得税的税率并扩展税基来增加收入,并提出改善社会保障、控制医疗费用、控制支出拨款、削减其他福利项目的建议。该计划虽然没有在众议院通过,但得到两党很多议员的支持(Bipartisan Policy Center,2012)。

总而言之,对美国联邦财政来说,需要进行结构性改革来减少赤字,可能的具体解决办法是:增税、同时减少政府支出,两者都是必需的,仅仅增税或仅仅减少政府支出都不足以解决问题。如果可能,需要尽量缓慢地减少政府支出,以减少受损害者的反对。

许多民间研究机构也提出了自己的预算改革方案。由彼得森研究所提议、六家研究机构(American Enterprise Institute,the Bipartisan Policy Center,the Center for American Progress,the Economic Policy Institute,the Heritage Foundation,and the Roosevelt Institute Campus Network)联合提出了各自的建议(PGPF,2011)。两党政策中心(Bipartisan Policy Center,BPC)在2010年11月提出以联合主席命名的"多梅尼西-里夫林报告"——重建美国未来(*Restoring America's Future*)(Bipartisan Policy Center,2010)。

总结一下,解决美国联邦政府财政赤字和债务问题不外乎以下途径:

税收问题 小布什减税在2013年1月1日过期;奥巴马总统在2013年1月2日签署《2012年美国纳税人减负法案》,对一般收入组保持了很多减税规定,但没有改变最高收入组的税率,因此最高收入组税率从35%自动回到小布什减税前的39.1%(Wikipedia,2015d)。这实质上是通过增加税收的累进程度来结束小布什减税。这种政策对于解决财政和债务问题看来是必需的,尽管可能伤害一部分高收入者的积极性。除所得税减税外,在小布什当政期间还实行了一系列较小的减税措施(涉及资本利得税等),这些减税政策都会在未来到期,其中大部分可能变成永久性政策。

医疗保险改革 与其他发达国家相比,美国的公共和私人健康支出占GDP的比重比其他发达国家高出约1/3,预计未来的公共健康支出比多数发达国家高出1/2到1/3(Kleinbard,2015)。按照目前趋势,医疗保险支出在联邦政府支出中的比重将不断上升。这是一个老大难问题,两党对医疗保险改革方案存在严重分歧。民主党认为,作为政府的重要功能,政府应当为国民提供社会保险,其中的一个重要方面是医疗保险。由于存在严重的逆向选择和道德风险(例如病人在预知会生病的情况下购买未来的医疗保险,从而使保险公司难以负担),私人保险公司难以为所有国民提供全面的、长期的低价保险,因此必须建立政府资助的、普遍性的强制性保险制度。奥巴马的《平价医疗法》(ACA)是民主党医疗改革方案的主要版本,是政府对私人保险市场的某种干预。该法要求保险公司不得拒绝为任何个人提供保险,并对同样年龄和地区的申请者提供同样的基本费率;要求所有没有参加雇主保险、医疗保障或医疗辅助计划的个人必须参加一个私人保险,并对财务上有困难的个人提供资助;还规定每个州须建立医疗保险交易所,从而使个人在购买保险时可以比较和选择。《平价医疗法》于2010年3月23日由总统签署成为法律,但在各州的具体实施上仍存在变数。共和党方面强调发挥私人保险计划的作用,希望通过竞争降低私人保险的费用。2012

年版本的"莱恩计划"提出医疗保障的新方案,方案允许目前年龄小于55岁的工人在医疗保障交易所选择相互竞争的私人保险计划。政府发起和支持的普遍性医疗保险计划可能可以在长期控制成本,但这种制度在美国很难在政治上得到通过。在保持私人保险这个大前提下,还可以采取一些措施来减缓医疗保险支出的增长。这些措施包括:使医疗服务的提供者同时对成本和质量负责,提高问责力度,改革计价方法;雇主发起的医疗保险计划的税收优惠使雇主过度购买医疗保险,因此应当逐步取消雇主医疗保险的免税安排;取消医疗辅助相对医疗保障计划的更大的药价折扣;通过提高工薪税来增加医疗保障计划的收入;通过集体谈判降低药价;等等(约翰逊等,2013)。

社会保障改革　由于人口结构的变动,由缴纳工薪税的人支持的领取社会保障金的人越来越多,未来的社会保障体系的赤字将不断升高。保守观点认为,解决方法是使社会保障私有化,即建立一个类似401(K)计划的个人账户,把个人缴纳的保险金存入账户,由个人决定投资的方向。个人得到的未来保险金取决于个人的储蓄和投资决策,政府只是管理者,不会出现赤字。这一方案的问题在于,它拆解了社会保障体系本身,而一些人认为提供社会保障是政府的基本功能。另一类方案是保持目前的政府主导的社会保障体系,同时为了解决赤字的问题而增加工薪税,或减少社会保险津贴。可以采取多种方式做到这点,比如说延长领取退休金的年龄,提高工薪税或提高缴纳工薪税的收入上限等。

国防支出　给定世界的基本格局不变,美国国防支出所占比例的总趋势是下降的。但是,世界格局一旦发生变化(如反恐形势的变化),那么美国国防支持的比例就会变化,存在很大的不确定性。

政治制度的改革　在难以达成一致意见的情况下,政府应修改议事规则,调整政府立法部门和行政部门的关系。

此外,还需要寻找高收入水平下产业升级的途径,搞清高技术产业与就业的关系。通过经济结构的变化和政府的适当引导,找到产业升级情况下根本解决就业问题的途径。进一步融入世界经济,通过与世界各国(特别是中国)的贸易,提高经济发展的速度,这需要调整对进出口的限制。在长期,需要把建立以中美为核心的太平洋经济圈作为主要政策之一,改善基本建设投资,增加教育投资。

需要通过广泛的公开讨论使广大选民认识到预算赤字和债务问题的危害性,使选民理解自身利益和社会利益之间的关系。政治家需要认识到自己代表的利益集团和整个社会利益的关系以及短期利益和长远利益之间的关系,在两者之间求得平衡、识大体顾大局,在重大问题上取得社会共识,在时机成熟时果断采取行动。

5.3 债务涉及的决策瘫痪问题

美国联邦预算问题面临诸多挑战。最严重的挑战在于,预算问题被社会各界广为关注,专家提出各种解决办法,但专家提出的很多基本的解决办法不受选民和政治家的欢迎(Charlie-Rose Show,2009)。也就是说,不是没有解决办法,而是现存的解决办法得不到多数人的支持,两党、政治家和民众之间对如何解决问题有很大分歧,难以达成共识,从而造成决策瘫痪问题。

两党对预算的态度针锋相对。民主党总的来说倾向凯恩斯主义宏观经济政策,即大政府、福利国家和比较严厉的管制。民主党认为,正是小布什的减税造成了赤字,由于美国的税收占GDP的比重低于发达国家的平均水平,在适当减少政府支出的同时可以增税,特别是提高高收入人群的边际税率。共和党则倾向于自由竞争或供给经济学,即小政府、低税收和有限的管制。共和党反对增税,认为必须大幅度减少政府支出,进行福利制度改革。但民主党认为剧烈减少政府支出将危害低收入群体和中产阶级的利益，是不可行的。这些争论自美国建国以来就没有停止过，反映了不同的政治经济理念，涉及自由和平等的基本问题。

广大选民或者没有认识到预算问题的严重性，或者对解决预算问题的方案存在严重分歧；选民或者反对增税，或者反对减少支出，趋向两个极端，没有一种意见占支配地位。一次调查显示，95%的受访者支持削减政府支出，同时也有78%的人反对削减医保开支（Washington Post，2011；约翰逊和郭庚信，2013）。人们也不能责备国会议员，因为他们只是按照选民的意愿行事，很多选民支持对富人增税，政治家为了获得选民的支持就必须反映选民的意见。如果既不能增税，也不能减少支出，剩下的解决办法只有借债，而这正是奥巴马政府所做的。在这个问题上，选民未认识到的是：要解决预算问题，全体人民必须作出某种牺牲，必须有所取舍。

哈佛大学的弗格森（Niall Ferguson）指出，在长期，政府债务问题只有两种结果，赖账或减少债务价值（通过制造通货膨胀）。他认为，最可能的情况是美国通过福利改革减少以前承诺的社会保险和医疗保险。一旦风险增加，外国债主还可能要求更高的利率，这将损害美国的经济（Ferguson，2011）。因此，美国人民需要作出选择，可能的选择包括减少福利、减少政府其他开支、增税，以及这些选择的不同比例的组合。具体的做法包括医疗保障和医疗辅助制度改革，提高享受社会保险的年龄，对政府斟酌处置支出进行限制，征收增值税等。

以上问题反映了美国的政治与经济制度存在某种缺陷。建国二百多年来，美国政治制度的运行总的来说是成功的，但这并不表明该制度是完美无缺的，随着环境的变化还会产生新的问题，需要不断适应和改革。

财政赤字和债务问题的解决需要政治制度的某种改革，涉及两党在政治决策上的作用和决策程序。两党政治在一定程度上是以社会对一些基本问题的共识为基础的,这种共识是社会的中产阶级的共识。以这种共识为中心,两党提出不同的意见,对共识进行修正和妥协。当中产阶级逐步消失、社会两极化,共识的基础也将消失,两党政治就可能失去共同基础。这正是目前美国在一定程度上出现的情况。

解决这个问题,涉及政治决策程序的设计、两党在政治决策中的关系、行政与立法机构的权力分享与制约等。为解决这一问题,有不少选民希望引进第三党。在现实中,当两党意见相左而不能决策时,中间派的意见就会得到不少支持;在总统竞选中,中间派的候选人也得到一定程度的支持。引进第三党,是对美国政治制度的重大修改,既有好处,也可能产生新的问题。是否会出现有较大影响力的第三党,最终取决于选民构成和社会共识的形成机制的变化。

5.4 赤字-债务问题具体解决的政治程序

在 2008—2009 年,美国关于预算和债务问题的辩论主要集中于如何度过危机、解决财政债务问题的短期方案。当危机缓解后,辩论转移到长期问题,而在解决长期和短期的问题上存在矛盾。为了解决长期预算和债务问题,必须削减开支、增加税收;但是为了短期的经济复苏,又必须增加开支、减少税收。因此,解决长期预算问题可能威胁到短期的经济复苏。美国实际采取的措施是先解决眼前的复苏问题,同时规划长期的赤字和债务问题,过于着急解决长期问题的剧烈削减预算的建议最终都没有通过。

未来的财政整顿将延到下一届总统当选,在总统竞选临近的时期,现执政当局不会采取实质性的做法。在总统竞选中,两党候选人都会提出自己的解决长期债务问题的计划;新总统当选后,也会提出解决经济发展和长期债务问题的方案。未来的走向取决于哪个党的候选人当选总统,以及参众两院多数席位由谁获得。总统的党派和参院、众院的席位情况会形成不同的组合。如果一个党取得强势地位,可能会着手进行一些改革;如果执政党只有微弱优势,财政整顿将更加困难。

两党矛盾的焦点是两党代表的选民、利益集团的不同和两党政治理念的不同。民主党更多地代表弱势群体的利益,更加强调社会的平等,希望借助政府干预来减少贫富差距。共和党则代表中产阶级的利益,保护私人企业的利益,反对政府对经济的过分干预。福利制度的改革实质上是不同利益集团之间的利益分配问题,是退出既得利益的问题,是各集团之间退出多少利益的分配问题。退出比进入更难,在没有一个强有力的权威作出决策的情况下,问题的解决将十分困难,这需要各利益集团认识到问题的严重性,认识到解决问题所存在的共同利益,在这个意义上,债务问题是对美国民主政体的一次考验。

至此,我们对美国联邦政府的财政和债务问题的讨论就暂告一段落。我们看到,美国联邦政府的财政和债务存在严重的问题,在长期是不可持续的。这些问题在短期是由经济周期和战争花费所造成的,在长期则涉及福利制度的设计和累进所得税制度的建设,以及人口结构的变动和医疗费用的上升。解决这些问题,需要对美国的经济和政治制度进行改革,改革的方向和程度取决于社会共识的形成和政治制度的适应性和灵活性。以下几章,我们将转而讨论另一个重要的、不太引人注目的问题,即美国州和地方政府的财政和债务问题。

第6章 美国州和地方政府的运作机制

美国和中国一样,是有着多层次政府体系的大国。美国各级政府机构组成一个复杂的体系,包括联邦政府、州政府和地方政府[①]三个层级。美国州和地方政府的特点在于其组织机构和管理方式的复杂性和多样性。在一定意义上,美国是一个"一国多制""国内有国"的国家(万鹏飞,2004)。

6.1 美国各级政府之间的关系

与联邦政府和州政府相比,地方政府在美国政府体系中的历史最久远,州以下地方政府的出现比联邦政府早几百年。在地方政府的早期,由于不存在上级政府,地方政府是完全独立的,不存在中央-地方政府之间的关系问题。只有在州和联邦政府出现后,才产生了如何处理各级政府之间关系的问题。

历史上,美国各级政府之间不存在等级隶属关系,各级政府的权威来自自身,来自本地区的立法。这一历史因素此后一直影响着美国各级政府之间的关系。在美国,处理各级政府关系的一般原则是:在与其自身相关的事务上地方政府是自主的,允许地方政府作为一种政府形式与州政府、联邦政府并存。这体现了国家作为一个整体的总体原则和各级地方自治的原则,总体原则和自治原则

[①] 本书中"地方政府"有两种含义:(1)州政府以下的地方政府(如市、县政府),在论述美国政府时多使用这种含义;(2)中央政府以下的所有政府,在论述中国政府时多使用这种含义。

并存(即联邦主义)。联邦将各个自治的地方政府连接在一起组成一个国家,这一原则被称为联邦主义。在实施联邦主义的时候,各级政府同时治理同一块土地上的人民,但是各级政府的权威都必须受到限制。州和地方政府的权力都被限制在其管辖范围内,权力的分配是通过复杂的体系来实现的(奥斯特罗姆,2004),政府间权力的协调是在《宪法》的原则下实现的。

美国地方政府的特点在于其体系是分散的、多中心的,地方自治的理念在美国深入人心。17世纪进入美国的欧洲移民由于宗教和政治骚乱而离开欧洲,这些移民大多是经济状况中等、受过良好教育、有宗教信仰、在原居住地有成就的人士,在美洲大陆的蛮荒之地组建新的社会是他们自愿的选择。在移居美洲大陆的初期,他们以契约的形式,自己组织起来处理社区的日常事务。在美国历史上,政府是自下而上建立起来的。"乡镇的组织早于县,县早于州,州早于联邦"(Tocqueville,1945)。只有一种情况下需要高一级政府:当各地方政府共享同一事务的处理权时,权力归属涵盖各地共同利益的高一级政府(万鹏飞,2004)。随着工业化和大公司的兴起,地方政府在法律上的独立性受到侵蚀,州和地方政府的关系发生了变化,"地方政府由州创立"的原则被有条件地接受,地方政府在法律和财政上的独立性受到州政府一定程度的限制。

美国的地方政府是根据50个州的法律建立、用50种不同方式组织起来的。近一半州有"地方自治条款",允许居民为自己的地方政府制定自己的宪章,这使一个州内的地方政府也采取了各种不同的形式。美国的地方政府在社会生活中起着重要的作用,是社会最基层的组织机构,执行着独特的社会职能。地方政府与当地选民的利益息息相关,同时受当地选民的直接控制。与联邦政府相比,美国地方政府在经济发展上发挥着更重要的作用。

6.2 美国州和地方政府结构

美国州和地方政府通常是根据各州不同的法律建立的。在州政府以下,通常有两级行政级别,即县(Counties)和都市(Municipalities);都市又可以分为市(City)、镇(Township)、区(Borough)和村(Village);在很多地方,县以下没有设市政府。此外,很多地方存在为特定目的设立的区(如学区),执行着特殊的功能。

美国的这种政府结构是在几百年历史中自然形成的。17 世纪欧洲移民进入美国后,建立了各自相对独立的殖民地,很多殖民地并没有政府,是按股份公司的形式组织起来的。人们出于宗教、防范外部侵略的目的聚居在一起,把居住地叫做镇。镇实行最基本的民主制度,即男性成年人每年几次聚集在一起开会,讨论公共事务、决定税收、制定地方法律、选举官员,这是地方政府的雏形。美国地方政府的特点在于复杂性和多样性,"一个国家,五十种制度"(见表 6.1)。多个政府同时对同一地域同一人民同时行使有限的权威,是联邦制度本身的含义。人们需求的多样性、公共产品的多样性都要求不同的政府进行处理。

表 6.1 美国地方政府的结构和数量

政府类型	1942 年	1972 年	2002 年	2007 年
总数	155 116	78 269	87 576	89 527
美国联邦政府	1	1	1	1
州政府	48	50	50	50
地方政府	155 067	78 218	87 525	89 476
县	3 050	3 044	3 034	3 033
市	16 220	18 517	19 429	19 492
镇	18 919	16 991	16 504	16 519
学区	108 579	15 781	13 506	13 051
特区	8 299	23 885	35 052	37 381

资料来源:U. S. Census Bureau, Census of Governments, Government Organization, seriesGC07(1), http://www.census.gov/govs/cog/。

表 6.1 的统计数据表明,目前美国大多数州以下地方政府是市、镇和特区政府。历史上,学区的数量曾经很多,后来大幅度减少。目前美国约有近 9 万个州以下地方政府。

6.3　美国州和地方政府的职能

美国州和地方政府的职能是由联邦、州和地方的各种法律规定的,其基本职能包括执法、教育和经济发展三个方面。

执法

维护社会治安和保护个人和财产的安全是建立政府的最基本的目的,是美国地方政府的最基本的职能。地方政府负责维护地方的治安,保护居民的生命和财产安全,应付从自然灾害到恐怖袭击的各种突发事件,维持交通秩序,防范火灾。

教育

教育是美国州和地方政府最重要的职能之一。美国的教育分为公立教育和私立教育。美国的公立初等和高等教育是由地方和州政府提供的,其资金是从政府税收收入中支付的。公立学校雇佣了大量的教师和教学辅助人员,这些人往往被计为政府雇员,其工资从政府财政收入中开支。

经济发展

与联邦政府相比,美国的州和地方政府在地方经济发展上承担着重要的职责。州和地方政府负责维护当地的经济秩序,保护企业的正常运作,通过税收等措施鼓励私有企业的经营,还负责地方的基础设施建设。在这一点上,州和地方政府之间有着明确的分工。

6.4 美国州和地方政府的种类

美国是 50 个州的联合。州是组成美国的各个共和国,拥有自主权和独立性;州政府是根据各州法律建立的,与联邦政府的结构相似,有行政、立法和司法机构。根据美国《宪法》修正案第十条,所有不属于联邦政府的权力归州政府或人民。

美国《宪法》修正案第十条规定,地方政府主要由州法界定。这使各州政府有很大自由建立各种形式的州以下地方政府,这些不同政府形式之间的差异极大。

县(Counties)

县是州以下的行政单位的一种主要形式,2007 年,美国有 3 033 个县。在美国,除康涅狄格和罗得岛两州外,所有州都设县或相当于县的政府形式(如区),一些大城市实行市县合并或区县合并。县的职能通常由州的有关法律规定,其职能和规模有很大差别。在一些州,县只是地理区域,不设政府;多数县是一级政府,提供公共服务。县的规模大小不一,1982 年得克萨斯州的拉文县只有 91 个居民,而加利福尼亚州的洛杉矶县有 700 多万居民(奥斯特罗姆,2004)。在行政职能上,县扮演双重角色:(1)州政府的分支机构;(2)独立的地方政府单位。作为独立的政府单位,县需要对本地居民的需求负责。

镇(Township)

在新英格兰地区以及纽约、密歇根等地,镇(而不是县)是最基本的地方政府单位,被授予广泛的权力。在美国中西部,镇是县的次级单位。中西部的镇是人口向西迁移的过程中在土地测量的基础上形成的,由36个1平方英里的地块组成,镇的平均人口约1 000人(奥斯特罗姆,2004)。在西部,由于干旱,1平方英里地块不足以养活1个农场主家庭,因此不存在作为基本地方政府单位的镇。

特别区(Special District)

在美国,特别区是发挥有限政府功能的地方政府单位。例如,全美负责公共教育的13 000多个学区,一些为开发自然资源、建设排水系统而建立的特区。除了州内的特区外,还有一些跨州的特区。例如,纽约-新泽西港务局,这是一个负责纽约大都会地区的城市交通和经济发展的跨州机构,管理诸如纽约大都会地区的三大机场、很多隧道、桥梁、地铁和公交线路的建设和运营。著名的世界贸易中心就是由纽约-新泽西港务局负责管理的,在"9·11"事件中有很多纽约-新泽西港务局的警察为保护世贸中心而牺牲。

纽约-新泽西港务局

纽约-新泽西港务局(The Port Authority of New York and New Jersey)是一个跨州政府机构,管辖纽约市和邻近的新泽西部分地区3 900平方公里区域内的交通基础设施,包括桥梁、隧道、长途汽车、铁路、机场的建设、经营和日常管理。该机构拥有1 600名警察。

纽约-新泽西港务局的设立起因于纽约和新泽西两州的利益冲突。20世纪初,轮船码头在纽约,而火车的终点站在哈德逊河对岸的新泽西州,双方在运输上发生纠纷,新泽西对纽约提起诉讼。联邦州际贸易委员会(Interstate Commerce Commission)命令两州协商,使各自利益服从公共利益。1921年根据州际协定建立港务局,这是美国第一个这类根据州际协定建立的机构,这种机构与选举无关,可以进行长期基础设施投资。港务局由纽约和新泽西的州长共同担任主席,每个州长各任命六名委员组成委员会。

20世纪初,两州之间没有道路、桥梁和隧道,而汽车的增加产生了对交通基础设施的需要,港务局通过发债建设了一系列著名的桥梁和隧道(如乔治·华盛顿大桥、荷兰隧道等),管理着纽约和新泽西的三大主要机场(肯尼迪机场、拉瓜迪亚机场和纽瓦克机场),还组织建设和管理著名的世界贸易中心。

准政府组织(Quasi-Government Organization)

美国最常见的准政府组织是房地产开发商建立的房产主促进会(Homeowner's Improvement Associations),该组织的目的是使同一开发区内的居民能够处理共同的问题;类似的组织还有公寓住户创建的协管(Cooperative)和共管(Condominium)组织,负责管理公寓内部的公共事务。这些组织都执行某种政府职能。

6.5 美国州和地方政府财政

为了提供公共物品,州和地方政府需要通过税收和收费来取得收入;在正常收入不能负担花费的时候,政府就需要借债。在取得收入的基础上,政府的基本职能是提供公共物品。提供公共物品的困难在于不同人对公共物品的偏爱不同,在相对小的地区达成的一致一般不能推广到较大的地区。小城市或村镇的居民对公共物品的需求可能是一致的,但大城市居民对公共物品的需求却不可能保持一致。例如,高收入居民可能愿意为更多的绿地、更多的警察支付费用,但低收入居民可能难以支付。此外,公共物品的提供也有着效率问题,不同的公共服务在不同规模的地区有着不同的效率(奥斯特罗姆,2004),造成其提供的成本不同,而居民对公共物品成本的承受能力也是不同的。

从公共物品的特性上看,地方政府提供的公共物品不同于联邦政府提供的公共物品。美国联邦政府主要提供国防、外交、社会保障等公共物品,而州和地方政府主要提供教育、警察等公共物品。从收入来源上看,美国州和地方政府的收入来自税收、联邦资助和服务收费(U.S. Census,2012)。政府收入和支出包括政府及其所属机构(例如公营企业、公共基金等)的收入和支出,被排除在政府收支统计以外的交易包括债务发行、退休金管理、借贷和投资、政府机构内部交易等。

收入

2012年,美国州和地方政府收入为3.0万亿美元,比2007年下降1.1%[①]。下降的部分原因是保险基金收益下降。2012年与2007年相比,联邦政府援助、税收和收费上升,其他收入因利息收入的下降而下降。2012年美国州和地方政府一般收入(General Revenue)[②]为2.6万亿美元,其中税收占53.4%、联邦援助占22.5%、收费占16.4%、其他一般收入占7.7%。州和地方政府自身来源的收入为2.0万亿美元,比2007年增长7.9%(U.S. Census Bureau,2012;Barnett et al.,2014)。

美国州和地方政府收入的主要来源是税收,本书所报告的税收不包括雇员和雇主为退休和社会保险而进行的支付。2007—2009年金融危机使州和地方政府的收入大幅度下降,州和地方政府2009年税收为1.3万亿美元,比2007年减少3.5%。2010年州和地方政府税收中,销售税占32.3%、不动产税占32.8%、个人所得税占21.9%。税收是州和地方政府最大的资金来源,2012年占州一般收入的49.0%和地方政府一般收入的40.4%。比较州政府和州以下的地方政府,州政府主要依靠销售税和个人所得税取得收入,2012年这两项收入

---

① 美国州和地方政府的收支数据有一定滞后,本书采用的是可以得到的最近数据。
② 这里一般收入不包括公用事业收入、售酒商店收入、保险基金收入。一般收入可能小于或大于(总)收入(如果保险基金收入为负,一般收入就会大于总收入)。

6 592亿美元,占全部税收收入的82.5%;州以下地方政府则主要依靠不动产税取得收入,2012年不动产税收入4 330亿美元,占5 888亿美元税收收入的73.5%。

联邦对州和地方政府的资助是州和地方政府收入的组成部分。在自有收入之外,2012年州和地方政府一共得到5 845亿美元联邦援助,比2007年增加25.7%。地方政府2012年直接从联邦政府得到的收入占一般收入的4.8%;而州政府直接从联邦政府得到的收入占一般收入的31.5%(Barnett,2014)。此外,一部分联邦援助通过州政府转移给了地方政府。联邦政府对各州政府的资助有很大差别,资助削减对各州的影响也不同,联邦政府削减赤字的活动可能危及对州和地方政府的资助;联邦税收制度的变化也可能影响州和地方政府的收入。许多州订立了法律和规定作为获得联邦资助的先决条件(Task Force,2012)。

州和地方政府的其他收入包括收费、公共事业收入、保险基金收入。其中,保险基金收入的比重最大,但受经济周期的影响也最大,2012年比2007年有较大下降;利息收入在2012年比2007年大幅度下降。保险基金系统包括政府雇员退休金系统、失业保障系统等。表6.2为美国州和地方政府2012年的收入数据,更详细的美国州和地方政府收入数据见附录表A5。

表6.2 2012年美国州和地方政府收入　　　　　单位:千美元

摘要	州和地方政府	州政府	地方政府
收入[1]	3 033 555 422	1 907 026 846	1 615 193 670
一般收入[1]	2 598 043 128	1 630 034 675	1 456 673 547
政府间收入[1]	584 499 378	533 657 604	539 506 868
来自联邦政府	584 499 378	514 139 109	70 360 269
来自州政府[1]	0	0	469 146 599
来自地方政府	0	19 518 495	0
来自自有资源的一般收入	2 013 543 750	1 096 377 071	917 166 679
税收	1 388 154 804	799 350 417	588 804 387
不动产税	446 099 195	13 110 672	432 988 523
销售税	476 447 435	378 544 162	97 903 273
个人所得税	307 334 718	280 693 192	26 641 526
公司所得税	49 030 858	41 821 318	7 209 540

（续表）

摘要	州和地方政府	州政府	地方政府
汽车执照税	24 384 657	22 631 173	1 753 484
其他税	84 857 941	62 549 900	22 308 041
收费和其他一般收入	625 388 946	297 026 654	328 362 292
现期收费	426 780 254	174 260 371	252 519 883
教育	114 894 583	90 378 461	24 516 122
医院	123 503 909	49 790 723	73 713 186
公路	13 285 943	7 321 828	5 964 115
航空运输（机场）	19 876 079	1 449 276	18 426 803
停车场	2 573 747	20 474	2 553 273
海港和内陆港口设施	4 408 174	1 265 089	3 143 085
自然资源	4 528 871	2 625 753	1 903 118
公园和休闲	9 661 931	1 508 961	8 152 970
住房和社区发展	6 216 471	626 449	5 590 022
下水道	47 275 757	625 464	46 650 293
固体垃圾管理	16 589 424	425 627	16 163 797
其他收费	63 965 365	18 222 266	45 743 099
其他一般收入	198 608 692	122 766 283	75 842 409
利息收入	50 912 895	32 749 575	18 163 320
特别估价	7 401 616	24 278	7 377 338
资产销售	3 435 439	966 998	2 468 441
其他一般收入	136 858 742	89 025 432	47 833 310
公用事业收入	151 735 218	13 626 445	138 108 773
供水	54 383 353	261 450	54 121 903
电力	75 959 471	9 991 214	65 968 257
供气	6 887 642	9 033	6 878 609
运输	14 504 752	3 364 748	11 140 004
售酒商店收入	8 339 781	7 114 248	1 225 533
保险基金收入	275 437 295	256 251 478	19 185 817
失业补偿	80 311 236	80 109 746	201 490
雇员退休	172 028 192	153 043 865	18 984 327
工人报酬	15 526 364	15 526 364	0
其他保险基金收入	7 571 503	7 571 503	0

注：[1] 已剔除重复的政府部门间交易。

资料来源：U. S. Census Bureau 2012. LGF001 State and Local Governemnt Finaces by Level of Government and by State 2012，http：//factfinder. census. gov/faces/tableservices/jsf/pages/productview. xhtml？ src = bkmk。

支出

我们报告的美国州和地方政府支出不包括债务还本、借贷和投资、私人基金转账。2012年美国州和地方政府支出为3.2万亿美元,比2007年增长18.2%;教育和公共福利占总支出的比例最高,各占总支出的27.6%和15.4%(U.S. Census LGF001,2014)。2012年与2007年比较,保险基金由于失业津贴的大幅度增加增长最快,公共福利的增长快于教育。

2012年,在州政府支出中,公共福利和教育支出所占比重最大,分别为4 333亿美元和2 711亿美元;对于地方政府来说,教育和公共事业支出所占比重最大,分别为5 981亿美元和1 832亿美元。与州政府相比,地方政府的教育支出比例更大,教育支出分别占州和地方政府支出的18.1%和36.3%。在公共福利方面,州政府的支出较大。在公共安全(如警察、消防)方面,地方政府的支出较多,占州和地方政府公共安全支出的86.8%。地方政府在公用事业支出方面也占大部分。表6.3为2012年美国州和地方政府支出,更详细的支出信息见附录表A6。

表6.3 2012年美国州和地方政府支出　　　　单位:千美元

摘要	州和地方政府	州政府	地方政府
支出[1]	3 151 702 715	1 981 511 472	1 663 121 365
按性质和目的			
政府间支出[1]	4 157 695	481 410 754	15 677 063
直接支出	3 147 545 020	1 500 100 718	1 647 444 302
当前运作	2 294 750 946	987 086 001	1 307 664 945
资本花费	330 975 830	119 668 672	211 307 158
援助和补贴	50 245 310	40 079 600	10 165 710
债务利息	125 062 893	49 903 491	75 159 402
保险津贴和偿付	346 510 041	303 362 954	43 147 087
按功能分的直接支出	3 147 545 020	1 500 100 718	1 647 444 302
直接一般支出	2 587 317 474	1 167 333 919	1 419 983 555
资本花费	285 133 018	114 955 101	170 177 917

(续表)

摘要	州和地方政府	州政府	地方政府
其他直接一般支出	2 302 184 456	1 052 378 818	1 249 805 638
教育服务			
教育	869 195 706	271 117 301	598 078 405
图书馆	11 446 701	419 770	11 026 931
社会服务和收入保持			
公共福利	485 588 136	433 312 083	52 276 053
医院	155 755 495	65 514 468	90 241 027
健康	84 397 654	42 005 549	42 392 105
就业保险	5 116 142	5 065 317	50 825
退伍军人服务	838 031	838 031	0
交通			
公路	158 562 139	97 508 989	61 053 150
航空运输（机场）	21 533 229	1 891 646	19 641 583
停车场	1 896 808	10 262	1 886 546
海港和内河港口设施	5 300 028	1 578 515	3 721 513
公共安全			
警察保安	96 972 215	12 848 203	84 124 012
消防	42 404 755	0	42 404 755
罪犯改造	72 576 605	46 020 671	26 555 934
保安监督和管制	13 578 032	8 849 279	4 728 753
环境和住房			
自然资源	29 008 682	18 856 123	10 152 559
公园和娱乐	37 404 429	4 631 908	32 772 521
住房和社区发展	53 141 353	10 080 093	43 061 260
下水道	51 711 843	772 754	50 939 089
固体废弃物管理	24 247 114	2 451 082	21 796 032
政府管理			
财务管理	38 984 349	21 819 452	17 164 897
司法	43 157 218	21 148 068	22 009 150
一般公共建筑	14 033 783	3 617 445	10 416 338
其他政府管理	27 756 896	4 424 863	23 332 033
一般债务利息	109 117 652	47 342 438	61 775 214
其他一般支出			

（续表）

摘要	州和地方政府	州政府	地方政府
其他商业活动	5 056 048	2 543 161	2 512 887
其他	128 536 431	42 666 448	85 869 983
公用事业支出	207 020 633	23 796 134	183 224 499
售酒商店支出	6 696 872	5 607 711	1 089 161
保险基金支出	346 510 041	303 362 954	43 147 087
失业补偿	95 553 860	95 317 830	236 030
雇员退休	233 227 038	190 315 981	42 911 057
工人报酬	10 923 109	10 923 109	0
其他保险基金	6 806 034	6 806 034	0

注：[1] 已剔除重复的政府部门间交易。
资料来源：U. S. Census Bureau 2012. LGF001 State and Local Governemnt Finaces by Level of Government and by State 2012, http://factfinder.census.gov/faces/tableservices/jsf/pages/productview.xhtml?src=bkmk。

与联邦政府不同，州和地方政府没有货币政策，不能通过发行货币偿还债务。此外，州和地方政府的财政状况与经济周期的联系更加紧密，由于危机期间税收等收入减少，2007—2009 年发生的金融危机使多数州和地方政府的财政状况恶化。

州和地方政府持有的现金和证券，关系到政府的即期支付能力（例如对政府雇员退休金的支付能力），不包括非金融资产（例如政府持有的房地产）。美国州和地方政府持有的现金和证券在 2012 年达到 5.3 万亿美元，比 2007 年增长 1.7%，其中州政府约占 70%、地方政府约占 30%。2012 年，州政府持有的现金和证券的 65.5% 是政府雇员退休基金，地方政府持有的现金和证券的 31.6% 是政府雇员退休基金（Barnett, 2014）。

综上所述，美国州和地方政府提供的公共服务与联邦政府有很大不同，其财政收入与支出也有自身的特点。由于州和地方政府筹集资金的手段相比联邦政府较为有限，州和地方政府的财政状况在很大程度上受经济周期的影响，在经济衰退时期，州和地方政府的财政状况恶化，暴露出各种问题。

纽约市政府的预算[①]

由于 20 世纪 70 年代纽约市的财政和债务危机,纽约市财政一度被置于州财政控制委员会的直接控制下,目前这一直接控制已经结束。但为了保证财政安全,在财政控制委员会的监督下,纽约市执行了非常严格的预算制度。

根据财政控制委员会的要求,为了及时监控纽约市的财政和预算的执行情况,纽约市政府在每年 2 月、5 月、6 月和 11 月要做 4 次预算,由市政府的管理和预算办公室负责制订。每次预算都需要公布,5 月提出的预算需要市议会讨论并表决。每年 6 月被接受的下一财政年度(上年 7 月到本年 6 月)预算包括以下内容:财务计划(政府收入支出表)、支出、收入、合同的详细预算(包括各部门的预算)、资本预算,以及一系列的辅助材料(名词解释、详细的表格等)。

---

① 纽约市政府年度预算数据可从 http://www.nyc.gov/html/omb/html/publications/publications.shtml 获取。

第7章 美国州和地方政府债务的历史和现状

美国州和地方政府债务是政府及其所有独立机构名下的短期与长期有息债务。美国州和地方政府通过借债为其基础设施的建设融资。债务的规模关系到政府财政的健康状况。

7.1 美国州和地方政府债务

根据美国人口普查局的数据,2012年美国州和地方政府未偿还债务为2.9万亿美元。其中,州政府的债务占38.9%,地方政府的债务占61.1%。2012年与2007年相比,美国州和地方政府债务增长22.2%,从2007年的2.4万亿美元增长到2012年的2.9万亿美元(U.S. Census,2011,2013)。[①] 据估算,2014年美国州和地方政府债务为3.1万亿美元,其中州政府的债务为1.2万亿美元,地方债务为1.9万亿美元(Chantrill,2015)。表7.1显示了美国州和地方政府债务的总量、构成,以及持有的现金和证券的情况。我们从表中看到,美国州和地方政府未偿还债务中绝大多数为长期债务(1年期以上债务)。2012年州和地方政府新发行的长期债务略大于到期的长期债务。政府持有的现金和证券是短期内还债的基础,目前其总量大于未偿还债务。

---

① 美国人口普查局在尾数为2和7的年份公布政府普查资料,其他年份的统计则基于抽样调查。除普查年外,其他年份指财政年度。

表7.1 2012年美国州和地方政府债务　　　　　　　　　　单位:千美元

项目	州和地方政府	州政府	地方政府
未偿还债务	2 942 295 481	1 145 576 715	1 796 718 766
短期	43 924 608	15 463 663	28 460 945
长期	2 898 370 873	1 130 113 052	1 768 257 821
发出的长期债务	339 161 803	136 240 731	202 921 072
到期的长期债务	335 949 224	140 991 194	194 958 030
持有的现金与证券	5 303 960 315	3 699 870 629	1 604 089 686
保险基金	3 026 640 594	2 518 994 378	507 646 216
失业津贴	-11 867 485	-11 838 923	-28 562
雇主退休	2 931 562 345	2 423 887 567	507 674 778
工人报酬	99 292 087	99 292 087	0
其他	7 653 647	7 653 647	0
除去保险基金的现金与证券	2 277 319 721	1 180 876 251	1 096 443 470

资料来源:U. S. Census Bureau 2012. LGF001 State and Local Governemnt Finaces by Level of Government and by State 2012,http://factfinder. census. gov/faces/tableservices/jsf/pages/productview. xhtml? src = bkmk。

历史上,美国州和地方政府的未偿还债务不断增长。债务总额从1990年的8 580亿美元增长到2012年的2.9万亿美元,据估计,2014年州和地方政府债务将达到3万亿美元以上。1990—2000年,州和地方政府未偿还债务年均增长5.2%;2000—2011年,年均增长6.9%。此后,债务的增长率有所下降,年增长率在1%—3%(见表7.2)。

表7.2 美国州和地方政府未偿还债务　　　　　　　　　　单位:十亿美元

财政年度	金额	长期	短期
1990:总额	858.0	838.7	19.3
州政府	318.3	315.5	2.8
地方政府	539.8	523.2	16.5
2000:总额	1 451.8	1 427.5	24.3
州政府	547.9	541.5	6.4
地方政府	903.9	886.0	17.9
2011:总额	2 907.8	2 873.0	34.7
州政府	1 132.8	1 127.5	5.3
地方政府	1 774.9	1 745.5	29.4
2012:总额	2 942.3	2 898.4	43.9
州	1 145.6	1 130.1	15.5
地方	1 796.7	1 768.3	28.5

(续表)

财政年度	金额	长期	短期
2014:总额(估算)	3 053.1		
州	1 187.3		
地方	1 865.8		
2015:总额(预测)	3 131		
州	1 217		
地方	1 914		

资料来源:U. S. Census Bureau,1990,Government Finances,Series GF, No. 5,Annual; thereafter, Federal,State,and Local Governments,Finance,State and Local Government Finances,2007—08,June 2011. State and Local Government Finances,2010—11,July 2013. 2014 and 2015 data comes from Christopher Chantrill, U. S. Government debt. http://www.usgovernmentdebt.us。

目前美国州和地方政府债务已经超过3万亿美元,此外州和地方政府的退休金隐性债务大约为3万亿美元。应该将这些隐性债务和账面上的债务相加,才能够更全面地反映美国州和地方政府财政的健康状况。

美国州政府债务主要用于经济发展项目、公立大学、自然资源保护等支出。州政府向投资人发行政府债券。在表7.3所列的8个有代表性的州中,伊利诺伊、肯塔基、印第安纳和加利福尼亚州的州政府债务占总产值的比重都较高;肯塔基、加利福尼亚和田纳西的地方政府债务占总产值的比重较高。如果把退休金隐性债务包括进来,则肯塔基、伊利诺伊和加利福尼亚的总债务比重较高。

表7.3　2010年美国一些州的政府债务占州总产出的比重　　单位:%

州	州债务	地方政府债务	没有资金来源的退休金	没有资金来源的健保	债务总计
密苏里	8.4	9.9	5.4	1.3	25.0
阿肯色	4.2	9.2	5.8	1.8	21.1
密西西比	6.8	7.7	12.1	0.8	27.4
田纳西	2.3	12.7	1.4	0.7	17.0
肯塔基	9.0	17.2	10.7	4.7	41.6
印第安纳	8.8	10.3	5.1	0.1	24.4

（续表）

州	州债务	地方政府债务	没有资金来源的退休金	没有资金来源的健保	债务总计
伊利诺伊	9.5	11.5	11.8	6.8	39.6
加利福尼亚	7.9	13.6	6.0	4.1	31.7

资料来源：Pew Center on the States, Bureau of Economic Analysis and Census Bureau, Ricketts and Waller 2012。

美国州以下地方政府的债务分布很不均匀。根据 Owen（2013），2012 年美国 50 个州中人均地方政府债务最高的 10 个州如表 7.4 所示。

表 7.4　2012 年美国人均地方政府债务最高的 10 个州　　　　单位：美元/人

排名	州	人均债务
1	纽约	10 204
2	内华达	8 520
3	得克萨斯	8 431
4	加利福尼亚	7 075
5	堪萨斯	7 011
6	科罗拉多	6 911
7	华盛顿	6 660
8	明尼苏达	6 295
9	伊利诺伊	6 267
10	肯塔基	6 259

资料来源：U.S. Census Bureau, Population Estimates, July 12, 2012, and Local Debt Estimates, Dec. 6, 2012。

为了观察代表性地区的政府债务的时间序列变化，我们列出了纽约市政府债务自 2007 年以来的变化，这些变化具有某种代表性（见表 7.5）。纽约市政府债务总额自 2007 年以来一直在增加。债务负担（指在特定时期支付利息和本金所需要的现金流）在 2008 年大幅度增加，此后有所下降，2012 年后又增加。债务占政府财政总收入的比重在 2008 年大幅度上升，此后下降，近年又有所上升。

表 7.5　2007—2018 年纽约市政府债务

年份	债务总额 （百万美元）	其中共同责任债 （百万美元）	债务负担 （百万美元）	债务占政府财政 总收入的比重(%)	债务占个人收入 的比重(%)
2007	69 653	35 018	5 139	8.6	13.8
2008	71 745	36 416	6 526	10.2	12.3
2009	76 889	39 882	4 819	7.6	12.1
2010	84 161	41 660	5 072	7.9	14.2
2011	91 480	42 192	5 105	7.6	14.3
2012	94 691	42 520	5 667	8.3	14.7
2013	97 219	41 906	6 064	8.3	14.3
2014	99 739	41 929	5 811	7.6	13.9
2015	103 296	41 531	6 739	9.0	13.7
2016	106 040	41 766	7 317	9.5	13.7
2017	108 520	42 036	7 656	9.6	13.3
2018	110 746	42 197	7 922	9.7	13.0

注:表中年度为财政年度;2015—2018 年为纽约市政府预测值;共同责任债是市政债券的一种形式,以全部税收为还款的基础;债务负担指在特定时期支付利息和本金所需要的现金流;本表中债务负担不包括自来水机构债券(Water Authority Bonds)。

资料来源:City of New York Executive Budget, Message from the Mayor. May 2008—2014。

7.2　地方政府资本市场

地方基础设施建设需要长期融资,各国地方政府信贷市场主要采取两种形式:一种是银行贷款,这是西欧市政信用融资的主要形式;另一种是资本市场融资。地方政府作为资本市场的参与者,通过出售债券融资。美国地方政府主要利用这种形式进行融资。

债券市场可以分为一级市场和二级市场。在一级市场上,参与者发行新债券;在二级市场上,参与者买卖已经发行的债券。大多数债券的交易是通过经纪人和机构之间的场外交易的形式实现的。债券可以分为长期债券(Bonds)和短期债券(Notes,Bills)。美国的债券市场是世界上最大的债券市场。2009 年世界债券市场的规模为 82.2 万亿美元,其中美国债券市场的规模为 31.2 万亿美元

(Wikipedia,2015b)。

政府债券市场是债券市场的一个重要的组成部分。地方政府债券市场提供了一条融资渠道。这可以加强财政透明度,促进金融市场深化,其成本是增加了债务违约的风险。这里存在委托-代理问题:(1)如果预期有上级政府救助,作为代理人的地方政府则有动机不偿还债务,即地方政府有搭便车的动机;(2)作为代理人的地方政府有激励不向贷方披露自己的信息,导致逆向选择(由于交易双方信息不对称和市场价格下降产生的劣质品驱逐优质品,造成市场交易产品的平均质量下降的现象);(3)银行可能滥用国家的信任,向不符合资格的地方政府放款。

市政债券

市政债券(Municipal Bond)是市政府或其他地方政府及其机构发行的债券,通常是为市政基础设施建设融资。美国的市政债券有着悠久的历史,可以追溯到19世纪初。早在1812年,纽约市政府就发行一般责任债券用来修建运河(Fahim,2012)。

市政债券的收益率通常较低,但其持有者的利息收入在美国可以免除联邦、州和地方所得税。市政债券分为短期债券(1年以下)和长期债券,有两种基本形式:一般责任债券与收益债券。一般责任债券(General Obligation Bonds)是由发行者全部信誉支持的债券,通常以地方政府的全部税收为支持。在很多情况下,一般责任债券的发行需要选民投票决定。由于有全部税收的支持,因此一般责任债券通常被认为是市政债券中风险最小的。收益债券(Revenue Bonds)是由特定融资项目所产生的收益(如项目的收费或租金)为担保的债券。许多公共建设项目通过收益债券融资,如收费公路、桥梁、机场、自来水厂或污水处理项目等。收益债券的风险也相对较小。在美国,多数市政债券的面值为5 000美元或5 000美元的倍数。市政债券的期限可以是几个月、二十年、三十年或四十年。长期市政债券通常半年支付一次利息。

市政债券通常由投资银行或商业银行帮助政府发行。美国的市政债券市场是世界上最大的市政债券市场。2011年,全美约有100万只市政债券,发行量(存量)为3.7万亿美元,占美国GDP的20%以上。2011年新发行13 463只市政债券,本金3 550亿美元。市政债券市场的发展速度很快,1975年市政债券的总值为2 354亿美元,目前已超过3万亿美元(Kirchhoff,2015)。目前在市政债券交易市场上,收益债券大约占60%(Williams,2012;SEC,2012)。

市政债券的发行受多部法规管辖,各州不同。参与监管的机构包括证券交易委员会(Securities and Exchange Commission,SEC)和市场运营者,以及行业协会及中介机构等。市政债券的持有人包括个人和各种基金或理财机构。在美国,约50%的市政债券由个人投资者持有(Kirchhoff,2015),投资者可以在一级市场和二级市场上购买市政债券。图7.1显示了市政债券持有者的分布,除个人持有者外,共同基金、银行和保险公司是市政债券的较大的持有者。

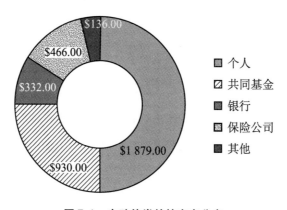

图7.1 市政债券的持有者分布

资料来源:Appleson et al. 2012.

市政债券的风险通常由评级机构确定,这是投资者进行投资决策的主要依据。目前美国的三大评级机构分别是标准普尔(Standard & Poor's)、穆迪(Moody's)和惠誉(Fitch)。市政债券的违约率曾经很低,但在2008年世界金融危机期间,地方政府的财政状况恶化,违约风险上升。2011年违约的市政债券为10.6亿美元(Kirchhoff,2015)。

7.3 美国州和地方政府债务存在的问题

2007—2009年金融危机产生了多方面的后果,其中一个方面是州和地方政府的债务问题。这个问题引起了各方面的关注。

历史上,美国州和地方政府债务一直在增加,债务占GDP的比重在20世纪初很小,到20世纪30年代大萧条时期增长到30%以上,在第二次世界大战时期下降到10%以下(这与联邦债务在战时的情况不同,因为州和地方政府没有军费开支),在20世纪60年代和80年代两度上升,然后在21世纪初特别是2007—2009年金融危机时期大幅度上升。图7.2展示了1930—2012年美国州和地方政府债务占GDP的比重。

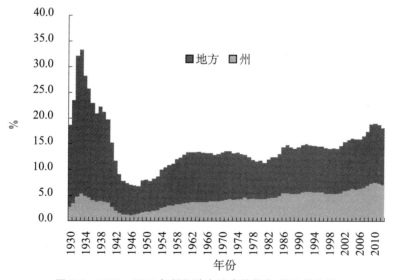

图7.2 1930—2012年州和地方政府债务占GDP的比重

资料来源:Chantrill 2015,http://www.usgovernmentdebt.us/download_multi_year_1900_2019USb_16s2li001mcn_H0sH0l。

21世纪初,州和地方政府债务大幅度增加。2007—2009年金融危机引起的经济衰退使州和地方政府的收入大幅度减少、支出(社会保障和失业保障项目)增加,收不抵支,州和地方政府必须通过发行债务来弥补赤字。图7.3展示了21世纪初美国州和地方政府债务占GDP的比重。在图中,我们可以清楚地看到债务占GDP的比重在2009—2011年大幅度上升,超过了18%。作为分母,GDP的减少也使债务占GDP的比值上升了。

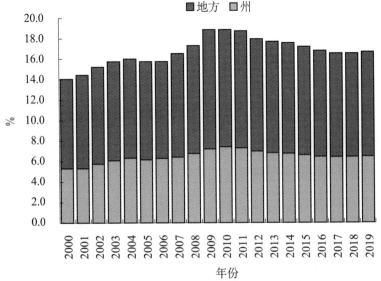

图7.3 2000—2019年州和地方政府债务占GDP的比重

注:2013—2019年数据为估算。

资料来源:Chantrill 2015. http://www.usgovernmentdebt.us/download_multi_year_1900_2019USb_16s2li001mcn_H0sH01。

随着地方政府财政和债务情况的恶化,地方政府债券违约的概率提高了,特别是那些以特定收入为基础的债务(而不是一般责任债券)的风险提高了。金融危机后出现的市政债券违约案包括阿拉巴马州杰弗逊县、宾夕法尼亚州哈里斯堡市和加利福尼亚州斯托克顿市等。这些违约案例大都被媒体以显著位置报道,受到广泛关注。

根据评级机构穆迪的统计,1970—2009年,共有54个市政债券违约的案例发生(Moody's Investors Service,2010;Congressional Research Service,2011)。然而,金融危机以来,市政债券的违约率增加了。穆迪在一份报告中指出,金融危机以来市政债券的违约率提高了,尽管绝对量仍然较低。1970—2007年,穆迪评级的所有债券的违约率为每年1.3%;而2008—2012年,穆迪评级的债券的平均每年违约率提高到4.6%。整体违约率提高的同时,穆迪评级的市政债券的违约率也提高了。1970—2007年,穆迪评级的市政债券的违约率为0.009%,2008—2012年,这一指标上升到0.030%。尽管市政债券的违约率提高了,但与包括公司债券的整体违约率相比,市政债券的违约率仍然较低。2012年的5个穆迪评级的违约案例中,3个是一般责任市政债券(除穆迪评级的市政债券的违约案例外,2012年还有其他几个地方政府债券违约案)。穆迪大约有16 000个政府债券评级,其中8 300个是一般责任债券。历史上,市政债券违约多发生在医疗保险和住房项目上;但近年来,一般责任债券的违约增加了。这是因为,退休金成本的增加使市政债券更多地涉足金融市场,以及人口结构发生变动(Moody's Investment Service,2013)。

综上所述,美国州和地方政府通过借债为其基础设施建设融资,通常是通过债券市场发行债券。市政债券是地方政府发行债券的一种重要形式。近年来,美国州和地方政府债务风险由于金融危机而凸显,成为引人关注的问题。

第8章 美国州和地方政府债务风险与监管

美国州和地方政府债务存在诸多风险。历史上出现过一些债务违约事件,引起了严重的后果。多年来,对债务违约处理经验的积累,使美国逐步建立起一套政府债务风险控制和监管的机制。但是,这些控制和监管机制在21世纪初的金融危机中受到挑战。

8.1 美国州和地方政府债务风险

美国州和地方政府债务在过去40年显著增加。这一增长是以实际债务水平和债务占州GDP的相对比例来衡量的。按总量指标和相对指标来衡量,美国州和地方政府债务都在增加。美国州和地方政府长期债务在2012年达到2.9万亿美元,占GDP的比例从1961年的约13%增长到2009年的约19%(Task Force,2012以及本书作者根据"美国统计摘要"的计算)。债务相对指标的提高,意味着风险的增加。

市政债券的风险一般低于公司债券。表8.1为截至2007年标准普尔评级的市政债券与公司债券的累积历史违约率(Cumulative Historic Default Rates)的比较。在各风险等级中,市政债券相对于公司债券的违约率都较低。

表8.1 标准普尔债券累积历史违约率 单位:%

评级	标准普尔	
	市政债券	公司债券
Aaa/AAA	0.00	0.60
Aa/AA	0.00	1.50
A/A	0.23	2.91
Baa/BBB	0.32	10.29
Ba/BB	1.74	29.93
B/B	8.48	53.72
Caa-C/CCC-C	44.81	69.19

注:表中评级为穆迪/标准普尔标准,评级自上而下风险增加。
资料来源:http://en.wikipedia.org/wiki/Municipal_bond。

评级公司穆迪每年公布由州政府以用于其他目的的税收收入支持的债务,称为净税收支持(NTS)债务。NTS债务是以州的资金作为抵押支持的债务,这一指标提供了一个比较各州债务的可比指标。表8.2为美国若干州的NTS债务水平和穆迪对一些有代表性的州的长期债务的评级。

表8.2 人均NTS长期债券和州评级

州/国家	NTS债务总额(十亿美元)	排名	人均NTS债务(美元)	排名	评级
加利福尼亚	96.436	1	2 559	9	A1
伊利诺伊	32.999	4	2 564	8	A2
新泽西	34.971	3	3 964	3	Aa3
纽约	62.441	2	3 208	5	Aa2
得克萨斯	15.104	9	588	39	Aaa
弗吉尼亚	9.466	15	1 169	21	Aaa
美国	509.500		1 408		

注:Aaa评级最高。
资料来源:Moody's Investors Service State Debt Medians Report 2012,In Task Force 2012,p.82。

在过去20年,美国50个州NTS债务总额和人均NTS债务都有较大幅度的增长。NTS债务占个人收入的百分比也有一定程度的增长,表8.3显示了美国50个州的中位数以及加利福尼亚和纽约两大州的NTS债务的增加情况。

表 8.3　NTS 债务占个人收入的比例　　　　　　　　　　　单位:%

年份	美国 50 个州中位数	加利福尼亚	纽约
1991	2.2	1.5	4.7
2000	2.2	2.4	6.4
2007	2.4	4.4	6.7
2011	2.8	6.0	6.8

资料来源:Moody's Investors Service State Debt Medians Report 2011,p.9。

美国州和地方政府债务风险还包括一些州对借款的错误使用。一些州通过借债弥补潜在的财政赤字,另一些州通过借债支付退休金,还有一些州(如加利福尼亚和伊利诺伊)用长期债务偿付短期债务。其中的一些做法违背了法律或会计规则(Task Force,2012)。一些州的州议会的贷款批准程序也存在问题。在一些场合,政治家为政治目的而干预债券的发行。

2007—2009 年,由于金融危机的爆发,美国市政债券的违约率显著上升。一般来说,市政债券的违约率比公司债券要小得多。在市政债券内部,2008—2009 年的违约率显著高于 1970—2009 年的违约率(见表 8.4)。

表 8.4　穆迪市政债券和公司债券的违约率比较　　　　　　单位:%

评级	1970—2009	2008—2009
Aaa	0.00	0.00
Aa	0.00	0.00
A	0.00	0.00
Baa	0.01	0.02
Ba	0.22	0.12
B	3.51	4.77
Caa-C	6.72	13.33

注:债券评级自上而下减小,风险增加。
资料来源:Moody's Investors Service, U.S. Municipal Bond Defaults and Recoveries,1970—2009,p.9-10。

违约率是衡量债券风险的重要指标。市政债券的违约率一般来说比较低。根据穆迪的数据,1970—2011 年穆迪评级的市政债券违约 71 次;标准普尔则报告,1986—2011 年标准普尔评级的市政债券违约 47 次(见表 8.5)。

表8.5 穆迪和标准普尔提供的债券违约次数

债券种类	违约次数		发行数量(只)	市场规模(万亿美元)
	穆迪	标准普尔		
市政债券	71	47	54 486	3.7
公司债券	1 784	2 015	5 656	7.8

资料来源:Standard and Poor's;Moody's;CUSIP Bureau;Appleson et al. Security Industry and Financial Markets Association,2012。

以上评级公司的数据从一个角度反映了市政债券的风险;然而,并不是所有市政债券都被评级。艾普尔森等把三大评级公司评级的市政债券和未评级的市政债券收集起来,组成新的数据库。该数据库显示,1970—2011年,有2 521个市政债券违约案,其中在1986—2011年,有2 366个违约案。从20世纪50年代到2011年,一共有2 527个违约案。这一数据远远大于穆迪和标准普尔的数据。艾普尔森等还发现,不同的市政债券由于资金的来源不同,有着不同的稳定性。一般责任债券,由于是由地方政府的全部信誉作担保、由全部税收支持,因此不容易违约。收益债券,由于是以某项特别的收益(如机场、收费公路等)支持的,因此违约的可能性比一般责任债券高。收益债券的风险取决于特定服务创造收益的能力,其违约的可能性是不同的。艾普尔森等还认为,市政债券的违约可能和特定行业的特点有关,而不受整体宏观经济状况的影响(Appleson et al.,2012)。

总之,2008年金融危机使美国州和地方政府的债务违约率提高,暴露了这方面存在的债务风险,使人们更加认识到监管机制的重要性。

8.2 地方政府信用评估

债券评估是监督债券发行,控制和减少购买者面临的风险的重要环节。严格的信用评估是地方政府进入资本市场的先决条件。信用评估要求对经过独立审计的公共财政账户公开披露。美国《证券交易法》(Security Exchange Act of 1934)设立了证券交易委员会,该法案的反欺诈条款适用于所有债券,包括地方政府债券。美国证券法规的基本原则如下:

(1)信息披露。发行机构必须把所销售证券的风险告知投资者,由投资者承担投资风险;具有一定规模的公司必须定期公布报告。

(2)诚实交易。销售和交易证券的个人和公司,必须公平和诚实地对待所有投资人。

(3)从事市政债券交易的经纪人和交易商,必须遵守证券交易委员会和市政证券规则制定委员会制定的规则。成立于1975年的市政证券规则制定委员会,负责市政证券交易规则的制定。市政证券规则制定委员会管理的领域包括消费者保护、交易记录的保存、清算、交易报告、经纪人和交易人的行为等(SEC;2015;刘琍琍,2011)。

(4)从事交易活动的各种机构必须向证券交易委员会登记注册。美国有关证券交易的法律是随时间和问题的出现而逐步形成的,包括若干个法规。例如,1933年《证券法》(Security Act of 1933),1934年《证券交易法》(Security Exchange Act of 1934),1939年《信托合约法》(Trust Indenture Act of 1939),1940年《投资公司法》(Investment Company Act of 1940),1940年《投资顾问法》(Investment Advisers Act of 1940),2002年《萨班斯-奥克斯利法》(Sarbanes-Oxley Act of 2002),2010年《多德-弗兰克华尔街改革和消费者保护法》(Dodd-Frank Wall Street Reform and Consumer Protection Act of 2010),2012年《启动创业公司法》(Jumpstart Our Business Startups Act of 2012)等(SEC,2015)。另外,证券交易还受相关管制规则的约束。

政府债券的评级由评级机构作出。应当秉持客观立场评级,反映债券的风险。主要国际评级机构都以主权国家的信用评级作为地方政府信用评级的上限;同时,一国的宏观经济状况和风险状况对地方政府筹集资金的能力形成约束。一国的主权债务一般不可能先于地方政府债务出现违约。由于竞争比较充分,美国地方政府的融资成本与地方政府的信誉级别直接相关。评级 AAA 的美国地方政府一般责任债券的借贷成本最低,每降一级借贷成本就会提高。市政债券的风险一般低于公司债券。主要评级机构对美国地方政府债务的评估包括以下内容:

治理-管理结构和政策 美国各州法给予地方预算管理和税收政策以一定的灵活性(涉及对地方政府税收的规定,对地方政府债务发行上限、发行种类、期限的规定)。评级机构需要考虑地方政府本身的预算和债务政策、预算调整程序、预测收支的方法、长期投资政策,以及历史上地方政府在处理这些问题时的错误;还要考虑政府对财务报告内容的要求,对经济、金融变动的应对经验和技巧,预算管理哲学,对社会组织(例如工会)的要求的处理技巧等。

地方政府的资源基础 评级机构既要考虑地方政府所得税和其他税收基础所产生的地方政府收入的规模、稳定性和增长潜力;还要考虑当地人口增长趋势、年龄结构、原住民和移民结构,以及人口的受教育程度和贫困程度。其中,个人收入和就业趋势、结构和多样性是衡量政府资源的关键变量。评级机构还要考察不动产税基的规模和结构,纳税的分散性(一般通过考察纳税最多的 10 个纳税人所占比例来观察纳税人的分散程度)。

债务与其他责任 评级机构需要考察地方政府的直接和间接债务。直接债务包括一般责任市政债券、银行贷款和其他直接债务,不包括收益债券。评级机构要计算人均债务,并与其他地方政府进行比较。间接债务主要包括政府雇员退休金和其他退休福利(如医疗保险、死亡补贴等)。除了债务数量,还要分析地方政府的债务结构。

财政运行情况和流动性 评级机构需要考察地方政府短期财政债务稳定的

影响因素。这包括财政收支的平衡、收入的多样性、强制性支出的比重、应付突发事件的储备金、资金的流动性、可以用于支付的现金流的情况(一般用可以维持支付的天数来衡量)等。

在信用评估的过程中,存在利益冲突的问题。评级机构本来应该是为投资者服务并由投资者支付报酬的;但现实中的很多情况下,其报酬是由证券发行者支付的。在2008年金融危机中发现,一些评级机构降低了评级标准,对风险没有作出及时的估价。在此次金融危机中,许多证券的评级被降低。2010年的《多德-弗兰克华尔街改革和消费者保护法案》加强了对评级机构的管制。根据该法,评级机构必须公布评级是如何进行的,必须为投资者提供更多的信息,从而使投资者更好地作出决策。对这一法案的一个修正案还规定,评级不受《宪法》修正案关于言论自由的条款的保护,评级必须受对审计人员、证券分析人员类似的监督和问责(U. S. Congress,2010)。

8.3 地方政府债务监管体系

为控制违约风险,经过长期实践,美国逐步建立了一套地方政府债务监管体系。

事前监管 美国各级立法机构通过立法,对地方政府的借贷活动作出规定:(1)借贷只能用于长期公共资产投资,一般不能用于政府的日常支出;(2)对借贷的关键变量事先作出限制,包括财政赤字、偿债比率、担保上限等;(3)要求地方政府作出中期财政预算(如3—5年的预算),使地方财政沿着可持续的路径前进;(4)要求预算过程公开透明,对财政账目进行公开审计(委托独立的审计公司进行),定期发布财政债务信息。

破产机制 破产机制是债务违约发生后的解决程序。破产机制的设计需要考虑公共机构破产与私人机构破产的不同,既要保护债权人的利益,又要注意维持政府提供的基本公共服务不致中断。破产机制的设计还需要考虑,破产采用司法还是行政方法或两者兼有。

对州和地方政府债务的监管,在美国主要通过当地的立法机构进行。地方政府行政部门需要定期向立法机构就预算和债务问题公开提出报告,接受质询。上级政府机构则通过有关法规,对下级政府的借贷活动进行监督。选民和媒体也起到一定的监督作用。

8.4 对隐性和或有负债估算方法的改革

美国地方政府公布的预算赤字没有包括一些重要的政府负债,这是地方政府债务的一个重要隐患。例如,政府工作人员的养老金。这些工作人员现在向政府提供劳动服务,但他们的部分报酬要延期到未来支付。他们未来的养老金津贴代表政府应负的责任,这与政府债务没有什么不同。问题是,这一隐含的负债数额巨大,几乎与正式的政府债务一样大。

对州和地方政府退休金债务的争论,主要集中在退休金债务的计算方法上。批评者认为,现存的计算方法低估了政府对雇员的承诺以及用来还债的储备金的缺口。美国政府会计标准委员会(Government Accounting Standards Board,GASB)最近提出修改退休基金计算方法的建议。目前,在计算退休基金资产时使用"平滑法",这使政府能够将损失分散在若干年中,并且防止所报告的资产随其市场价值而波动。修改建议要求,每年用市场价值标价。这对退休基金资产价值的计算有很大影响。例如,目前一些基金的价值高于其市场价值,原因是2008—2009年危机中损失的价值尚未被全部分摊进来。修改建议提出的另一项改革是计算负债额时使用的利率(目前通常使用8%的通用长期利率)。修改建议要求,计算现有资金、预期收益和缴纳的贡献能够还债的时期。在这个时期内,州和地方政府可以使用自己选择的利率;超过这一时期,州和地方政府必须使用市政债券的利率(这一利率目前仅3%)。假定州政府用现有方法对退休基金作出贡献,这种改变可以使退休金债务的缺口从24%扩大到43%,使负债额从3.4万亿美元扩大到4万亿美元(Bullock and Weitzman,2012)。

政府负债特别难以衡量的一种形式是或有负债(Contingent Liability),即由某个特定事件的发生而引起的负债。例如,政府为许多形式的私人信贷提供担保,诸如学生贷款,中低收入家庭住房抵押贷款等,如果债务人拖欠,政府就要代为偿还。当政府提供了这种担保时,它就承担了视债务人拖欠与否而定的负债。但是,这种不确定的负债并没有反映在美国州和地方政府目前的预算赤字中。

特殊目的机构(Special-Purpose Vehicles,SPVs)是为有限的、特殊的目的而建立的机构(如某种有限公司或有限合伙机构),一般用于规避金融风险,也常用于隐藏债务、所有权,或模糊公司之间的关系。通常,母公司拨款给SPVs用于对项目融资,达到有限的目标,从而规避公司的整体风险。美国地方政府为进行基础设施投资而组建的、用于公共投资项目的特殊目的机构,类似中国地方政府的债务平台。这些机构在基础设施投资上发挥了作用,同时也存在债务风险。这方面最著名的例子是2001年的"Enron丑闻",Enron使用SPVs隐藏亏损、夸大收入,最终破产。美国主要通过会计制度的完善来规避这方面的风险。这方面的制度主要是美国财务会计标准委员会(FASB)公布的FIN46R,主要涉及经济实体之间的资产和负债关系,其要求主要受益者必须在其报表中报告所控制的机构的财务情况(Wikipedia,2015o)。

8.5　美国联邦政府对地方政府的救助

破产机制是处置无偿付能力的地方政府的一种监管机制,也是在地方政府失去偿付能力后对有关各方(包括地方政府本身)利益的一种保护。破产程序协助地方政府和债权人谈判,以达成债务重组计划。目前美国的《破产法》允许市和市以下地方政府宣布破产,州以下地方政府受破产机制的保护,但州政府不受破产机制的保护。

2009 年美国有 10 个地方政府寻求破产保护,2010 年减少到 5 个。有人预测,全美有 100 个地方政府面临破产。1980 年以来,有 45 个市、镇、村和县申请了破产;而大萧条以来没有出现过州违约的案例。近期申请破产保护的地方政府有:宾夕法尼亚州哈里斯堡市、加利福尼亚州瓦莱若市、爱达荷州博伊西县、加利福尼亚州斯托克顿市、密歇根州底特律市等。

破产处置过程存在双重调整:(1)债务人的财务调整,使借款与偿还能力一致;(2)债权人与债务人就债务重组义务和潜在减免进行协商。地方政府破产与私人机构破产的本质区别在于:政府提供服务的公共产品的性质决定债权人对地方政府资产的扣押权受到一定限制;私人机构破产时,所有资产都可能被扣押。因此,政府破产通常采取重组而不是清算的方式。在债务重组的过程中,须保证地方政府能够继续提供必需的公共服务。

在美国,地方政府违约的解决通常有司法和行政两种途径。司法途径,重组程序的主要决定由法院作出,可以排除政治干扰。行政途径,则允许上级政府直接控制地方政府,临时接管地方政府的财务管理。美国采取司法和行政两种方式解决地方政府违约问题。《破产法》针对州以下各级政府机构的债务重组,提供了程序化的债务重组方法。美国最早的市政破产立法实践是在大萧条中的 1934 年,此后

60年,只有不到500件市政破产请求,数量有限(U.S. Courts,Chapter 9)。

无论司法程序还是行政程序,破产机制都包括三个中心元素。(1)无法偿还程序的触发。地方政府必须自愿申请破产。由于破产程序可能导致解除债务,地方政府有激励为逃避债务而提出破产要求,因此《破产法》为申请破产设置了障碍,以遏制地方政府的战略性破产申请。(2)债务人调整财政使收支匹配。地方政府财政管理不善是无法偿还债务的原因,因此财政调整是破产的先决条件。(3)债务重组。将现有的债务重组为更长期的债务。

联邦政府救助是帮助州和地方政府摆脱债务危机的另一种形式。由于州政府不能使用破产机制,因此联邦政府救助对州政府的意义更大。但在美国历史上,联邦政府对州政府的救助十分罕见。州政府摆脱债务危机,一般需要通过自身的财政改革,增收减支来实现。联邦政府对地方政府无条件地援助和担保会增加地方政府的道德风险,鼓励地方政府不负责任地借款和贷款方轻率地放款。出于联邦政府可信的不进行整体救助的承诺,州政府不能指望联邦政府的整体救助。作为一个接近主权国家的政府,州政府应当通过调整自己的税收和支出来解决预算赤字及债务问题。历史上,从联邦政府到州政府通常都明确地拒绝为下一级政府提供紧急援助。除1997年的华盛顿特区的危机外,在一系列的财政危机中,联邦政府都未将紧急援助纳入备选方案,而是任地方政府"自生自灭"。尽管不提供整体救助,但联邦政府可能对州和地方政府提供部分救助。联邦政府救助往往以不减少州和地方政府的支出为目的,要求州和地方政府的主要支出保持在危机前的水平。

宏观经济政策也是联邦政府对地方政府的一种救助方式。在2007—2009年的经济危机中,联邦政府通过各种形式对地方政府进行了救助。2009年《美国复兴与再投资法案》提供了1 350亿美元的紧急资金,帮助各州避免出现大幅度削减公共服务的情况。

8.6 美国市政债券违约风险预测

作为美国地方政府进行债务融资的主要渠道之一的市政债券近几十年不断扩大规模,其违约风险也同时持续增加,成为美国经济的一大问题。为了采取更有针对性的措施降低其风险,准确地预测市政债券违约风险,尤显重要。

本节选用多变量判别分析法作为统计工具。多变量判别分析法被成功地应用于各种财务问题。Altman(1968)利用多变量判别分析法提出了 Z-score 模型。他利用营运资金/总资产、留存收益/总资产、息税前利润/总资产、股权价值/总负债,以及总收入/总资产这五个变量计算 Z 值,从而区分风险组和健康组。Altman(1983,2005)还在之后的几十年中对初始 Z-score 模型进行修正,使之更好地应用于不同国家的企业和主权债务风险的评定。Tao(2014)也使用多变量判别分析法预测中国地方债务平台的风险,并预先对财务数据进行了标准正态化处理。在挑选适用于地方政府的财务比率时,我们把收入、消费、流动性、盈利性以及债务等作为衡量地方政府财务状况的重要指标。

我们使用的另一种方法是 KMV 模型。KMV 模型最初被用来预测上市公司的违约风险。当一家公司的资产的市场价值低于需要偿还的债务时,公司发生破产。通过计算资产的均值、波动率和将到期的债务总量,利用 Black-Scholes 公式计算违约距离或违约概率。

本节试图搭建适用于预测美国市政债券债务违约风险的模型,从财务比率及违约距离两个角度进行评估。我们认为,这样一种评估模式是有效的,而且能够在未来用于预测美国市政债券债务违约的风险程度。

从财务比率角度预测美国市政债券债务的违约风险

判别分析法　本节利用判别分析法建立市政债券破产的预测模型。判别分析法最早运用于 Altman(1968) 的 Z-score 模型,该模型通过一系列变量值的线性组合结果将研究对象分类。其模型公式如下:

$$Z = \alpha + \sum_{i=1}^{k} \beta_i X_{ij} \qquad (8.1)$$

其中,Z 是在(8.1)式中代入财务数据的计算结果,不同性质的对象的 Z 值会倾向于聚集在不同的区间,因此 Z 是用于区分有违约风险企业和财务健康企业的变量;X_{ij} 表示被选中的第 i 个财务指标的第 j 个观察值,这些指标往往反映了企业财务状况的不同方面(如盈利能力、流动性、杠杆率等),综合在一起就可以区分有违约风险企业和财务健康企业;β_i 表示判别系数,其确定标准是选取适当的 β_i 使得 Z_1(有违约风险企业的 Z 值)和 Z_0(财务健康企业的 Z 值)期望之差的平方与 Var(Z_{ij})(所有 Z 值的方差)之比最大化:

$$\max_{\beta_i} \frac{[E(Z_1) - E(Z_0)]^2}{\text{Var}(Z_{ij})} \qquad (8.2)$$

样本选取和数据来源　以穆迪的研究报告 *US Municipal Bond Defaults and Recoveries*,1970—2013 中"Long-Term Municipal Defaults"(Moody's,2014)为参照,选取在 2003—2012 年发生市政债券债务拖欠的市、县作为破产组;同时,根据债券基金现金流这一变量,将同一州中的市、县进行排列,选取中位数且未发生债务拖欠的市、县作为非破产组。每组有 30 个样本,两组共有 60 个样本,如表 8.6 所示。

表 8.6　样本信息

违约年份	州	破产组市/县	非破产组市/县
2003	得克萨斯	休斯敦	奥斯汀
2004	得克萨斯	塔伦特	埃利斯

(续表)

违约年份	州	破产组市/县	非破产组市/县
2004	密苏里	马里兰高地	哥伦比亚
2004	佐治亚	亚特兰大	科利奇帕克
2005	得克萨斯	加尔维斯顿	基林
2006	科罗拉多	奥罗拉	格里利
2006	佛罗里达	利	布里瓦德
2006	俄亥俄	马霍宁	费尔菲尔德
2007	得克萨斯	奥斯汀	达拉斯
2007	密歇根	兰辛	霍兰
2007	得克萨斯	圣安东尼奥	基林
2008	密歇根	庞蒂亚克	霍兰
2008	伊利诺伊	芝加哥	埃文斯顿
2008	密苏里	圣路易斯	Excelsior Springs
2009	宾夕法尼亚	哈里斯堡	艾伦镇
2010	内华达	克拉克	瓦舒
2010	得克萨斯	圣安东尼奥	基林
2010	佛罗里达	Gulf Breeze	盖恩斯维尔
2010	亚利桑那	菲尼克斯	图森
2010	佛罗里达	奥兰多	棕榈湾
2010	得克萨斯	奥斯汀	基林
2011	马萨诸塞	波士顿	林恩
2011	佛罗里达	米尔顿	帕纳马
2011	纽约	奥尔巴尼	特洛伊
2011	加利福尼亚	维克托维尔	匹兹堡
2012	华盛顿	韦纳奇	亚基马
2012	加利福尼亚	斯托克顿	科斯塔梅萨
2012	加利福尼亚	奥克代尔	奥罗维尔
2012	得克萨斯	圣安东尼奥	圣安吉洛
2012	宾夕法尼亚	利哈伊	兰开斯特

注:我们收集发生市政债券债务拖欠前一年的市政财务数据,大部分财务数据来自当地政府的《综合年度财务报告》。

指标选取 以政府财务分析中常用的指标为基础,我们筛选出17个财务变量。其中,平均收入、平均消费、普通基金消费收入比、普通基金内部收入占比、总收入利润率、资产收益率和净资产收益率反映政府的盈利状况;总资产周转率、流动资产周转率、普通基金流动资产周转率,以及普通基金收入/普通基金负债反映政府资产的效率；流动率、营运资金/资产比反映政府资金的流动性；平均长期债务、偿债/总收入比、负债权益比率和杠杆率反映政府的负债情况。财务变量的具体说明如表8.7所示。

表8.7 变量说明

财务变量	说明
X_1 分组变量	1 代表违约组，0 代表对照组
X_2 平均收入	平均收入 = 总收入/总人口
X_3 流动资产周转率	流动资产周转率 = 总收入/流动资产
X_4 流动比率	流动比率 = 流动资产/流动负债
X_5 平均消费	平均消费 = 总消费/总人口
X_6 普通基金消费收入比	普通基金消费收入比 = 普通基金消费/普通基金收入
X_7 普通基金流动资产周转率	普通基金流动资产周转率 = 普通基金收入/普通基金流动资产
X_8 普通基金收入/普通基金负债	
X_9 平均长期债务	平均长期债务 = 长期债务/总人口
X_{10} 偿债/总收入	
X_{11} 普通基金内部收入占比	普通基金内部收入占比 = 普通基金内部收入/普通基金收入
X_{12} 负债权益比率	负债权益比率 = 负债/净资产
X_{13} 资产周转率	资产周转率 = 总收入/资产
X_{14} 营运资金/资产	
X_{15} 总收入利润率	总收入利润率 = 利润/总收入
X_{16} 杠杆率	杠杆率 = 负债/资产
X_{17} 资产收益率	资产收益率 = 利润/资产
X_{18} 净资产收益率	净资产收益率 = 利润/净资产

实证分析 使用 SPSS 软件，在判别分析的过程中利用逐步回归法确定最终进入模型的变量，得出市政债券违约风险预测方程。逐步回归法利用新变量进入模型后的 F 统计量的变化决定该变量是否留在模型内。如果 F 统计量显著增加且增长幅度最大，则变量就在该步骤中进入模型；否则放弃该变量。Wilks' Lambda 统计变量是逐步回归法用于挑选变量的指标：针对每一个变量，衡量组内离差平方和与总体离差平方和的比值；Wilks' Lambda 越小，表示组间的差距

越大。因此,逐步回归法在每一轮中选择可以最小化 Wilks' Lambda 的变量进入模型。

经过 SPSS 的判别分析,X_4(流动比率)、X_9(平均长期债务)、X_{14}(营运资金/资产)、X_{15}(总收入利润率)进入了模型,具体说明见表8.8。

表8.8 模型财务变量参数分析

步骤	变量	Wilks' Lambda	F	显著性
1	X_4	0.655	23.725	0.000
2	X_{14}	0.589	15.327	0.000
3	X_9	0.529	12.752	0.000
4	X_{15}	0.496	10.672	0.000

SPSS 给出的判别式为:

$$Z = -0.605 + 0.164X_4 + 0.001X_9 + 4.245X_{14} + 3.154X_{15} \tag{8.3}$$

对判别式进行标准正态化处理之后得到:

$$Z = 0.446X_4 - 0.444X_9 + 0.483X_{14} + 0.356X_{15} \tag{8.4}$$

SPSS 选择 0 作为分界点。当 $Z > 0$ 时,预测该市政债券没有违约风险;当 $Z < 0$ 时,预测该市政债券有违约风险。

在得到判别式之后,SPSS 通过交叉验证的方法检验模型的正确率。交叉验证每次只使用样本中的一项作为验证资料,该验证一直持续到每个样本都被当作一次验证资料为止。模型的正确率如表8.9所示。

表8.9 模型预测正确率测试

真实组别		模型预测组别		模型预测正确率(%)	t 值
		违约组	非违约组		
原始样本组	违约组	24	6	80.0	3.3
	非违约组	6	24	80.0	3.3
交叉验证组	违约组	23	7	76.7	2.9
	非违约组	7	23	76.7	2.9

该违约风险预测模型对于原始样本组的预测正确率为80%,对于交叉验证组的预测正确率为76.7%;对模型的预测正确率进行 t 检验,t 值分别为 3.3 和

2.9,在1%的水平上显著。因此,该模型的风险预测能力很强。

模型解释 SPSS 的判别分析法挑选出流动比率、平均长期债务、营运资金/资产、总收入利润率这四个变量,且在1%的水平上显著;该模型的预测准确率在80%左右,表现良好。

观察标准正态化后的判别式可以发现:

(1)流动比率的系数为正数,即流动性越高,Z 值越大,更可能预测该债券不会违约。因此,流动性对于市政债券的健康有较强的正面作用。

(2)平均长期债务的系数为负数,即负债越多,Z 值越小,更可能预测该债券会违约。因此,负债率尤其是平均长期债务对于市政债券的财务健康有负面作用。

(3)营运资金/资产的系数为正数,即相对短期偿债能力越强,Z 值越大,更可能预测该债券不会违约。因此,短期偿债能力对于市政债券的财务健康有较强的正面作用。

(4)总收入利润率的系数为正数,即获利能力越强,Z 值越大,更可能预测该债券不会违约。因此,盈利能力对于市政债券的财务健康有正面作用。

综上所述,我们根据模型推断流动性、长期负债、短期偿债能力(资产结构)以及获利能力在很大程度上影响市政债券的财务健康。

从违约距离角度预测美国市政债券债务的违约风险

我们使用另一种方法来估算市政债券的违约风险。

KMV 方法 我们把地方政府的未来收入看作某一随机变量 Z_t 的函数,即

$$V_t = f(Z_t)$$

如果用几何布朗运动模拟地方政府的收入,则 V_t 满足如下方程:

$$\frac{dV_t}{V_t} = \mu_t dt + \sigma_t dZ_t$$

其中，μ_t 表示收入增长率，σ_t 表示收入波动率，Z_t 服从标准正态分布。

在债务到期日 T，若地方政府收入（V_T）低于需要偿还债务的本金和利息（B_T），地方政府就发生违约。如果用 DD 表示违约距离，则：

$$\mathrm{DD} = \frac{V_T - B_T}{\sigma_V} \tag{8.5}$$

根据几何布朗运动的规律，有：

$$V_t = V_0 \exp\left\{\left(\mu - \frac{1}{2}\sigma^2\right)t + \sigma\sqrt{t}\,Z_t\right\}$$

根据伊藤引理，关于 V_t 的函数 $g(V_t)$ 满足：

$$dg = \left(\frac{dg}{dV_t}\mu V_t + \frac{1}{2}\frac{d^2g}{dV_t^2}\sigma^2 V_t^2\right)dt + \frac{dg}{dV_t}\sigma V_t dZ_t$$

积分后得到：

$$f(V_T) - f(V_0) = \int_0^T \left(\frac{df}{dV_t}\mu V_t + \frac{1}{2}\frac{d^2f}{dV_t^2}\sigma^2 V_t^2\right)dt + \int_0^T \frac{df}{dV_t}\sigma V_t dZ_t$$

若 $g(V_t) = \ln V_t$，则 $\ln V_T = \ln V_0 + \left(\mu - \frac{\sigma^2}{2}\right)T + \sigma\sqrt{T}\varepsilon$，其中 ε 服从标准正态分布。则有：

$$\mathrm{E}(\ln V_T) = \ln V_0 + \mu T - \frac{1}{2}\sigma^2 T$$

$$\mathrm{Var}(\ln V_T) = \sigma^2 T$$

如果当前的收入为 V_0，用 $\ln V_0$ 而非 V_0 计算违约距离，那么 T 时刻的违约距离 DD 为：

$$\mathrm{DD} = \frac{\mathrm{E}(\ln V_T) - \ln B_T}{\sqrt{\mathrm{Var}(\ln V_T)}} = \frac{\ln V_0 + \mu T - \frac{1}{2}\sigma^2 T - \ln B_T}{\sigma\sqrt{T}} \tag{8.6}$$

最终，我们用违约距离 DD 衡量地方政府发生违约的可能性。DD 越大，发生违约的概率越小。

根据文献调研部分,收入为总收入减去捐款和赠款,债务为一年内到期债务加上大于一年期债务的一半。

样本选取和数据来源　以穆迪的研究报告 Moody's Investors Service：US Municipal Bond Defaults and Recoveries, 1970—2013 中"Long-Term Municipal Defaults"为参照,选取 2006—2014 年发生市政债券债务违约的市、县;若能找到违约前 5 年中连续 4 年的财务报表,则将其作为样本。在发生违约的市、县所在的州内,选择人口排名相近的城市、县作为对照组;若排名相近的市或县的财务数据不充分,则选用这个州人口最大的市作为对照组。每组有 28 个样本;两组共有 56 组数据。

财务数据的来源是各城市或县的网站上公布的财务报表。①

实证检验　计算得到:违约组中违约距离的平均值为 -10.540,标准差为 21.782;对照组中违约距离的平均值为 1.476,标准差为 17.383。

将违约组和对照组的所有违约距离值(DD)按从小到大排列,25% 分位数为 -8.696,中位数为 -2.974,75% 分位数为 3.054。

若 DD < -8.696,我们预测其有很大的可能性发生违约;若 DD > 3.054,我们预测其发生违约的可能性不大。实际结果如表 8.10 所示。

表 8.10　检验结果的正确率

DD	违约组样本数	对照组样本数	正确率(%)
< -8.696 (25%)	9	5	64.29
> 3.054 (75%)	3	11	78.57

我们采用单尾检验,发现违约组的 DD 值在 5% 水平下显著小于对照组,P 值为 0.013。

---

①　需要说明的是,t 代表违约发生的年份。若能找到 $t-4$—$t-1$ 但没有 $t-5$ 及之前的数据,则用 $t-4$—t 的数据计算 μ 和 σ,而收入与债务仍用 $t-1$ 的数据;若能找到违约前 $t-6$—$t-2$ 的数据,则用 $t-6$—$t-2$ 的数据计算 μ 和 σ,而 $t-1$ 的收入与债务用 $t-6$—$t-2$ 的数据预测得到。其中,收入用对数增长率预测,债务用线性增长率预测。

主要结论

近年来,美国市政债券规模增长迅速,市场风险也不断提高,违约危机持续恶化,因此控制和预测市政债券违约风险愈发重要。我们试图搭建一个适用于预测美国市政债券债务违约风险的多变量判别式,综合影响违约风险的多方面财务因素,并从违约距离的角度加以评估,以弥补以往学者搭建单一风险预警模型的方式的不足。

具体而言,本节从财务指标影响债务违约的方面进行分析,选取适用于政府财务分析的17个财务变量,利用多变量分析法挑选出流动比率、平均长期债务、营运资金/资产、总收入利润率四个变量。基于这一结果,我们认为流动性、长期负债、资产结构、盈利性是影响违约风险的四大重要因素;同时,通过多变量分析法,本节得到了正确率在80%左右的判别式,该判别式在1%的水平上显著,可用于对美国市政债券违约风险进行预测。此外,本节也从违约距离的角度进一步评估,分析结果表明:发生债务违约的市政债券的违约距离在5%的水平上显著小于健康的市政债券。这说明违约距离模型亦可用于预测违约风险。

结合最新的地方政府财务数据,本节分别运用多变量判别法和违约距离模型预测:今后仍有一部分美国地方政府面临债务违约的风险;与过去相比,违约率有持续上升的趋势,但违约债券个数依然维持在较低的水平。

本节在综合运用多变量判别式和违约距离模型方面尚缺乏研究,希望在未来的课题中,搭建一个适用于违约风险预测的系统,配合使用多变量判别式和违约距离模型,从而提高预测的准确率,更好地解释影响美国市政债券违约的因素。此外,本节在预测模型中使用的是发生债务违约所在市、县前一年的财务数据,希望在今后的研究中进一步引用其前两年、前五年的财务数据,评估模型预测的准确率,进而延长模型的预测年限。

综上所述,尽管相对于公司债券,市政债券的风险相对较低,但是仍然存在一定的风险。金融危机使政府债券的风险得到了比较充分的暴露。为了防范风险,美国建立了信用评级制度、债务监管体系和救助制度。这些制度对风险的防范起到一定的作用,但是仍然存在很多漏洞,须进一步完善。

第 9 章　美国地方政府债务危机的政治、经济原因及其防范

2007—2009 年金融危机,美国州和地方政府也发生了一次中等程度的债务危机。若干州和地方政府难以偿还债务,其中一些申请破产保护。这次债务危机暴露了美国州和地方政府的财政存在的诸多问题和深层次上的隐患。

9.1　美国州和地方政府债务的近期状况和未来预测

近期,随着美国经济状况的好转,美国州和地方政府的收支状况也有所好转,预算削减项目大大减少,一些州开始减税。然而,预算状况的好转是缓慢的,衰退的影响还不时存在,财政和债务问题的长期原因并没有得到根除。

州政府的一般资金支出（General Fund Expenditure）是由州政府的税收、收费等资金予以支持的。2013 年,州政府一般资金支出超过衰退前的最高水平;2014 年,州政府一般资金支出比 2013 年增长 3.8%,其中的 43 个州比上年增加了支出。2012—2014 年,州政府的支出增长 8.2%,增加的支出主要用于教育和医疗辅助方面。表 9.1 显示了 2013 年和 2014 年各州一般资金支出增长率的分布。

表 9.1　州政府一般资金支出　　　　　　　　单位:州的个数

支出增长	FY 2013	FY 2014
负增长	5	7
0—4.9%	26	26
5.0%—9.9%	14	11
10% 或以上	5	6

注:FY 指财政年度。
资料来源:National Association of State Budget Officers 2014。

州政府2013年和2014年的一般资金收入(General Fund Revenue)分别增长5.7%和0.8%,增长速度在2014年减缓。其中,14个州的收入超过计划目标,23个州的收入达到目标。2012—2014年,州政府的一般资金收入增长6.5%。按实际值计算,从2009年第二季度到2014年第二季度,州和地方政府的税收增长9%(GAO 2014)。其中,州的个人所得税收入在2013年增长9.6%;但2014年由于一些纳税人面临联邦税制的变化而把资本收益转入上年,因而州的个人所得税收入预计下降0.3%。销售税收入的增长小于个人所得税,在2013年和2014年分别增长3.9%和4.5%。2014年,许多州增加了对地方政府的援助,17个州比2013年增加了对地方政府的援助,增加的援助多数是在教育领域(National Association of State Budget Officers,2014)。

表 9.2　州政府税收的变动　　　　　　　　单位:%

税种	FY 2012	FY 2013	FY 2014
销售税	0.7	3.9	4.5
个人所得税	8.8	9.6	-0.3
公司所得税	-1.1	8.2	3.1

注:FY 指财政年度。
资料来源:National Association of State Budget Officers 2014。

财政总余额(Total Balances)是预算盈余和风险预防基金(Rainy Day Funds)之和。各州的财政总余额从2006年的690亿美元的高峰,下降到2010年的325亿美元;2013年总余额回升并达到670万美元,不过2014年又回落到567亿美元(National Association of State Budget Officers,2014)。

尽管近期州和地方政府的财政状况有所好转,但是长期仍然面临比较严重的财政问题。GAO 在 2014 年预测,未来 50 年州和地方政府的预算收支差额仍然存在。为应对这一挑战,州和地方政府必须进行实质性的政策改革。

在长期,州和地方政府预算收支差额存在的原因主要在于医疗保健成本的上升:(1)使州和地方政府医疗辅助成本上升;(2)使州和地方政府雇员和退休者的医疗费用上升。GAO 预测,州和地方政府医疗保健相关支出将从 2014 年占 GDP 的 3.9% 上升到 2060 年的 7.4%;州和地方政府的其他支出(如政府雇员工资)占 GDP 的比重在 2060 年将低于医疗保健支出。2007—2009 年衰退引起的州和地方政府退休金资产价值的下降也是造成长期预算收支差额的一个原因。GAO 预测,要保持州和地方政府的预算收支平衡,必须从现在开始并且以后每年都削减现在支出的 18%,同时还需要有增加收入的措施。在收入方面,GAO 预测,除了联邦医疗辅助援助,州和地方政府收入占 GDP 的比重将缓慢下降。其中,房地产税的比重将缓慢上升,销售税的比重将缓慢下降,而奥巴马医保计划的影响则不确定(GAO,2014)。

9.2 美国州和地方政府债务危机的原因

美国州和地方政府债务危机的原因是复杂的。在短期,美国州和地方政府债务增加的部分原因是 2007—2009 年的经济衰退。此次衰退造成美国州和地方政府的收入大幅度下降。但是在长期,美国州和地方政府债务增加的根本原因在于繁荣时期支出的急剧增加,而这种增加超过了政府长期的平均支付能力。支出的增加是政治家在现行政治体制下追求选民的支持而采取的不负责任行为,是政治家为追求选票而不愿根据收入的限制来计划支出的结果。

支出的增加造成州和地方政府在衰退时期的普遍增税。例如,在经济衰退的 2009 年,29 个州提高税率(National Association of State Budget Officers,2009)。加利福尼亚州把个人所得税的最高税率提高到 10.55% 并将销售税税率提高 0.5 个百分点,这使该州成为美国唯一的所得税和销售税的税率双双达到两位数的州。地方个人所得税的增加往往集中在少数高收入人群,迫使这些人逃离该地区,从而损害该地区的税收来源,由此形成恶性循环。2008 年金融危机后,州和地方政府特种消费税(如汽油、烟酒等)大幅度增加,从 2007 年的 1 399 亿美元增加到 2012 年的 1 617 亿美元,增长 15.6%(Barnett,2014)。在税收难以补偿支出的情况下,地方政府必须发债。由于很多地方法律规定不得出现赤字,由此周期中地方政府收支的波动幅度比联邦政府的更大。

在短期,经济周期是美国地方政府债务危机的主要原因。比较 2007 年和 2012 年的地方政府财务状况,我们发现美国州和地方政府的收入减少 345 亿美元,支出增加 4 842 亿美元,由此造成债务增加 5 337 亿美元(22.2%),现金和政府持有的证券减少 890 亿美元(Barnett,2014)。

在长期,政府雇员的高工资、医疗保险和福利支出是美国地方政府债务危机的主要原因。比如,州、市和县预算赤字的 80% 来自雇员成本。州和地方政府雇员的平均工资高于私人企业雇员的平均工资 45%。美国州和地方政府的另一项巨额支出是雇员的退休福利。州和地方政府公开承认,其雇员退休金系统有 1 万亿美元没有资金来源的负债(Edwards,2010)。但是,一些研究者按私人企业的退休计划的估算方法进行估算,州和地方政府的总负债在 3 万亿美元显性债务之外,还要加上约 3 万亿美元没有资金来源的退休金隐性债务和 1 万亿美元的与退休关联的医疗福利(Ferrara,2011;Novy-Marx,2009)。在私人部门,企业退休金制度已经进行了很多改革,但是政府雇员的退休金制度的改革进展缓慢。美国劳工部劳工统计局估算,2010 年 12 月美国州和地方政府雇员的福利高于私有部门 69%。美国联邦、州和地方政府的社保支出近三十年大幅上涨,从1990年的2 478亿美元增加到2009年的6 853亿美元(Social Security Administration,2015)。① 根据预测,如果完全实施奥巴马总统推动的《平价医疗法》(ACA),2011—2020年全美医疗补助支出每年就将增长8.1%;如果撤销ACA,医疗补助支出每年就将增长6.6%,而即使是6.6%的增长也高于历史增长率(Task Force,2012)。总体来看,退休金和与退休金关联的医疗保险支出的影响是美国地方政府存在长期债务的主要原因,社会保障支出的影响则相对较弱。在长期,美国全国强制性支出(医疗保障和医疗辅助)占GDP的比重预计在未来会显著上升,其他支出的比重则相对稳定。这是由于:(1)人口结构的变动,即工作人数相对于享受福利者的人数的下降;(2)人均成本的上升,这涉及医疗服务和药品器材成本的上升。把这两种因素都考虑进去,医疗保障和医疗辅助占GDP的比重将持续上升。与医疗福利成本的上升相比,社会保障费用占GDP的比重在长期比较稳定。

2014年,美国州和地方政府的债务累计已经超过3万亿美元,比2000年增加1倍以上。GAO预测,到2060年,州和地方政府预算赤字将达到GDP的5%(Ferrara,2011)。在短期,随着美国经济走出衰退,美国州政府的税收状况有所改善。例如,2012年第一季度与上年同期相比,47个州的税收合计增长4.1%(Dadayan,2012)。不过,短期情况的改善有可能掩盖长期存在的问题。

州和地方政府债务问题与联邦政府债务问题的一点不同在于,州和地方政府不能发行货币,其筹措资金的手段有限,仅限于税收和借贷以及上级政府的资助。州和地方政府的财务错觉在于,借贷的成本要低于税收,这是因为借贷把支付的时间转移到未来。这种错觉使政治家不能正确地感知借贷的成本,从而增加超过正常支付能力的花费。这实质上是现在支出与未来支出之间的选择问题。

---

① 未剔除价格变动影响。

美国州和地方政府的财政和债务问题与美国联邦政府的财政和债务问题有很多不同,在很多方面是不可比的。如果一定要加以比较的话,笔者认为,美国联邦政府的财政和债务问题相对更严重,州和地方政府的财政和债务问题相对较轻。美国州和地方政府的财政和债务问题较轻是因为,很多州和地方政府受到地方法律规定的必须平衡预算的规则的制约;州和地方政府相对来说离选民较近、受选民的约束较大,根据情况及时调整预算的灵活性也较大。

债务问题归根到底是政治问题。朱迪斯(Judis)指出,美国正从一个防止权力过度集中的民主政体,演变成一个权力过于分散而无法做出重要决定的否决政体。在这个意义上,美国的民主已经瘫痪。朱迪斯回顾了过去一百多年美国的政治组织、独立的公共政策基金、公司和政府之间的相互作用。他认为,在20世纪,美国公众对国家政策的参与度降低了。这种降低是工会和草根团体与社会上层的政策制定基金会之间关系的恶化造成的,是草根团体与富有的社会利益集团的分离造成的。目前,美国的政策制定是由代表社会上层利益的智库和游说集团主宰的(Judis,2000)。

美国地方政府的过度花费和福利制度的问题也是政治问题。它们的解决超出了债券发行和监管机制的控制范围,需要从政治制度上着手。美国地方政府债务的经验和教训为中国地方政府债务制度的建设提供了借鉴。也就是,经济繁荣时期政府过多的支出和长期不切实际的福利制度都是中国需要避免的。

9.3 美国州和地方政府债务危机的防范

要解决美国州和地方政府的债务问题,需要进行实质性的制度改革。改革具有一定的紧迫性,改革的及时与否影响改革的成本,改革措施的滞后可能大幅度地增加改革的成本。

风险控制

在短期,需要加强州和地方政府债务的风险控制。风险控制措施包括:规定债务上限,实行中期财务规划和多年滚动预算。这种预算对未来数年的财政收支情况作出预测,由不同层级的政府联合建立政府财务监督制度(如纽约市的财务控制委员会),修改债务评级方法、债务统计方法和有关会计制度。

纽约市的财务委员会制度

纽约州的财务控制委员会(New York City Financial Control Board)是纽约州根据《纽约州关于纽约市的紧急财政法》在1975年针对纽约市的债务危机而建立的。1974年,纽约市发生债务危机。此前,纽约市政府使用了大量短期债务来弥补日常运营赤字,同一时期的利率水平居高不下,最终导致纽约市政府难以偿还债务,随即向纽约州和联邦政府申请援助。纽约市通过联邦贷款救助和债务重组才避免了破产,但是被迫接受纽约州的财政监督。《紧急财政法》给予财务控制委员会监督纽约市财政管理的权利和责任。该法要求纽约市政府在每个财政年度之初制定和提交四年滚动财政计划,并且每年对财政计划进行四次修改。委员会成员包括州长、市长、州主计长、市主计长和若干独立人士。1986年,委员会宣布控制时期结束,将财政控制权交还纽约市政府。在控制时期结束后,委员会必须每季度审查纽约市的财政计划,每年投票决定是否恢复控制时期。如果纽约市出现债务违约,或者纽约市一年的预算赤字超过1亿美元,或者纽约市发行违背州法的债券,那么委员会就必须恢复控制时期。这一决定通常在每年6月做出,届时纽约市长要向委员会发布财政报告。这样,纽约市政府就一直处于州财政控制的"达摩克利斯之剑"的威胁之下,不敢掉以轻心。

评级制度 在评级制度和会计制度的完善方面,需要采取很多措施。2007—2009年金融危机后,评级机构普遍修改了债务评级方法,以更准确地反映地方政府的债务风险。评级机构非常关注地方政府的现金流状况。现金流关系还债能力,它是地方政府持有的最低准备金,关系满足日常开支需要的偿债能力。现金流不足就意味着偿债风险(刘琍琍,2011)。评级机构还对债务结构进行分析,要求不同债务的组合能够保证适时地偿还债务,要求债务结构应保证债务偿还的可预测性。

财政预警系统　美国一些州建立了财政预警系统。例如,美国俄亥俄州建立了财政预警系统,防止村、市或州立大学陷入财政困境(刘琍琍,2011)。美国州和地方政府加强了对特别目的机构进行预算外基础设施投资而产生的或有债务的监督。或有负债是地方政府债务的一个隐患,这是一个历史上早就存在的问题。美国的地方债务危机还促使很多州政府进行立法改革,解决对特别目的机构进行预算外基础设施投资而产生的或有债务问题。

医疗改革

州医疗辅助计划(State Medicae Programs)是为低收入人群提供的医疗保险,由联邦政府和州政府联合出资,州政府管理。由于激励机制设计等方面的问题,州医疗辅助存在很大浪费,因此改革需要改变州政府和计划享受者的激励机制。例如,目前联邦政府根据计划参加者的数量提供资金,这使州政府有激励增加参加者的数量。如果改为联邦政府提供固定数额的资金,州政府就没有激励使参加者的数量不断增加。一方面,改革应该允许州政府自行设计不同的医疗辅助计划;另一方面,还可以使用补助券的形式提供医疗辅助。把补助券直接发到个人的手中,使计划的消费者能够自行选择,根据自己的利益决定对医疗辅助的需求。

退休金改革

在长期,需要进行退休金制度的根本性改革,把传统的退休金制度改革为新的退休金制度。传统的退休金制度(Defined Benefit,DB)为:雇主对每一个被涵盖的工人提供一定金额的贡献(工人可能也需要作一定的贡献),雇主的资金用来投资,投资的收益支付工人退休后的退休金。新的退休金制度(Defined Contribution,DC)为:雇主把工资的一部分存入工人独立的投资账户(工人可能也需要作一定的贡献),然后由工人自行进行投资,退休时账户中累积的金额就是工人的退休金。过去30年,美国的大部分私人公司已从DB模式转变到DC模式,目前只有16%的私人部门的工人仍然采用传统的DB模式(Barro,2010)。但是,在州和地方政府的全职工人中,90%仍采用传统的DB模式(McMahon,2010)。DB模式对工人较为有利,但增加政府的负担。在工会的压力下,DB模式保护长期工人的利益,但损害短期工人的利益。

DC模式对雇主和工人都有好处。对雇主的好处包括:(1)无投资风险;(2)无政治风险;(3)消灭未偿付债务(雇主把资金拨入工人账户,雇主的责任即完成);(4)降低成本。对工人的好处包括:(1)更公平;(2)更高的福利;(3)自由选择(Ferrara,2011)。对DC模式的反对者认为,比起由工人自己来投资,传统的退休金制度可以更好地处理投资风险。DC模式的支持者反驳,工人也可以处理好投资风险问题,因为退休金投资是长期的,在几十年时间中,工人可以通过学习改正投资中出现的问题;工人还可以投资共同基金等集合多种股票、债券的风险较小的投资工具。反对者还认为,从传统退休金制度向新制度转变的成本可能很高;而支持者认为,可以采取旧人旧制度-新人新制度的过渡办法(Ferrara,2011)。

密歇根州的退休金改革就采取了这种过渡办法。对现有退休者的退休福利不作任何改变;对不愿改变的现有雇员的退休计划也不作改变;改变的仅仅是新雇员和自愿改变退休计划的雇员的退休计划。密歇根州管理和预算办公室预计,计划实施的第一年将节约 1 亿美元,主要来自管理费用的节约(Ferrara,2011)。

犹他州也进行了退休金制度改革。犹他州在 2011 年 7 月 1 日开始实行新的退休金计划。新的政府雇员可以选择两个计划之一。第一个选择是类似上述 DC 计划的 401k 计划;第二个选择是一种混合的退休金计划,该计划可以通过多个雇员的集合投资减少投资风险。不管雇员选择哪个计划,政府仅贡献一个初始设置金额(Laffer,2011)。

退休金改革本质上是政府的负担能力问题。正如马里兰州众议员格里菲斯(Melony Griffith)所说,"我们当然都希望福利越多越好,但是坦率地说,我们负担不起"(Davis,2011)。

缩小政府规模的措施

从更广泛的角度来看,在保持足够的公共服务的前提下,应当保持或适当缩小政府规模。缩小政府规模可以采取以下措施:

削减政府支出 在短期,强制冻结政府支出,使其不能超过某一水平(如危机前的水平);在长期,需要通过改革减少雇员工资、养老金支出,以及与之相联系的医疗保健支出。

就业政策 为减少政府支出,在短期,可以冻结政府部门的就业。这可以减少政府部门的人员支出,这部分支出一般是州和地方政府最主要的支出。当然,大规模冻结政府部门的就业可能引起失业的增加和经济的衰退,也是不可取的。

私有化 把公共服务私有化,通过竞标把特定地域、特定领域的公共服务外包给私人公司经营,由公司直接向消费者收取服务费。美国各州和地方政府已经进行这方面的大量实践,主要涉及桥梁和公路保养、高尔夫球场、停车场、垃圾收集、学校建设、驾驶员培训、体育馆和展览馆的管理、街道清扫、除雪、收费公路的管理等(Ferrara,2011)。

长期经济发展

从根本上来说,降低债务-GDP比率的方法是增加人均产出,或者说增大分母。在20世纪中期以前,美国债务比例较低来自经济的快速发展。如果债务额不变,经济发展速度一旦减缓,债务-GDP比率就可能上升。因此,在长期,促进经济发展是降低债务比例的根本途径。

长期政治改革

美国州和地方政府的现行政治体制存在某些制度缺陷,即对过度花费问题的约束不够。在美国现行的地方政治体制下,政治家的前途与其选区的选民的支持息息相关。这方面的约束是紧密的。地方政治家为了取得选民的支持,在竞选中提出各种对选民有利的计划,当选后就努力争取通过政治程序来实现这些计划。政治家之间的竞争和选票的约束,使政治家有过分花费来取悦选民的倾向。这种倾向受政治家自身的道德约束,也受选民对社会长期利益的认知的约束,这些约束是因时因地而异的。在约束不足的情况下,就可能出现过分花费的情况。

过分花费造成地方政府的收不抵支,需要用税收来弥补。一般来说,增税会受到选民的抵制,这也是对政府规模的一种制约。失去选民的支持是政治家的一种损失,因此政治家可能选择增加对选票损失最小的税收来为过度花费筹资。例如,美国一些城市经常增加的一个税种是旅馆税,因为住旅馆的大都不是本地区的选民,所以增加旅馆税既可以增加收入又不会损失政治家的选票,一举两得。当然,旅馆税是小伎俩,既增加收入又不会损失很多选票的税收政策是增加高收入税率。利用累进所得税防止收入差距的拉开是一项必要和有效的政策,无可厚非。但是,如果过度增加高收入的税率,就可能损害高收入人群增加劳动供给的积极性,甚至迫使高收入乃至中等收入人群"用脚投票",离开该地区,使该地区的经济受损。经济情况恶化,如果还要维持原有的公共服务和社会福利就必须继续增税,特别是对高收入增税,从而迫使更多的富人和企业离开。这样就会形成一种恶性循环。

这种情况在生活中比比皆是。底特律的兴衰是最好的例子。20 世纪 50 年代,底特律有 180 万人口,中位数收入是美国所有主要城市中最高的。几十年来,底特律市维持了一个大政府,该政府是当地第二大雇主,州、县和市政府雇用了全市 40% 的雇员。底特律市政府还提供优厚的社会福利,如作为政府雇员的底特律公共学校教师的小时工资达到 47.28 美元,在美国主要城市的公校教师中是最高的。为了给大量的政府支出融资,密歇根州和底特律市政府保持了高水平的税收。2007 年,密歇根州州长增税 140 亿美元,其中商业税税率提高了 22%;2009 年和 2010 年,密歇根州州长又两次提议增税。但是,增税也不能解决财政赤字问题,密歇根州连年出现巨额财政赤字。这些高支出、高税收政策并不能拯救底特律的经济。2010 年,底特律的失业率高达 13.4%,出现大量的人口流失;2013 年,底特律的人口只有 68 万,是高峰时期的 40%。人们开玩笑说,如果这种人口流失的趋势持续下去,最后底特律就只剩一个市民,他将是底特律的永久市民和政府雇员工会的永久会员,并作为唯一的选民把自己选为市长;进行最后一次增税,然后凄然离开,因为他自己也交不起税(Ferrara,2011)。

底特律的问题代表了美国很多大城市中存在的政府支出痼疾。要解决这类问题,政治家应具备一定的道德品质,在决策中考虑整个社会的利益,既要考虑眼前利益也要考虑长远利益。由于美国政治中选民与政治家的关系,这就要求大多数选民在选择政治家时考虑社会的整体利益和长远利益。现实中,政治家和选民一定程度的道德品质和长远眼光,是美国议会制度可以低成本、有效率地运行的条件之一。如果有足够数量的政治家和选民不满足这个条件,政府就可能出现过度花费等问题。

给定存在一部分缺乏道德约束的政治家和选民的条件,就需要建立一些制度来给政治家提供激励并建立约束机制,以减少过度花费、过分税收以及任何破坏整体利益和长远利益的预算与借债行为。这涉及选民与民选官员关系的调整、民选官员的任期、政府立法机构与行政机构的关系等制度设计问题。美国在这方面开始做出一些努力,但结果如何还需拭目以待。

综上所述,美国州和地方政府的财政和债务问题是由复杂的原因造成的。在短期,由于州和地方政府的特点(很多地方法律要求平衡预算,地方没有发行货币的权力等),其受短期经济波动的影响较大。在长期,地方政府雇员的福利支出的巨大负担和政治家为追求选票而采取的不负责任的行为,特别是过度花费的行为,是州和地方政府的财政和债务问题的根本成因。但与联邦政府相比,州和地方政府的财政和债务问题较轻。

第10章 美国主要州和市政府债务案例

为了使读者更真切地了解美国州和地方政府的预算和债务问题,本章提供美国州和市政府债务危机的几个近期案例,以供参考。

10.1 上级政府拒绝援助的案例:橙县破产

橙县(Orange County)位于加利福尼亚州南部、洛杉矶大都会圈内、太平洋岸边。橙县是加利福尼亚州人口第三大的县,在美国人口最多的县中名列第六,人口超过美国21个州。橙县的旅游业十分发达,著名的迪士尼乐园就位于橙县。橙县还是许多世界500强大公司的总部所在地。橙县是一个由宪章定义的县(Charter County),由县监事会(Board of Supervisors)管理,监事会的5位监事由公共选举产生。每年年初,监事会选择主席和副主席,县最高执行官由一位专业管理人员担任。

橙县曾经是美国最大的宣告破产的县。由于投资经营不善,1994年12月6日,橙县宣布破产。

破产原因

破产源于该县政府向银行借入130亿美元短期债务用于投资而产生的巨额亏损。开始,投资的收益不错,但此后发生亏损,损失16.4亿美元(Wikipedia,

2015m；Norris，1994）。这项亏损使县预算出现巨额赤字，无力支付债务利息；而此前，橙县财政赤字已高达40亿美元，财政已无法承受。

宣告破产前地方政府所做的努力

宣告破产前，橙县政府也曾经试图寻求州政府和联邦政府的帮助。但州政府认为，橙县破产的根本原因是县政府当局管理不善，如果州政府为橙县的人为操作失误埋单，就会给其他地区带来不良导向而引发道德风险。最终，州政府拒绝给予援助，而联邦政府支持州政府的决定。橙县居民投票否决增加税收以平衡预算的动议，橙县随即宣告破产，财务官赛特仁（Robert Citron）被判有罪入狱。

宣告破产后的情况

橙县宣告破产后，市政当局成立了危机处理小组，采取的一系列措施包括：降低政府公务人员的比例以节省工资支出；压缩固定资产投资和削减公共服务项目；与债务人谈判，以该县未来税收收入作担保对债务延期。橙县政府和当地民众为解决债务问题付出了极大的代价，通过上述措施，橙县在8个月后走出了破产的困境，迈上复苏的道路。

10.2 上级政府提供援助的特例：华盛顿特区与卡姆登市

美国联邦政府对华盛顿特区的援助和新泽西州政府对卡姆登市（Camden）的援助是"不援助原则"的两个特例。在这两个特例中，上级政府都有其主动援助的特定原因。

联邦政府对华盛顿特区的援助

华盛顿特区的正式名称是哥伦比亚特区，是美国首都。2014年，华盛顿特区的人口为65.9万,美国国会、白宫和联邦政府部门都位于华盛顿特区内。华盛顿特区有民选市长和13个成员的市议会,但美国国会有权否决其地方法律。

1997年,华盛顿特区发生债务危机,联邦政府对其提供紧急财政援助,金额高达每年6亿美元。联邦政府援助华盛顿特区的主要原因是华盛顿特区独特的财政和政治地位。首先,华盛顿特区要承担州政府的支出责任。华盛顿特区在经济上要承担常规的州级政府所负责的法院、监狱、交通及贫困人口医疗保健服务的支出,这些支出大部分源于地方税收。由于商业税和中产阶级的住宅税基具有高度流动性,税源并不稳定。其次,华盛顿特区承担首都的特定职责。作为美国的政治、历史中心,华盛顿特区提供的遏制犯罪、公共卫生等地方服务实质上惠及了全国。这些公共服务所产生的溢出效应,一定程度上相当于履行了联邦政府的事权,从而使联邦政府倾向于对其进行援助。

新泽西州政府对卡姆登市援助

卡姆登市是新泽西州的一个城市,与费城隔河相望。2010年,卡姆登市有人口7.7万。历史上,3位卡姆登市的市长因腐败而入狱;2012年,卡姆登市的犯罪率在美国名列第一,是全美最危险的城市。卡姆登市是美国最穷的城市之一,大约40%的卡姆登市居民处于贫困线以下,大约50%的公校学生半途辍学(Wikipedia,2015g)。

2000年,卡姆登市出现债务危机,难以偿还因20世纪90年代初建造垃圾焚化炉而发生的债务。新泽西州政府对其提供了财政援助。截至2010年,州政府支付了1.5亿美元的援助(Rao,2010)。

卡姆登市居民的平均收入仅达到国家贫困线,比整个新泽西州的平均水平低40%;同时,其犯罪率居全州首位,教育、卫生等情况也不尽如人意。州政府援助卡姆登市的主要动机是,通过援助来确保当地居民和儿童享有最起码的公共服务;州政府采取的救助措施是,通过划拨充足的资金来偿还其所欠的债务,并保障市政府能够不间断地提供各项公共服务。

卡姆登市是州政府救助失败的案例,州政府的援助并不能解决卡姆登市的问题。2000—2008年,卡姆登市削减了20%的支出,目前预算支出为1.5亿美元,但税收收入仅为0.25亿美元。市政府的工作岗位被大量削减。例如,整个警察局被撤销,由跨地区的警察机构取代;市公共教育系统也被州政府接管。但是,这一切都很难改变卡姆登市的现状(Governing,2013)。

10.3 加利福尼亚州的案例

加利福尼亚州是美国人口最多的州,占美国人口的1/8,位于美国西海岸。加利福尼亚州面积423 970平方公里,2011年人口为3 769万。2013年,加利福尼亚州GDP为2.2万亿美元,占美国GDP的13%。如果把加利福尼亚州看成一个"国家",其GDP排在世界第八位,高于俄罗斯、意大利、印度、加拿大和澳大利亚等国家(Wikipedia,2015f)。

加利福尼亚州政府的支出在近年大幅度增加,从1998年的560亿美元增加到2011年的1 270亿美元。加利福尼亚州拥有全美1/3的福利接受者,67万亿美元的福利支出位居全美第一。2011年,加利福尼亚州的债务为2 650亿美元;2013年州债务减少到1 320亿美元。

加利福尼亚州的预算危机

2008—2012年,加利福尼亚州政府遭遇预算危机,财务状况恶化,出现违约风险。由于加利福尼亚州巨大的经济规模,摩根大通的总裁迪门(Jamie Dimon)在2010年曾经说过,"加利福尼亚州违约的风险远大于希腊"(Ferrara,2011)。

近年来,加利福尼亚州的预算大幅度增加,从 2003 年的 750 亿美元上升到 2007 年的 990 亿美元。加利福尼亚州的税收集中在一小部分富人身上,1% 的纳税人缴纳了 48% 的所得税。在 21 世纪的第一个十年,加利福尼亚州政府雇员的退休金应付款大幅度增加,其中 550 亿美元没有资金来源,加利福尼亚州对政府雇员退休金的支付已经超过对其州立大学系统的支付(Ferrara,2011)。在危机发生前,加利福尼亚州的财务状况非常糟糕。

2008 年 9 月 23 日,时任加利福尼亚州州长施瓦辛格提出 2008—2009 年度预算案。预算案的通过需要 2/3 的票数,但议会两党都不能得到这一票数。2008 年 11 月,施瓦辛格提出削减开支,主要是削减州政府雇员工资,提出的措施包括:州政府雇员每月暂时休假(Furlough Day)1 天,相当于减少工资 5%。2008 年 12 月,施瓦辛格又命令州政府雇员每月强制休假 2 天。劳工组织状告政府强迫休假,最高法院在 2009 年 1 月 29 日判定施瓦辛格有权在紧急情况下强迫雇员休假。2009 年 2 月,加利福尼亚州主计长延期支付 35 亿美元的款项(如税收返还款);同月,州议会以全体选民投票通过增税和支出变动为条件通过了预算案,但是 5 月份未获选民投票通过。

2009 年 4 月 1 日,加利福尼亚州销售税和使用税暂时提高 1 个百分点。2009 年 6 月,加利福尼亚州信用评级被降低,这影响其银行担保短期债券的发行,因而州政府请求联邦政府担保。但奥巴马政府表示,联邦政府在法律上无权支持州债券,州政府应当自行解决。2009 年 7 月 1 日,州长命令州政府雇员每月强制休假 3 天。2009 年 7 月 24 日,州议会通过包括 150 亿美元服务削减、81 亿美元教育支出削减的预算案。预算危机还导致大量政府裁员和州立大学学费的提高(Wikipedia,2015a)。

加利福尼亚州预算危机的主要原因

加利福尼亚州预算危机主要有以下原因:(1)金融危机使个人所得税、公司税减少,加利福尼亚州政府收入从2007年的1 000亿美元以上减少到2008年的850亿美元。(2)在繁荣时期,州政府雇员的薪金和福利不断上涨,工会在这方面起了重要作用。2009年,13万旧金山湾区政府雇员的基本工资超过10万美元,但其中大部分是地方政府雇员而不是州政府雇员。(3)要求2/3票数才能通过预算也使预算难以通过,来自共和党的时任州长施瓦辛格和控制议会的民主党人之间的政治对抗一度陷入僵局。2008年全美只有9个州要求3/5以上多数票才能通过预算,加利福尼亚州的这一规则缺乏灵活性。

预算危机的结束

2012年11月,加利福尼亚州全民投票通过了《30号提案》(*Proposition 30*),增税60亿美元来避免教育经费的削减,在6年中对25万美元以上的收入增收个人所得税。由于2012年30号提案和经济情况的好转,2013年加利福尼亚州预算出现小额盈余。

加利福尼亚州的预算危机出现在一个规模巨大的州,该案例体现了联邦政府不救助州政府的原则,是通过州政府削减开支、增加税收的措施来自行解决的。

10.4 密歇根州底特律市的案例

密歇根州底特律市位于美国和加拿大的边界,是美国乃至世界的汽车工业中心,美国最大的汽车公司——通用汽车的总部位于底特律市中心,美国另外两大汽车公司——福特和克莱斯勒的总部都位于底特律大都会地区。2013年,底特律市有人口68万,底特律大都会地区有人口429万;2000—2010年,底特律市的人口减少1/4,从美国大城市的第10位下降到第18位。

相关背景

底特律市存在严重的预算赤字,面临政府关门的前景。底特律市政府每月支出6 000万美元,但2012年4月12日仅有250万美元现金可供使用。如果不加干预,2012年5月12日底特律市政府就将有950万美元的资金短缺;底特律市还背负巨额的长期债务。

2012年,底特律市政府要求密歇根州政府提供1.37亿美元的紧急援助,并且要求修改州法以使底特律市能够提高所得税和公司税的税率。通过建立财政顾问委员会,底特律市准备让密歇根州分享财务监督权以避免破产(Hackney, 2012)。

2013年3月,密歇根州政府宣布底特律市处于财政紧急状态。鉴于底特律市的财政紧急状况,为了避免其破产,州政府派华盛顿律师奥尔(Kevyn Orr)作为紧急财政管理人接管底特律市。2013年3月25日,奥尔走马上任,接管底特律市。奥尔是企业重组专家,擅长处理破产问题,他被赋予权力在作经济决策(如决定市预算、合并政府机关、对当选官员减扣薪水、解雇工人等)时不受政治因素干扰。

2013年7月18日,底特律市申请破产保护,这是美国历史上最大的城市破产案。2013年12月3日,密歇根东区破产法院法官洛兹(Steven W. Rhodes)宣布底特律市破产,当时底特律市有185亿美元债务。2014年1月7日,洛兹法官批准底特律市的破产实施计划。底特律市在2014年12月11日成功脱离破产保护,重新获得财务控制权,紧急财政管理人奥尔离任。2013年奥尔上任时,底特律市有3亿美元的日常运作赤字,180亿美元的长期债务。2014年奥尔离任时,底特律市的日常运作赤字为5 800万美元,但在2014年年底将有1亿美元盈余(WXYZ Detroit,2014)。未来13年,底特律市的财务将受州监管委员会的监管并且必须在日常执行预算中保持5%的盈余。

底特律市预算危机出现的主要原因

底特律市的预算危机有以下原因:

首先,底特律市的产业结构单一,过度依赖汽车产业,财政收入的80%依靠汽车产业。近年来,美国汽车市场不断被外国企业瓜分,留给底特律市汽车产业的份额越来越少。同时,自动化的普及和亚洲劳动力的低廉成本都迫使美国汽车企业不断裁员,造成底特律市人口流失和税收萎缩。2008年爆发的全球金融危机更重创了底特律市的汽车工业,人口大量流失使该市房地产业走向崩溃。

其次,随着税收的减少,底特律市无法控制犯罪率,这使底特律市走向衰败。治安状况的恶化使公司和个人大量逃离底特律市,结果使税收更少,由此形成了恶性循环。原本居住在城市中的中产阶层选择到不属于底特律市的城市郊区居住,于是出现了住宅郊区化和城市空心化。城市中心大片地区无人居住,出现大量的废弃房屋。

最后,贪污腐败及管理不力也加速了底特律市走向破产。如2013年3月11日,底特律市前市长基尔帕特里克(Kilpatrick)被判犯有20项腐败和受贿罪,负责管理员工退休基金的两名官员也因贪污被捕。底特律市是美国大城市由于制度问题而产生财政和债务问题的典型案例。

10.5 阿拉巴马州杰弗逊县的案例

杰弗逊县(Jefferson County)是美国南部阿拉巴马州人口最多的县,2010年人口为65万,面积为2 911平方公里。杰弗逊县是伯明翰大都会地区的主要县,在 1819 年由阿拉巴马州议会建立,由一个集立法和行政职能为一体立法兼行政的 5 人委员会管理。委员会的每一名委员由其所代表的地区选出,而不是由该县所有选民选出。委员会的每一名委员执掌县政府的一些部门,如道路和交通部、社区发展部、环境服务部、健康和居民服务部、技术和土地发展部、财政和总体服务部等。委员会选举其主席,负责主持委员会会议并承担其他行政职责。

财政和债务问题

2011 年 11 月 9 日,杰弗逊县应用《联邦破产法》第 9 款申请破产。杰弗逊县欠款总价值 42 亿美元,其中 31 亿美元债务与下水道工程有关。摩根大通持有 12.2 亿美元该县的下水道债务,该公司的官员在 2002 年和 2003 年的杰弗逊县债务再融资中有不当行为(Walsh,2013)。截至 2012 年 5 月,杰弗逊县已经减少开支、裁减 700 多名政府雇员。2013 年 12 月,杰弗逊县在债务重组后脱离了破产状态。其债务重组包括出售 18 亿美元的新债务来替代县政府所欠的 31.4 亿美元的原有的下水道债务(Wright,2013)。

未来 40 年,杰弗逊县的居民和企业将支付债务本金和欠款,债主也承担了巨大的损失。债主放弃了约 14 亿美元的债务,但杰弗逊县仍然欠着 18 亿美元的重组债务。下水道收费已经连续 4 年每年上升 7.9%,2014—2053 年还要每年上升 3.5%,而维护下水道也需要支付巨额费用。杰弗逊县居民的税负本来就很重,县内很多地方的销售税都高达 10%(其中州税 4%、县税 2%、地方税 4%)。截至 2013 年年底,杰弗逊县已经支付了 2 400 万美元的诉讼费用(Braun,2013)。

原因分析

杰弗逊县的债务有两个问题:(1)拖欠下水道工程大修债务,下水道工程的成本在修建过程中大幅度上升。(2)债券调换本来是为了减少债务利息,结果反而增加了债务,降低了人们对该县债务偿还能力的信心。2008年2月,标准普尔(S&P)把该县债券的评级降到"垃圾级"。债务违约是由于大金融公司(如摩根大通)贿赂县负责人,采用最昂贵的下水道系统。债务调换、手续费、罚款等使与下水道工程有关的总债务高达31亿美元,30年都难以还清这些债务。一些县领导人因受贿被判刑。该县的审计工作落后3年,而只有审计完成后才能举借新债。2008年3月杰弗逊县申请破产保护。

10.6　宾夕法尼亚州哈里斯堡市的案例

哈里斯堡市(Harrisburg)是美国宾夕法尼亚州首府,是宾夕法尼亚州第九大城市;哈里斯堡市人口约5万,贫困线以下人口占总人口的31.6%。历史上,哈里斯堡市是美国的工业中心之一;20世纪80年代,随着钢铁工业的衰落,哈里斯堡市开始产业转型。

主要由于一个焚化炉项目的失误,哈里斯堡市自2010年以来一直处于破产边缘。哈里斯堡市的总债务3.45亿美元,人均债务6 970美元(Gilliland,2013)。市议会于2011年10月通过申请《破产法》保护,但遭到市长和州长的反对(Tavernise,2011)。2010年12月和2011年6月,宾夕法尼亚州政府将哈里斯堡市置于州《47号法案》之下,包括救助和恢复的计划。该计划建议市政府冻结工资和造成财政问题的焚化炉销售,还建议缩减政府规模、提高若干所得税。但是,市议会投票拒绝了《47号法案》的救助方案。

关于焚化炉项目引发债务问题的记录包括:2000年的10月和11月,改造焚化炉的计划开始更多地借贷,并雇用巴洛公司做项目设计工作。2003年12月,哈里斯堡市和多芬县(Dauphin County)担保了1.25亿美元的新债来实现巴洛公司的改造。2005年4月,事情越来越清楚——改造项目存在严重的问题。2006

年3月,焚化炉不能正常运行并且是赔钱的,这导致了即便卖掉焚化炉也无力偿还巨额的债务。2007年1月,巴洛公司由于未能实现在预算内进行改造而被市政府解雇了;新泽西州的卡万塔能源公司被聘请运行焚化炉并最终完成改造。2007年6月,市长里德(Stephen R. Reed)开始借入新的贷款来完成这个项目。2007年8月,哈里斯堡当局董事会成员(Harrisburg Authority Board Members)被市议会任命的监管者取代。2007年12月,该市新借了6 000万美元,其中市、县政府担保了3 400万美元。

2011年10月,市议会以4比3的投票结果决定申请破产保护,但遭到市长和州长的反对。市议会同意申请破产是为了避免因翻新焚化炉而产生的3亿美元债务受到诉讼(Tavernise,2011)。考虑到破产对政府雇员医疗保健和退休以及对宾夕法尼亚州其他城市市政债券的伤害,宾夕法尼亚州通过了一项法律,否决哈里斯堡市申请的破产保护,法官也驳回哈里斯堡市的破产申请。

2012年3月,哈里斯堡市被免付了第一笔530万美元的债务。此后,哈里斯堡市面临6 800万美元的债务,其中很大部分与市政焚化炉有关(该项目出现成本超支、建设延期、设计、融资和再融资的问题)。市政府计划裁减政府雇员、长期出售或出租资产(包括停车场、自来水和下水道)、要求债权人重组或减免贷款。2013年7月,接近达成协议的债务重组计划包括:出售焚化炉,出租一些市属停车场,建立新的州借债机构来发行新债以替换旧债(Walsh,2013)。

同样是较大城市的政府债务问题,哈里斯堡与底特律市的处理方法不同。底特律市通过申请破产、重组债务而暂时度过危机;哈里斯堡市则没有通过破产的方式。底特律市的问题已经存在几十年之久,产业的衰退造成人口的大量流失,从而减少了税收基础;而哈里斯堡市的问题主要来自一个失败的项目,尽管还有其他的结构性问题。因此,哈里斯堡市的债主们可以达成一个协议,从而不需要采取破产程序。

10.7 加利福尼亚州斯托克顿市的案例

斯托克顿市(Stockton)是美国加利福尼亚州的一个城市,位于旧金山市东北130公里,拥有约30万人口,是加利福尼亚州的第13大城市。历史上,斯托克顿市以生产拖拉机而闻名;目前,该市的产业包括通信业和制造业。

2008年的金融危机特别是房地产泡沫的破灭给斯托克顿市政府的财政带来负面影响。2012年6月28日,斯托克顿市申请破产保护,在当时是美国历史上申请破产的最大的城市。当时,斯托克顿市政府已经欠下大概7亿美元的债务,并且存在2 600万美元的年度预算赤字。市政府试图通过和工会重新谈判以削减福利,以及把公共设施基金减少一半等举措来缓解债务危机;但是,这些方法均告失效。

美国联邦法官克莱因(Christopher M. Klein)于2013年4月1日批准了斯托克顿市进入破产程序。根据法院要求,斯托克顿市政府将对债务进行重组,同时会大幅削减政府雇员的退休年金。2013年10月4日,斯托克顿市议会通过解决破产问题的计划。2013年11月5日,选民投票通过提高销售税3/4美分来融资以摆脱破产状态。2014年10月30日,联邦破产法官批准斯托克顿市的恢复计划,允许市政府保持原有的退休金计划(Wikipedia,2015p)。

10.8 其他案例

除以上案例外,近期美国市、县政府出现财务和债务问题的还有罗得岛州的中央瀑布市(Central Falls),加利福尼亚州的瓦莱若市(Vallejo)、圣贝纳迪诺市

(San Bernardino)和马茅斯湖市(Mammoth Lakes),阿拉巴马州的普里查德市(Prichard)等。

中央瀑布市是罗得岛州的一个城市,人口1.9万,位于州府普罗维登斯(Providence)附近。2011年,该市有8 000万美元未支付的退休金和其他福利债务;从那时起的五年,每年有500万美元赤字,而该市每年的预算只有1 700万美元(Wikipedia,2015h)。由于付不起工资,该市于2010年把所有公立学校教师解雇(以后又恢复了雇佣关系)(Niedowski,2011)。

瓦莱若市是加利福尼亚州的一个城市,人口11.6万,是圣弗兰西斯科湾区第10大城市。该市的预算为8 000万美元,债务包括5 300万市政债券和2.2亿美元未支付的健保和退休计划。瓦莱若市于2009年申请破产,2011年脱离破产。但是,其财政问题仍然存在,2014年有5 200万美元的预算缺口,可能会重新申请破产(Adelmann,2014)。

圣贝纳迪诺市是加利福尼亚州的第17大城市,有近21万人口,位于加利福尼亚州南部。2012年7月,圣贝纳迪诺市申请破产保护,这是两周内加利福尼亚市第三个申请破产的城市(前两个分别是斯托克顿市和马茅斯湖)。圣贝纳迪诺市是加利福尼亚州最穷的城市,也是美国第二穷的城市。

申请破产的还有加利福尼亚州的旅游城市马茅斯湖市。由于无力支付一笔4 300万美元的款项,该市出现280万美元的亏空,在2012年申请破产(Sahagan,2012)。

阿拉巴马州的普里查德市拥有人口2.2万,由于犯罪、贩毒活动猖獗,大量流失中产阶级、税收基础缩小,出现财政困难,在1999年宣布破产。

此外,爱达荷州的博伊西县(Boise County)在2011年3月曾申请《破产法》保护。

以上案例给出一个美国州和地方政府财政和债务问题的比较真实的图像,

可以帮助我们更好地理解美国州和地方政府的财政和债务情况，了解债务危机的发生缘由。引起美国州和地方政府债务问题的原因是多样的，有些是长期过度花费引起的，有些是某些建设项目的失误造成的。解决债务问题的途径也是多样的，多数申请破产保护，但一些是靠自行增收减支来解决的。

第2篇
美国政府财政和债务危机对中国的影响和借鉴

我们研究美国政府的财政和债务问题,是为了使我国避免可能遇到的类似风险,从美国政府的债务问题中汲取经验并找到可以借鉴的东西。本篇把美国的政府债务危机和中国联系起来,研究美国政府债务危机对中国的影响和借鉴。

本篇着重考虑三个问题:第一,美国政府债务对中国投资的影响以及我国的防范措施;第二,中国政府债务问题,以及中国政府债务与美国政府债务的比较,着重论述两国的地方政府债务的问题;第三,美国政府债务的监管制度对中国的借鉴。

第 11 章　美国政府债务对中国投资的影响以及中国的防范措施

近几十年来,世界经济日益全球化。中国和美国作为当今世界最主要的经济体,相互之间有着密切的关系。过去一段时间,中国对美国商品贸易的大量出超,使得中国成为美国资产的持有者以及美国政府债券的最大外国债权人。尽管在 2014 年下半年有所减少,截至 2014 年 11 月,中国在美国国库券的外国持有者中仍保持第一。中国政府持有美国国库券约 1.25 万亿美元(见图 11.1),其他主要的外国持有者包括日本、比利时等(U. S. Treasury,2014)。

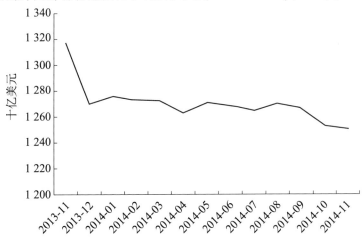

图 11.1　中国持有的美国国库券(2013 年 11 月—2014 年 11 月)

资料来源:U. S. Treasury,2014。

根据美国财政部的资料,中国持有美国国库券、股票、机构和公司债券,其中大部分为长期国库券。2013年6月30日,中国持有1.735万亿美元美国证券,其中长期国库券1.272万亿美元,股票0.261万亿美元(U. S. Treasury and Federal Reserve,2014)。

11.1 美国政府债务对中国的影响

主权债务危机的传导主要有三个途径:贸易路径、金融路径和预期路径。其中,贸易路径主要经"价格效应"与"收入效应"完成。"价格效应"是指发生主权债务危机的国家因货币贬值导致物价相对贸易伙伴国下降,从而使贸易伙伴国出口恶化,经济增长下降。"收入效应"是指主权债务危机发生国的居民收入下降导致贸易伙伴国出口恶化。金融路径则是指经济全球化导致各国金融体系错综复杂的关系,包括银行体系和资本市场的密切联系,使一国的债务危机通过金融体系迅速传导到其他国家。预期路径是指投资者对与主权债务危机发生国相似的国家产生相似预期从而将危机传导致该国。

贸易路径

美国是中国的重要贸易伙伴。美国经济增长的放缓将直接影响到中国的出口贸易。特别是在目前,中国的出口占国民经济比重过高,加上全球经济的低迷导致全球总需求的疲软,中国出口贸易的形势依然十分严峻。美债危机之后世界经济的恢复速度变得很慢。在这个过程中间,由于包括美国在内的外部需求减少,我国经济增长的出口方面压力比较大。

美国债务危机将会使我国出口企业的收汇风险增加。特别是与美国贸易密切的企业,受到这种影响更为严重。债务危机使美国国内企业在资金链、银行信用上出现问题,进而会转嫁到我国的出口企业身上,可能出现拖欠、资金链断裂、合同违约、无力偿还等情况,使我国外贸企业运作成本进一步上升,利润率下降。

金融路径

由于美国在世界金融体系中所处的主导地位,美国政府债务危机对全球经济和中国都将产生深远的影响。这些影响主要包括:

(1)美国联邦政府、规模较大的州和地方政府的债务危机可能危及美国政府信用,产生信用危机,造成全球经济衰退或长期停滞。在这种情况下,美国政府的信用评级可能被调低;而美国州和地方政府的债务问题引起的信用降低也会影响美国联邦政府的信用评级。美国联邦和地方政府的信用评级一旦下降,就可能造成对美国联邦政府和地方政府债券评级的下降。在极端情况下,美国政府债务信用评级的大幅度下降,将使利率飙升、银行资产缩水、流动性枯竭、借贷活动停止、企业投资减少、经济活动停滞等。全球和美国经济的衰退,进而影响中国的出口,从而影响中国的经济发展。当然,这种风险目前并没有这么严重。

(2)中国是美国政府债券的主要外部持有者之一。美国政府债务危机可能增加中国和其他国家持有的美国政府债券的风险。美国政府信用评级的降低,直接意味着美国政府债券风险的提高。如果美国联邦政府和一些地方政府破产、拖欠债务,就会影响美国联邦政府债券的价值,使作为美国联邦政府债务主要债权国的中国遭受损失。

(3)货币贬值是减少政府债务负担的一种方法。如果美国采取货币贬值的方法减少债务负担,就可能引起全球通货膨胀,间接地降低中国持有的以美元衡量的美国政府债券的价值。美国的通货膨胀会通过进口传导至中国市场,推动中国价格水平的上涨。

(4)美国联邦和地方政府的财政问题还可能引起美国内部不同利益集团的利益冲突,造成美国政府政策的变化,进而损害中国和其他国家的利益。

对中国来说,第一种风险对中国经济可能产生直接影响,减少中国的出口,进而影响中国整体经济的增长。这将迫使中国经济加快由出口导向型转变为国内需求主导型。第二种风险和第三种风险会降低中国持有的美国资产的价值。如果美国增发美元就将影响中国持有的美国债券的价值,尽管美国政府拒付债务的可能性在当前尚不存在。中国作为美国政府债券的主要债权人之一,应当敦促美国进行财政和债务体制改革,从根本上改变其财政和债务状况。

11.2　中国可能的应对措施

美国政府的财政和债务问题对中国和世界经济存在诸多影响。中国必须未雨绸缪,制定必要的应对措施,以减少这方面的负面影响。笔者认为,中国对美国联邦、州和地方政府债务问题的应对措施大体包括:

(1)密切关注美国各级政府的财政和债务情况,以及政府债券的风险。在衰退来临,美国联邦、州和地方政府可能出现债务危机时,适当减持风险较大的美国政府债券。由于美国国库券的风险与其他证券相比较小,持有较多的美国国库券是合理的、不可避免的。尽管这样,但是为了规避风险,仍然需要注意购买的国外资产的多样性。

(2)注意投资结构的优化。把投资分散在大量的不同类型、不同期限的政府债券上,以分散投资风险。要考虑投资的机会成本,以及外汇储备的投资方向。在购买政府债券的同时,也要注意进行其他类型的投资。

(3)中国政府有关部门应当建立美国州和地方政府的财政和债务数据库,

以便中国政府部门和企业查询美国州和地方政府的财务状况和信用历史,防范投资风险。

(4)进一步转变中国的经济增长方式,提高内需对经济增长的作用,平衡国际收支,减少持有外债的相对重要性,从而降低中国经济受世界经济波动的影响。为此,需要继续进行金融市场和外汇市场的改革和对外开放。

(5)通过进一步开放中国市场,吸引外国投资以及外国人到中国工作。中国经济转变为以国内需求为主导,也意味着世界经济将转变为以中国为中心市场,这是世界经济持续发展的根本保证。世界经济的这一结构转变,意味着各国所扮演的角色的根本转变。例如,过去是美国市场的巨大需求使亚洲"四小龙"和中国经济起飞,未来的可能是中国市场的巨大需求使德国、日本甚至美国的经济复苏。为实现这一转变,我国需要进行一系列的制度和政策的建设,逐步放开资本账户管制,增加利率和汇率的弹性,方便外国企业在中国的投资和贸易。

(6)在危机发生时,在力所能及的情况下,中国可以适当参与对美国政府债务危机的救助。美国是中国最主要的贸易伙伴,其萧条对中国出口的影响巨大。中国参与救助的目的,应当是防止全球性的长期经济衰退。在提供适当救助的同时,对美国联邦和地方政府提出财政改革的要求及其时间表,帮助这些政府进行内部的结构改革。

(7)鼓励中国企业在美国投资,直接帮助美国企业提高效率、改善经营,从而间接改善美国联邦和地方政府的财政状况。

(8)加快人民币国际化的进程,发展人民币对外结算业务,在进出口方面减少对美元的依赖度。

在近期,美国经济好转,美联储已经结束了量化宽松政策,预期美国利率会上升,美元在外汇市场上会升值。在这种情况下,中国减持美国国债显然是不适当的,但是仍然需要注意调整中国在美国的资产的结构,在新的世界经济环境中制定和执行理性的政府对外投资政策。

在长期,美国的生产和生活方式都存在严重问题,需要改革其福利制度,但是,这种方式的转变即使可能也需要时日。美国经济是世界经济的一部分,美国一旦发生危机就必然影响世界和中国,对美国联邦和地方政府的救助正是为了稳定世界经济,这在长期对中国经济是有利的。在这个意义上,中国应当帮助解决美国债务危机,积极参与有关的国际协调活动;但是同时需要认识到,在短期,中国帮助解决美国债务的影响是有限的。

第 12 章　中国政府财政和债务的现状和问题

在用大量篇幅讨论美国政府的财政和债务问题后,现在我们讨论一下中国政府的财政和债务问题,并与美国的类似问题做比较。通过比较,我们希望更深入地理解中国和美国政府的财政和债务问题的相同点和不同点,为更好地解决中国政府特别是地方政府的债务问题提供一些思路。

改革开放以来,中国政府财政已经进行了很多实质性的改革。政府职能由生产型向服务型的转变,使政府的支出结构发生了根本性的变化。"利改税"等改革使收入的主要来源从企业利润转变为工商税收,个人税收的比重也有所增加。1994 年的财政改革重新划分了中央-地方的事权和财权,为理顺各级政府间的财政关系奠定了基础。尽管实施了很多实质性的改革,但是政府财政和债务仍然存在许多遗留的问题;在改革过程中也出现了一些新的问题,需要把财政改革继续进行下去。在本章的以下部分,我们分别讨论中国的财政问题和地方债务问题。

12.1　中国政府的财政问题和改革

中国目前的财政问题主要包括:(1)预算规范化和透明化;(2)中央-地方的

事权和财权划分及地方政府债务问题。本节集中讨论中央政府财政改革的问题。

在支出方面,改革开放以来政府职能的转变对财政支出产生重要的影响。随着政府职能由生产型向提供公共服务型的转变,政府的支出结构发生很大的变化。尽管经济发展仍然是政府最重要的任务,但是政府已经从直接指挥生产逐步向为经济发展创造外部环境转变,同时承担起更多的社会职能。

在收入方面,"利改税"改革使政府财政收入的主要来源从企业利润转变为税收,工商税收以外的其他税收的比重也有所扩大。然而,中国的税制改革尚未完成(如营业税的改革),还须继续进行下去。

中国政府财政的一个长期存在的问题是,政府预算不规范、不透明。各级政府和政府各部门缺乏定期的、规范的财政预算。这些预算缺乏透明度,很难受到各级人大和普通民众的监督。与预算相联系的会计制度也不够完善,以收入-支出表为主的预算会计制度不能全面、真实地反映政府收支和资产变动的情况。修订现有的《预算法》,建立规则明确、可行的预算制度是财政改革的一项重要课题。在修订《预算法》的同时,还需建立和完善预算会计制度,切实保证《预算法》的实施。

政府预算制度改革

尽管存在波折,《预算法》的修订工作一直在进行,并且已经取得成果。全国人民代表大会于1994年3月22日通过《中华人民共和国预算法》。20年后,经过四次审议,全国人民代表大会常务委员会于2014年8月31日通过《预算法》修正案,2015年1月1日起实施。经过修改的《预算法》规定:(1)实行全口径预算管理,政府的全部收入和支出都应当纳入预算。收入不仅包括税收和收费,还包括国有资本经营收入、政府性基金收入等;支出也要涵盖广义政府的所有活动;同时,将地方政府的债务纳入预算管理。(2)旧《预算法》规定预算审核重点是收支平衡,并要求预算收入征收部门完成上缴任务。新《预算法》将审核预算的重点由平衡状态、赤字规模向支出预算和政策拓展。收入预算从约束性转向预期性,通过建立跨年度预算平衡机制,解决预算执行中的超收或短收问题。例如,超收收入限定为冲抵赤字或补充预算稳定调节基金;省级一般公共预算年度执行中出现短收,允许增列赤字并在下一年度预算中弥补等。(3)预算公开。新《预算法》对预算公开的范围、主体、时限等提出明确、具体的要求,对转移支付、政府债务、机关运行经费等社会关注事项要求公开作出说明。而对于预算不够细化的问题,新《预算法》作出明确规定,如强调今后各级预算支出要按其功能和经济性质分类编制等。(4)严格债务管理。目前地方政府债务的风险虽总体可控,但大多数债务未被纳入预算管理,脱离中央和同级人大监督,局部存在风险隐患。新《预算法》明确规定,经国务院批准的省、自治区、直辖市的预算中必需的建设投资的部分资金,可以在国务院确定的限额内,通过发行地方政府债券,以举借债务的方式筹措。举借债务的规模,由国务院报全国人民代表大会或者全国人民代表大会常务委员会批准。省、自治区、直辖市依照国务院下达的限额举借的债务,列入本级预算调整方案,报本级人民代表大会常务委员会批准。举借的债务应当有偿还计划和稳定的偿还资金来源,只能用于公益性资本支出,不得用于经常性支出。国务院建立地方政府债务风险评估和预警机制、应急处置机制以及责任追究制度。国务院财政部门对地方政府债务实施监督(楼继伟,2014)。

权责发生制政府综合财务报告制度改革

规范政府预算会计制度、建立严格的责任制,是保证《预算法》实施的相关措施。国务院于2014年12月12日批转财政部的《权责发生制政府综合财务报告制度改革方案》。中国目前的政府财政报告制度实行以收付实现制政府会计核算为基础的决算报告制度,主要反映政府年度预算执行情况的结果,无法科学、全面、准确地反映政府的资产负债和成本费用,不利于强化政府资产管理、降低行政成本、提升运行效率、有效防范财政风险。因此,财政部提出加快推进政府会计改革,逐步建立以权责发生制政府会计核算为基础,以编制和报告政府资产负债表、收入费用表等报表为核心的权责发生制政府综合财务报告制度(财政部,2014)。

财政部《权责发生制政府综合财务报告制度改革方案》提出,要建立政府会计准则体系和政府财务报告制度框架体系。制定政府会计基本准则和具体准则及应用指南;健全、完善政府会计制度。政府会计科目设置要实现预算会计和财务会计双重功能。预算会计科目应准确、完整地反映政府预算收入、预算支出和预算结余等预算执行信息;财务会计科目应全面、准确地反映政府的资产、负债、净资产、收入、费用等财务信息。条件成熟时推行政府成本会计,规定政府运行成本的归集和分摊方法等,反映政府向社会提供公共服务支出和机关运行成本等财务信息。同时,还要制定政府财务报告编制办法和操作指南,并建立健全的政府财务报告的审计和公开制度。为建立新的政府财务报告制度,需要清查、核实政府各部门的资产的负债,按时编制以资产负债表和收入费用表为主要内容的财务报表,开展政府部门财务报告审计,向社会公开政府部门财务报告,并加强政府部门财务分析。财政部特别指出,在进行政府财务报告改革时,要立足中国国情,借鉴国际经验,吸收国际公共部门会计准则和他国有关制度改革的有益经验。

中国政府财政特别是预算不规范和责任不明确,以及与"金字塔"形政府层级结构中的预算软约束的问题,既是计划经济遗留下来的,也是改革开放中政府各层级间关系的变化而产生的。这些问题的解决,既需要建立和完善政府层级结构间明确的问责制,也需要建立各级人民代表大会对预算的可行的监督机制(如建立专业的预算审查机构,吸收专业人员参加等)。此外,还需要建立适当的激励和委托代理机制来保证层级结构间问责制的有效实施,减少有关的交易费用。

12.2 中国地方政府的债务问题

中国现阶段的政府债务问题主要是地方政府的债务问题。根据2013年12月30日审计署发布的《全国政府性债务审计结果》,截至2013年6月,中国政府实有负债为20.7万亿元,或有负债为9.58万亿元。其中,地方总负债为17.9万亿元,地方实有负债为10.6万亿元。大部分负债是地方政府负债。审计署发布的《全国政府性债务审计结果》显示,截至2013年6月底,全国各级政府负有偿还责任的债务206 988.65亿元,其中中央政府负有偿还责任的债务为98 129.48亿元。再考虑到2013年中国GDP为568 845亿元,由此计算得到的债务率((全国各级政府负有偿还责任的债务+全国各级政府或有债务)/2013年GDP总额)约为53.2%。

根据社科院"中国国家资产负债表研究"课题组发布的《中国国家资产负债表2013》,虽然2007—2011年,中国国家总负债从118.9万亿元增加到242万亿元,但是同期,中国国家总资产从284.7万亿元增加到546.5万亿元。两者间的差额(中国国家净资产)从165.8万亿元增加到304.5万亿元。主权部门可称为"广义政府",包括中央政府、地方政府、国有非金融企业、行政事业单位、中央银行,以及国有金融企业。2000—2011年,中国主权资产的增幅要高于主权负债。相应地,中国主权资产净值的规模一直处于不断的增长之中。2011年,宽口径的中国主权资产净值为87万亿元,窄口径的中国主权资产净值为21.6万亿元。无论采用宽口径还是窄口径,中国主权资产净值为正,表明在相当长的时间内,中国发生主权债务危机的可能性较小;但是,包括养老金缺口在内的或有负债风险值得关注(社科院"中国国家资产负债表研究"课题组,2013)。

近年来,中国地方政府债务激增,债务风险问题引起关注。截至2010年,地方政府债务仅为10.7万亿元,三年以后这一数字增加约70%。1994年的税制改革,一改此前放权让利的改革思路,转而按税种划分中央-地方的财政收入,这标志着财政体制改革迈出重要的一步。然而,自1994年分税制改革以来,地方政府的财力与其承担的城市建设、公益项目建设及经营义务呈现明显的不对等性。2000年以来,地方政府在总投资中的份额不断上升;但是按照规定,地方政府不能自行发行债券。为筹集资金,地方政府把地方投融资平台作为规避地方发债限制的一种方式。地方投融资平台以城市建设投资公司、城市建设开发公司、资产经营公司、高新技术产业开发公司、土地储备中心等多种形式出现,成为地方政府为公益性项目及基础设施建设等城市开发建设项目进行融资的重要方式。地方政府投融资平台是指由地方政府及其部门和机构等通过财政拨款或注入土地、股权等资产设立,承担政府投资项目的融资功能并拥有独立法人资格的经济实体。投融资平台主要具有四个特征:政府掌控;主要业务为投融资及公共项目的开发经营;融资行为的偿债责任(或担保)全部(或部分)由地方政府财政承担;融得资金主要投向基础设施建设等市政项目。投融资平台资金主要流向基础设施建设及公共项目的投资运行,这类项目大多具有资金需求量大、使用周期长、公共产品属性强、盈利能力较弱等特点。地方债务质量具有典型的顺周期性,一旦经济出现衰退,债务就会出现非线性的恶化趋势。地方政府性债务对地区金融安全的影响集中在市、县两级政府,尤其是县级政府(周潇枭,2014)。目前,地方投融资平台的融资方式主要有四种:第一种为银行贷款,是目前投融资平台公司最主要的融资方式;第二种为债券融资,包括政府债券和城投债两类,这种融资方式一般对平台本身的要求更高,操作也更规范;第三种为信托筹资,在目前中央监管越来越严厉的背景下,更多城投公司开始悄悄将融资渠道向信托转移;第四种为股权融资方式,主要针对已经上市的平台公司。

在中国地方政府债务问题的背后,是企业、银行、地方政府、中央政府之间形成的"预算软约束网络"。在地方政府与企业、地方政府与银行、中央政府与地方政府这三对关系之间都存在"前者干预后者,后者为前者服务,前者为后者提供隐性担保"的逻辑。这种隐性担保直接造成债务责任模糊不清的问题。在这种情况下,地方政府债务同时失去责任约束与产权约束,中央政府成为最后的"兜底人",从而产生债务危机。

面对地方投融资平台日益加剧的风险,财政部、银监会等机构陆续推出多项政策对各地投融资平台进行整顿清理。2014年8月修订后的《预算法》对地方政府债务管理作出明确规定,经国务院批准的省、自治区、直辖市的预算中必需的建设投资的部分资金,可以在国务院确定的限额内,通过发行地方政府债券以举借债务的方式筹措。《预算法》对举借债务的用途规定,债务应当有偿还计划和稳定的偿还资金来源,只能用于公益性资本支出,不得用于经常性支出。新《预算法》规定政府全部收支纳入预算,经人大批准的预算非经法律程序不得调整。部门预算、决算及报表在批准后20日内向社会公开。要求预算按支出功能、经济性质分类编制(人民代表大会,2014),未来的政府预算,应当包括日常收支预算和资本预算。

中国的财政和债务问题很重要的一方面是透明度。地方政府债务的风险在于其透明程度很低,因此其规模难以衡量。投融资平台模糊了地方政府与投融资平台之间的关系,增加了风险和衡量风险的难度。在地方政府债务缺乏透明度的情况下,债务风险的控制也就无从谈起。

12.3 解决债务问题的思路

中央政府和政策研究人员对解决政府债务问题的思路,几经变化,反映了各方对中国政府债务问题的认识的深化。

解决债务问题的思路的变化

表12.1描述了自2008年以来中央出台的一系列政策要求,从中我们可以比较明确地看出中央对于地方政府举债问题的态度与解决债务问题的思路的转变。

表12.1 解决地方政府债务问题的政策演变

时间	文件	重点摘要	对地方政府融资的态度
2009-02-18	《2009年地方政府债券预算管理办法》	(1)目的:积极的财政政策,增强地方投融资能力。 (2)对地方政府债券的首次认可。 (3)规定地方政府债券融资资金主要用于难吸收社会投资的公益性建设项目。 (4)地方政府债券由中央财政统一代办偿还,允许地方"借新债,还旧债"。	宽松而积极地鼓励,中央在一定程度上成为地方政府举债的"兜底人"。
2009-03-06	《关于4万亿元投资的有关情况》	(1)2008—2010年,中央拟新增投资1.18万亿元,地方和社会拟新增投资2.82万亿元,总规模4万亿元。 (2)中央出台协助地方融资的三项措施:代发地方政府债券;银行较长期限、较低利率的特种贷款;地方投融资平台企业债券。 (3)监管措施为"两个明确,两个严格"。	中央通过三项措施鼓励地方政府融资,监管比较松散。
2009-11-06	《财政部关于坚决制止财政违规担保向社会公众集资行为的通知》	(1)认定地方财政为投融资平台公司担保属违法。 (2)强调地方进行基础建设应当量力而行。 (3)立即停止财政违规担保向社会公众集资的行为。 (4)加大对财政违法违规行为的监督和查处力度。	加强监管,禁止财政担保企业,强调融资量力而行。

(续表)

时间	文件	重点摘要	对地方政府融资的态度
2010-06-13	《国务院关于加强地方政府投融资平台公司管理有关问题的通知》	(1)要求清查投融资平台公司的债务。 (2)清理投融资平台,主要依靠财政资金偿还债务的平台公司今后不得承担融资任务。有稳定经营性收入的平台公司,根据《公司法》规定充实公司资本金,实现商业运作。 (3)公益性资产不得作为资本注入投融资平台公司。 (4)投融资平台是拥有独立法人资格的经济实体,以项目法人公司作为承贷主体,贷款落实到项目。 (5)以符合条件的项目资产及预期收益作为贷款担保。地方政府不得以任何直接、间接形式为平台提供担保。	进一步加强监管,主要依靠财政资金偿还债务的平台公司今后不得承担融资任务,强调平台的独立性。
2010-08-19	《关于贯彻国务院关于加强地方政府投融资平台公司管理有关问题的通知》	(1)贷款资金用于项目本身,承贷主体为具有独立承担民事责任的市场主体。 (2)其中"直接、间接形式为投融资平台公司提供担保"包括但不限于下列各种形式:为投融资平台公司的融资行为出具担保函;承诺在投融资平台公司偿债出现困难时给予流动性支持,提供临时性偿债资金;承诺当投融资平台公司不能偿付债务时承担部分偿债责任;承诺将投融资平台公司的偿债资金安排纳入政府预算。	投融资平台的市场化,强调平台是具有独立承担民事责任的市场主体,剥离政府的影响。

(续表)

时间	文件	重点摘要	对地方政府融资的态度
2012-12-31	《四部门关于制止地方政府违法违规融资行为的通知》	(1)严禁直接或间接吸收公众资金,违规融资。 (2)加强注资管理,地方政府不得将储备土地作为资产注入投融资平台公司,不得承诺将储备土地出让收入作为偿债资金来源。 (3)不得通过金融机构中的财务公司、信托公司、基金公司、保险公司等直接或间接融资,不得为BT协议提供担保。 (4)坚决制止地方政府违规担保的承诺行为。	禁止为平台公司注入储备土地;平台公司禁止通过信托等融资;地方政府禁止为BT(建设-移交)协议提供担保。
2013-05-23	《国家发展改革委办公厅关于进一步改进企业债券发行审核工作的通知》	规定"加快和简化审核类"及"从严审核类"企业债,对企业债发行进一步规范与限制。	对城投债进行限制。
2014-9-21	《国务院关于加强地方政府性债务管理的意见》	(1)明确政府和企业的责任,政府债务不得通过企业举债,企业债务不得推给政府偿还;剥离平台公司的融资职能。 (2)建立规范的地方政府举债融资机制;推广使用政府与社会资本合作模式。 (3)对地方政府债务实行规模控制与预算管理。 (4)建立地方政府性债务的风险预警机制,地方政府对其举借的债务负有偿还责任,中央政府实行不救助原则;地方政府无法偿债时应及时上报,上级政府启动应急预案及责任追究机制。	取消投融资平台的融资职能,"修明渠,堵暗道",建立市政债券及公私合作模式。

资料来源:中华人民共和国中央人民政府网站,中华人民共和国财政部网站,中华人民共和国国家发展和改革委员会网站。

通过上面的梳理,我们基本理清了中央对于地方政府融资的思路变化。

(1)2009年年初,为配合"四万亿计划",中央采取积极的财政政策,并采取

"三项措施"(代发地方政府债券,银行较长期限、较低利率的特种贷款,地方投融资平台企业债券)鼓励地方政府融资。

(2)2009年年末,风险初显,中央强调"禁止地方政府为投融资平台担保"。

(3)2010—2011年,彻底清查地方政府的债务规模及各地投融资平台;试图剥离地方政府与平台公司的联系,强调平台公司市场化;严禁地方政府对平台公司各种形式的担保行为,取消主要依靠财政收入偿还债务的平台公司的融资职能,强调平台公司是具有独立承担民事责任并实现商业运作的经济实体。

(4)2012—2013年,进一步剥离地方政府与平台公司的关联,禁止地方政府将储备土地作为资产注入平台公司。但同时对平台公司融资提出各项限制:不得通过信托、保险等金融机构融资,严格限制平台公司发放城投债的渠道。再次强调了"禁止地方政府向平台公司提供担保"。

(5)2014年,彻底取消投融资平台的融资职能,对地方债实行规模控制与预算管理;建立地方政府性债务的风险预警机制。

从上述中央政府对于地方政府债务问题的思路变化中,我们能够提取几个关键点:

首先,从2009年年末到2012年年末,中央文件中反复强调"坚决制止地方政府违规担保承诺行为"。可以看出在这三年的时间中,地方政府违规担保的行为并未有效禁绝。其次,在地方政府债务风险显现后,中央调控政策的明显倾向是,通过尽量切断地方政府和平台公司的依存关系,使平台公司作为"拥有独立法人资格的""具有独立承担民事责任"的市场主体,实现"商业运作"。也就是说,通过地方平台公司的"市场化",运用"市场的力量"抑制地方投融资平台的债务风险。具体措施包括:取消主要依靠财政收入偿债的平台公司的融资资格;禁止地方政府将储备土地作为资产注入地方平台公司;严格禁止地方政府提供各种意义上的担保;鼓励平台公司充实资本金实现商业运作;等等。

不难发现,一方面,中央期望通过割断地方政府和平台公司的依存关系,使平台公司作为独立的经济实体接受市场的监管,借助市场的力量实现对平台公司债务风险的控制与监管。另一方面,中央又不断通过行政力量对平台公司进行制约,包括禁止平台公司通过金融机构中的财务公司、信托公司、基金公司、保险公司等直接或间接融资,以及严格限制平台公司发行城投债融资等。也就是说,一方面期待借助市场力量实现对平台公司的监管,另一方面又不断用行政力量干预平台公司的独立运转。中央在监管地方债务的过程中,这种看似矛盾的逻辑背后反映了地方债务监管过程中什么样的难点呢?

其实,从2009—2012年中央在发布的文件中反复禁止"地方政府为投融资平台提供担保"这一细节就不难看出,中央试图割断地方政府与平台公司的依存关系进而利用市场的力量约束平台公司的尝试并不成功。也正是因为如此,在2012年后的政策中,中央又不断通过行政力量来限制地方平台公司的投融资行为。到2014年,中央终于彻底放弃了通过平台公司进行投融资的尝试,并在之后提出"修明渠,堵暗道",鼓励通过市政债券及公私合营(PPP)模式等途径来满足地方政府投融资的需求。

"平台市场化"的思路

我们进一步分析"地方投融资平台市场化"的思路。实践说明,投融资平台市场化存在一定困难。从理论上来分析,这一结果亦不难理解。地方平台从诞生之初就是地方政府为了融资并规避《预算法》和《贷款通则》而设立的,它从一开始就和地方政府水乳交融、不可分割。因此,强行通过"禁止担保""取消主要依靠行政收入偿债的投融资平台""鼓励平台充实资本金实现商业运作"等方式来实现平台公司独立于地方政府的尝试缺乏可行性。再者,地方平台公司承担的大部分项目为基础设施建设及公共事业项目,而这类项目多具有资金需求量大、使用周期长、公共产品属性强、盈利能力较弱等特点(杨跃东,2013)。这些项目可以大体分为:(1)城市道路建设、环境整治与水利建设;(2)供水、供热、供气、公交;(3)电力、电网、高速公路、铁路、港口、机场;(4)各类开发区、工业园区、产业园区等平台项目(孙雯,2012)。这四类项目的盈利能力依次增强,公共属性则逐步减弱。这些原本就由政府承担的项目本就应该通过强大的"政府信用"获得相应比较廉价的融资资金。强行禁止地方政府为平台公司提供担保的行为,造成平台公司不得不通过更高昂的融资成本获得资金的两难局面,而这与平台公司承担的项目属性是不匹配的。

既然如此,中央又为什么要反复禁止地方政府为投融资平台提供担保呢?首先,《担保法》第八条规定:"国家机关不得为保证人,但经国务院批准为使用外国政府或者国际经济组织贷款进行转贷的除外。"其次,倘若开辟了地方政府利用"政府信用"为平台公司担保的口子,将更加难以控制地方政府债务的风险。一方面,平台公司作为直接为地方政府投融资服务的企业,它和地方政府有着千丝万缕的联系,承担了地方政府基础设施建设及公共事业项目投资、运营的职能。但是另一方面,它又是实现商业运作的、独立承担民事责任的市场主体。一旦地方政府能够为平台公司提供担保,企业的责任就被转移了,它就不再是独立承担民事责任的市场主体。由于地方政府的兜底,软约束被打通,将会出现企业不负责任,地方政府又难以负责任的被动局面。

作为"权宜之计"的地方投融资平台虽然便利了地方政府在现行法律规定(禁止借债)的约束条件下成功地为基础设施建设进行投融资,但是依赖地方投融资平台的思路终究无法长久,因为它直接导致了地方政府的"两难":一方面,地方投融资平台为政府而生,它履行着政府基建和公共事业的职能,地方政府理应为其提供更多的扶持;但是另一方面,它作为独立的经济主体,应当独立承担民事责任。一旦打通了地方政府和平台公司的联系(譬如认可地方政府作为平台公司的担保人),那么地方政府就成为了最后的"兜底人",平台公司则面临预算软约束的局面,原本应当独立承担的责任被转移或者说分散了。同时,由于平台公司的债权人(民众)监督的缺失,平台公司既未受到产权约束,也未受到责任约束,企业债务风险的爆发就不可避免了。有人会问,如果打通了地方政府和平台公司的联系,地方政府作为最后的"兜底人"出现,那么地方政府就有激励和责任监管好下属的每一家平台公司了吗?问题是,每一个省份内部下属的平台公司少则几十家、多则两三百家,如此庞大的数量,地方政府根本难以有效地发挥债务监督与管理的职能。最后的结果就是:企业由于缺失预算软约束带来的责任约束及产权约束,不能有效地控制债务风险;而地方政府作为平台公司的支持人与兜底人,却无能力与精力顾及如此庞杂的投融资平台体系。也就是说,最后形成责任逸散,竟然没有谁能够真正地履行债务风险控制与监管的职能。

正是这个原因,一方面,中央不可能打通地方政府和平台公司的联系,严格禁止地方政府为平台公司提供担保;另一方面,由于平台公司原本就是为政府而生并部分承担政府的职能,因此地方政府必须对其提供帮助与扶持。最后就会导致一种矛盾妥协的结果:明面上,中央反复禁止地方政府为平台公司提供担保;暗地里,地方政府又无时无刻不为平台公司提供隐性担保。

其实,政府和企业的关系一直以来都是中国政府纠结的问题。2014年9月21日发布的《国务院关于加强地方政府性债务管理的意见》(国发〔2014〕43号)明确将"分清责任"作为债务管理的基本原则之一。具体来说,"明确政府和企业的责任,政府债务不得通过企业举借,企业债务不得推给政府偿还,切实做到谁借谁还、风险自担"。中华人民共和国成立七十多年来,政府和企业的关系一直是中国政府不断试图梳理、调节的难点。当今地方政府和投融资平台难以厘清的关系,亦可以被看作计划体制的遗产。计划经济,按照经济学家吴敬琏的话来说,"(计划经济)实质就是一个全国规模的大公司。这种财政体制的最大特点就是高度集中统一、公共财政和企业财务不分、财政预算和企业预算不分。财政不仅负责生产领域外的分配关系,而且负责生产领域内的分配关系,形成了一个包括国家预算、银行信贷和企业财务在内的统一的国家财政系统"(吴敬琏等,2013)。简单来说就是,政府和企业的边界模糊;政府直接参与生产领域的事务;国家预算、银行信贷、企业财务统一化。

20世纪70年代末改革开放后,原本高度集中的计划经济模式瓦解,但是计划经济的"遗产"并没有因为一场"改革"而彻底消失。制度是有惯性的,改革改变的是明面上白纸黑字的制度规则,但是很难直接通过一场疾风骤雨般的改革而完全清除根植于旧制度中的思维模式与行为方式,需要漫长的时间去消化、改变。即使到了21世纪的今天,中国财政体制中依然保留了部分计划经济时期的特征。

首先就是政府和企业责任和权力边界模糊的问题。这个问题的典型代表是国有企业和地方政府投融资平台企业。国有企业和地方政府投融资平台企业的一个共性就是,很难说存在真正的产权约束。换句话说,政府是国民财富的代理人,而国有企业和平台企业的负责人,则是代理人的代理人。国民财富真正的主人是广大的中国人民。人民作为委托方,将管理国民财富的责任交由政府代理。在中国,债权人的监督作用存在某种程度的缺位。国有企业和平台企业的负责人作为代理人,其行为却不受真正的产权约束规范。既然产权约束无效,就必须依靠责任约束对企业管理者的行为进行控制。但是,由于政府和企业之间模糊的关系,国有企业及平台企业往往面临显著的预算软约束,责任难以厘清。平台企业承担了地方政府基础建设、市政建设的职责,不可能切断其与地方政府的联系。但是这种预算软约束意味着债务责任约束的逸散与失效。在产权约束和责任约束均缺位的情况下,债务风险的存在就不可避免。

近几年地方投融资平台的兴起,为中国顺利度过全球金融危机以及地方政府的城镇化建设作出了突出贡献；但是从根本上来说，它是旧制度的"遗产"。地方政府平台企业的繁荣，再一次模糊了政府与企业的边界，从某种程度上说是一种制度的倒退。这就是为什么在2014年9月份，中央终于取消了地方投融资平台的融资职能。这样，投融资平台就完成了它的使命，注定将在不久的未来淡出历史的舞台。

12.4　中国政府债务问题的深层次根源

在中国，政府与企业、政府与银行、中央政府与地方政府之间都存在一种"后者受前者干预并为前者服务，前者为后者提供隐性担保"的关系。正如前面对于地方政府与投融资平台企业的分析一样，地方政府依靠平台企业融资进行城镇化建设，因此必定对其进行干预；但是，这种干预消解了平台企业的市场独立性。作为交换，地方政府亦不得不通过"隐性担保"来承担原本应由平台企业独立承担的风险责任。政府与银行、中央政府与地方政府的关系与此类似。

现在我们来看看政府与银行的关系问题。从1994年开始，中国对金融体系进行了全面的改革，总体来说包括三项：第一，建立中央银行制度；第二，促进原有专业银行的"商业化经营"，也就是对商业银行的独立经营权进行保护，逐渐削减政府干预；第三，增设中国民生银行等非国有独资的股份制银行以及城市商业银行（吴敬琏等，2013）。但是，三项改革内容中，第二项完成得并不理想。2002年年末，四大国有商业银行的不良债权高达20 770亿元，占贷款总额的26.12%，这是相当惊人的一个数字。根据中国人民银行2003年的一项调查，在银行不良债权当中，30%来自国有银行支持国有企业但国有企业违约，30%来自计划与行政干预（吴敬琏等，2013）。由此可见，政府对银行的干预依然非常强，而且政府干预成了银行不良债权产生的重要缘由。当然，随着改革的继续推动，近几年来,商业银行独立经营的特征更为明显,但是仍然未彻底摆脱政府的影响,地方城市商业银行受到地方政府的影响尤其大。地方政府作为商业银行的大股东,通过高级管理人员人事任免等方式对商业银行进行干预;相应地,地方政府亦向城市商业银行提供了"隐性存款保险"。

根据张正平(2005)的定义,"隐性存款保险"(对应为显性存款保险)是指"缺少法律或正式的存款保险机构、基金来确保银行存款的安全,而是在事后由政府或中央银行进行赔付的一种制度安排"(张正平,2005)。一般来说,商业银行作为一种高杠杆经营的特殊企业,银行股东与债权人之间信息不对称且激励不相容,银行股东有从事高风险行为的动机。对商业银行风险的市场约束主要有两种方式。一种约束方式是,债权人通过银行披露的信息了解银行的风险状况,再通过提高存款价格或者减少存款数量来对银行的风险承担动机进行约束。另一种约束方式是,银行"特许权价值"的自我约束,即银行准入的限制赋予银行"特许权价值",一旦银行因为过度的风险承担而破产就丧失了这部分的"特许权价值",因此银行自身有自律的动机而不过度承担风险。但是,如果地方政府对商业银行存在"隐性存款保险"保护,则一方面债权人对银行风险的敏感度就会下降,另一方面银行自身通过"特许权价值"机制产生的自我风险约束行为的动机亦会下降,导致银行的风险不受控制。也就是说,政府对商业银行的干预以及背后附带的"隐性存款保险"大大降低了市场机制对于银行的风险约束作用。在中国,由于政府存在依靠银行开展城镇化投融资的需求,因此对于银行(尤其是城市商业银行)的干预较大,同时处处包含着政府为银行提供"隐性存款担保"的逻辑,这直接导致在中国银行体系中市场约束对风险的抑制作用微乎其微。

地方政府与银行之间的"担保与被担保"的关系背后,隐藏的更深层的是地方政府与中央政府之间的"软约束"关系。一种软约束关系体现在中央对于地方政府的"转移支付"上。根据《关于2013年中央决算的报告》中的数据,2013年,中央公共财政收入60 198.48亿元,中央公共财政支出68 491.68亿元。其中,中央本级支出20 471.76亿元,中央对地方税收返还和转移支付支出48 019.92亿元。也就是说,以2013年为例,中央财政收入的70%以上都通过税收返还和转移支付等途径返给地方政府。目前税收返还存在确定的计算公式,但是转移支付的管理却比较混乱且弹性较大。各地方政府间流传着"跑步钱进"的说法,即通过与中央的谈判、斡旋争取专项转移支付基金。在这种情况下,中央政府和地方政府之间存在紧密而模糊的财政依存关系,导致了地方政府的预算软约束行为。当然,这一问题在近几年也引起了中央的重视。2014年9月,国务院新闻办举行新闻发布会,介绍了"分步推进转移支付制度改革的三方面":完善一般性转移支付增长机制;从严控制专项转移支付项目,压减专项转移支付的数量;强化转移支付预算管理,提前下达转移支付预算,督促地方及时列入年度预算(新华网,2014)。可以明显地看出,这三方面在相当程度上都是针对地方政府的预算软约束问题。转移支付的制度化、减少灵活性较大的专项转移支付的比例、提前下达转移支付预算都对减弱地方政府的预算软约束有帮助。但是,中央和地方政府的软约束关系远不止于此。根据郑彬(2013)的观点,地方政府软约束从深层次上说和政府财政制度存在关联:从财政制度上说,地方与中央支出责任的重叠性与模糊性、地方政府税收的被动性与不自主性、转移支付占地方政府支出的比重过大、转移支付的分配过于灵活、中央政府对于地方政府支出标准的控制过大等因素都会成为地方政府期待"软约束"的原因。上述这些导致地方政府预算软约束的特征基本符合中国目前的实际情况。除转移支付问题外,中央对于地方政府在支出、收入、决策等方面的干预也是比较大的。根据楼继伟(2013)的观点,目前中国在收入划分上的规则比较明确,但是在支出责任上还很模糊;另外,地方政府承担了过多的职能且和中央职能具有重复性,这也提高了地方政府对于"软约束"的期待。而且,虽然地方政府被分配的责任较多但缺乏独立性,中央对于地方政府行政的干预比较强烈,这更加深了地方政府对"软约束"的期待。同样的,中央在对地方施加干预的同时,亦被迫承担了责任,这就是中央被默认为地方政府提供了"隐性担保",成为了最终的"兜底人"。

根据上述分析,在计划经济年代,全国财政是一个"包括国家预算、银行信贷和企业财务在内的统一的国家财政系统",亦可以看成一个全国规模的"大公司"。企业、地方政府、中央政府、银行体系都彼此相连。改革开放之后,计划经济时代的政治"遗产"并没有立刻消弭,它的影子延续到了现在。具体来说,就是政府与企业、政府与银行、中央政府与地方政府之间两两相连,共同构成"预算软约束网络"。上述几组关系中,前者对后者进行干预,前者亦因此为后者提供"隐性的担保",而中央政府与地方政府的关系使中央政府成为整个网络的"最后兜底人"。由于中央庞大而惊人的政府信用及不言而明的"隐性担保网络",债权人在观念上根本不会考虑中央政府违约的可能性,因此附加于地方政府债务的"产权约束"是缺位的。同时,由于整个"预算软约束网"的存在,中央"最后担保者"的身份加深了企业、银行和地方政府对于"软约束"的期望,但中央显然不可能对整个网络进行全面监管,这样便造成整个网络的"责任逸散",进而引发全国性的债务风险。

第13章　中国地方债务风险分析

自从1994年分税制改革以来,地方政府的财力与其承担的城市建设、公益性项目建设与经营义务呈现明显的不对等性。直到2014年年末,中国地方政府发行债券仍受到很大限制。地方投融资平台作为地方政府规避地方发债限制的一种方式,以城市建设投资公司、城市建设开发公司、资产经营公司、高新技术产业开发公司、土地储备中心等多种形式出现,成为地方政府为公益性项目以及基础设施建设等其他城市开发建设项目进行融资的重要方式。

地方投融资平台的数量和融资规模的快速扩展不可避免地带来了风险与隐患。投融资平台虽然以企业的形式出现,但受自身经营、投资内容的影响,或多或少地需要依靠政府的帮助偿债、为债务提供保障。考虑到投融资平台介于政府与企业之间的双重属性以及地方政府面对的预算软约束,地方政府能否提供持续稳定的信用支持成为形成风险的重要因素。此外,许多地方投融资平台的经营与土地开发相关,土地财政的不可持续性成为风险形成的另一重要因素。

目前已有的各类涉及投融资平台风险问题的文献存在两点不足。

第一,缺乏对投融资平台风险大小与危害程度进行测量的实证定量类型的文章,但它们是不可或缺的。这类文献的缺乏与相关数据的不透明有关。幸运的是,到2013年年末,各省、直辖市、自治区审计局分别发布了《政府性债务审计结果》①,成为我们目前能得到的比较权威的数据来源。另外,由于部分投融资公司发行了平台债,使我们得以了解这部分城投公司的财务运营数据。本章试图利用上述数据对投融资平台的风险大小展开实证研究。

第二,已有的针对地方投融资平台搭建风险预警模型的研究中,常用的思路是将平台财务的微观数据以及涉及平台所在地区的发展情况、负债状况的宏观数据全部整合到同一个模型之中,对各类数据分别赋予权重,并最终搭建一个单一的风险预警模型。我们的思路有所不同,认为地方政府债务风险不止一种且存在质的不同;况且,把各类风险整合起来形成一个统一的风险指标不仅很难快速确定风险的具体原因,也缺乏可行性。因此,我们试图摆脱之前寻求一个单一的风险预警模型的做法,转而从债务存量风险(以债务率衡量)、债务流动性风险(利用平台公司的财务数据测量)、债务支出投向类型的结构失衡等角度分别测算地方政府债务风险之大小。首先,从债务率角度展开讨论,对债务率的定义进行分析,估测地方政府债务存量造成的风险大小。其次,从地方投融资平台的财务状况展开分析,估测平台内部面临的经营风险与流动性风险的大小。再次,以地方政府的赤字规模估算违约概率。最后,从各地区政府债务支出投向类别展开分析,把握不合理的债务投向构成可能造成的不良影响。

本章的核心在于搭建一套针对地方投融资平台的多风险种类评估体系,分别从政府债务存量风险、投融资平台经营性风险、政府债务支出结构风险和政府赤字规模等多个角度考察地方政府投融资平台的风险。针对各类风险,利用量化指标从宏观与微观两种视角出发,分别测量地方政府债务的存量风险与投融资公司的经营风险。另外,除针对当前的、可以通过量化指标测量的风险以外,还存在无法进行量化测量的风险,对这类风险也需要认识和讨论。

---

① 2013 年各省、直辖市、自治区《政府性债务审计结果》可在各地区审计厅网站上直接下载获得。

13.1 文献回顾

地方投融资平台近年惊人的增长速度引起了学者们对于地方投融资平台可能造成的各类风险的研究兴趣。杨跃东(2012)指出,地方政府投融资平台债务具有多重弊病。首先,投融资平台债务扩张的速度过快,远超平台所在地区的经济承受力。其次,平台债务大量依赖土地出让金予以偿还,这种情况可能会阻碍国家对宏观经济的正常调控。再次,地方政府投融资平台大多有内部管理混乱的问题,政企不分、责任主体不明、监管责任难落实等。最后,平台债务风险的防范制度不完善,缺乏合理的风险预警系统与严格的审贷程序。巴曙松(2009)提出,地方平台公司可能存在十分严重的风险。一方面,地方投融资平台公司的财务状况不明晰,银行对于本地区平台公司未能进行有效的风险管理约束,使得平台债务的积累日益扩张,失去控制;另一方面,地方政府投融资平台面临软预算约束,导致地方政府在设计、挑选项目时缺乏投资理性与风险意识,可能造成盲目投资、过度扩张等问题,同时将投资的风险转移到中央与银行体系。林晓君(2011)认为,考虑到地方投融资平台与政府的紧密联系,平台偿债能力必然受到国家相关政策、政府未来规划、财政经常性开支等因素的干扰,具有很大的不确定性;而且,考虑到中长期贷款的时间跨度长,如果政府换届后出现"新官不理旧账"的问题,将面临贷款不能正常偿还的巨大风险。

防范投资平台风险关键的一环在于建立适用于平台公司的风险预警模型。只有搭建了合理的风险预警模型,才能有效地监管平台风险。针对一般企业的信用风险预警模型的建立,国内外学者进行了大量研究,这类研究基本都运用了企业的财务数据。Beaver(1966)利用1954—1964年的79个破产企业和12 000个持续经营企业的财务数据,建立多变量模型,鉴别具有违约风险的企业和健康企业的特定财务指标的分界线。Altman(1968)提出 Z-score 模型,该模型采用的多变量判别分析(Multiple Discriminant Analysis,MDA)方法至今仍然被多个国家广泛运用。他利用营运资本与总资产的比值、留存收益与总资产的比值、息税前利润与总资产的比值、股权价值与总负债的比值、销售收入与总资产的比值五个变量计算出 Z 值用于区分有违约风险的企业和健康企业。Altman(1983,2005)和 Zhang 等(2010)在之后的几十年中对初始的 Z-score 进行修改,使其适用于不同国家企业以及主权债务风险的评定。除了 MDA,Logistic 模型也是国内外运用较为广泛的方法,可以预测企业的破产概率(Ohlson,1980)。财务数据模型在很多方面是成功的,但缺乏理论基础,较新的类似 Black 和 Scholes(1973)及 Merton(1974)的最优定价模型,其基于以下理论:企业的资产价值低于其对外承担的短期债务时就会破产。2002 年穆迪收购 KMV(Kealhofer, McQuown and Vasicek),创建了穆迪的 KMV 模型,成为研究信用风险的标准模型。

在对企业进行风险估算的方法论的基础上,国内学者试图通过各种手段来搭建适用于地方政府投融资平台的风险预警模型。要实现这一点,比较棘手的是地方政府投融资平台作为政府和企业混合体的双重属性。平台公司既是从事投融资及市政项目运营的经济法人实体,又是国有资本的经营运作者(孙雯,2012)。这意味着,我们对地方政府投融资公司的信用评价不仅要考虑其作为市场主体的各项财务指标状况,还要考虑它与当地政府财政的紧密联系。正是由于投融资平台的双重属性,使得学者们在试图搭建适用于该平台的风险预警模型时遇到了不小的困难。

在这方面已有一些研究如下。考虑到缺少银行贷款违约的相关资料以及目前中国发行的城投债尚未出现违约的情况,林晓君(2011)将发行城投债的平台公司的主体信用评级(从 A + 到 AAA)作为信用风险的代理变量,采用多分类 Logistic 模型对 14 个财政指标进行筛选,再引入地方政府赤字率和 GDP 增长率作为反映当地政府信用的指标,利用物元评判模型(Matter Element Evaluation Model)搭建投融资平台的风险预警模型。霍定远(2012)考虑到影响平台公司的风险变量存在不确定性,采用模糊数学的方法确立风险因子指标体系,并在此基础上利用专家评测法明确各指标权重,从而搭建平台风险预警模型,确定各级因子的风险等级。王丽(2012)认为,信用计量模型(Credit Metrices)相比于其他模型能够比较好地回避我国目前信用数据样本不足、信息不透明的特点,因此利用该模型对地方投融资平台公司的贷款信用风险进行了度量。周青(2011)结合微观、中观和宏观三个层级搭建平台风险指标体系,在此基础上运用模糊综合评价法及层级分析法搭建平台公司的风险预警模型,并给出该模型的实际运用。

本章试图搭建适用于测量地方投融资平台风险大小的多种类风险预警模型,从地方政府债务存量风险、地方投融资平台企业的财务风险以及债务支出投向构成造成的风险多个角度进行评估。

13.2 从债务率角度分析地方政府债务的存量风险

债务率研究是分析政府债务风险的一个好的出发点。进行债务率分析需要解决两个问题:一是如何定义债务率;二是如何比较债务率。一种比较合理的办法是将中国总的公共债务(中央与地方政府债务加总)的 GDP 占比与其他国家的进行对比。IMF2013 年的预测结果显示,日本政府债务的 GDP 占比达到 244%,希腊政府的为 175%,中国政府的接近 50%。审计署发布的《全国政府性债务审计结果》显示,截至 2013 年 6 月底,全国各级政府负有偿还责任的债务为 206 988.65 亿元,中央政府负有偿还责任的债务为 98 129.48 亿元。再考虑到 2013 年中国 GDP 为 568 845 亿元,由此计算得到的债务率((全国各级政府负有偿还责任的债务 + 全国各级政府或有债务)÷2013 年

GDP 总额)约为 53.2%。当然,这里面还存在隐性负债的问题,根据黄益平 (2014) 的研究,即便考虑这部分债务,总负债预计也不会超过 GDP 的 100%。因此,通过与世界其他国家的债务存量水平进行比较,我们认为目前中国总体的债务率水平还是比较安全的,处于可控范围之内。

在将全国的债务率水平与其他国家的进行对比之后,我们再将视角拉近,观察不同省份的债务率水平。表 13.1 列出 2013 年各省份的政府债务率水平。

表 13.1　各省份债务率与逾期债务率　　　　　单位:%

省份	债务率	逾期债务率	省份	债务率	逾期债务率
安徽	44.65	2.44	北京	98.93	0.25
福建	49.85	0.94	甘肃	40.38	2.98
广东	54.41	1.90	广西	47.70	4.33
贵州	83.62	2.28	海南	70.18	0.24
河北	66.94	2.56	河南	45.39	3.40
黑龙江	45.86	2.36	湖北	77.64	1.91
湖南	60.33	4.10	吉林	75.98	1.79
江苏	53.62	1.38	江西	53.10	1.55
辽宁	68.78	2.56	内蒙古	68.39	3.66
青海	55.15	0.78	山东	48.77	2.76
山西	33.00	1.94	陕西	56.78	3.65
上海	76.12	0.56	天津	57.46	0.00
云南	77.14	4.09	浙江	63.48	0.15
重庆	69.90	2.46			

资料来源:2013 年《全国政府性债务审计结果》以及 2013 年各省、直辖市、自治区《政府性债务审计结果》。

这里的债务率是以地方政府年末债务余额与当年政府综合财力的比率计算得到的,而当年政府综合财力则等于地方一般预算本级收入、转移支付和税收返还收入、国有土地使用权出让收入和预算外财政专户收入之和;逾期债务率以年末逾期债务余额占年末债务余额的比例表示。这里首先要指出一个数据的误导性因素。由于逾期债务率取决于逾期债务余额占年末债务余额的比例,如果某地区的年末债务余额高,就会自动拉低其逾期债务率水平。因此,逾期债务率就不能有效地反映地方政府无法按时偿还债务的风险大小了。我们认为更合适的指标(我们称之为第二类逾期债务率)应该等于年末逾期债务余额占当年政府综合财力的比例。也就是说,第二类逾期债务率 = 债务率 × 逾期债务率 × 100%。得到的结果如表13.2。

表13.2 中国各省份债务率与第二类逾期债务率　　　　　单位:%

省份	债务率	第二类逾期债务率	省份	债务率	第二类逾期债务率
安徽	44.65	1.09	北京	98.93	0.25
福建	49.85	0.47	甘肃	40.38	1.20
广东	54.41	1.03	广西	47.70	2.07
贵州	83.62	1.91	海南	70.18	0.17
河北	66.94	1.71	河南	45.39	1.54
黑龙江	45.86	1.08	湖北	77.64	1.48
湖南	60.33	2.47	吉林	75.98	1.36
江苏	53.62	0.74	江西	53.10	0.82
辽宁	68.78	1.76	内蒙古	68.39	2.50
青海	55.15	0.43	山东	48.77	1.35
山西	33.00	0.64	陕西	56.78	2.07
上海	76.12	0.43	天津	57.46	0.00
云南	77.14	3.16	浙江	63.48	0.10
重庆	69.90	1.17			

资料来源:2013年《全国政府性债务审计结果》以及2013年各省、直辖市、自治区《政府性债务审计结果》。

各省份平均的债务率为60.87%,高于平均水平的有北京、贵州、河北、湖北、云南、上海、吉林、海南、重庆、辽宁、内蒙古、浙江;各省份第二类逾期债务率(下称"逾期率")的平均值为1.24%,高于平均水平的有广西、湖南、云南、内蒙古、陕西、河南、湖北、山东、河北、贵州、辽宁、吉林。值得注意的是,在债务率较高的各省份中,北京、上海、海南、浙江四省的逾期率极低,而债务率为57.46%的天津目前还没有逾期债务记录,表明这些省份目前的债务状况安全,而湖南、陕西、广西、河南等省份,虽然债务率偏低,但逾期率高,债务违约风险大。

这表明,各省份的债务率与逾期率并没有明显的相关性,甚至存在某些债务率极高的地区逾期率低的情况。这种现象并不难理解。根据我们前面的分析,地方投融资平台面临的偿债风险不仅包括可以通过债务率反映的地方政府债务存量风险,还包括平台自身财务运营可能存在的流动性风险以及债务支出投向可能造成的风险。这就是本章的风险预警模型试图从多种不同的风险类型展开分析的原因。

一方面,如果考察中央与地方政府年末总债务余额与当年 GDP 的比率,中国政府 2013 年的债务率在 53.2% 左右;即便考虑隐性债务及政府或有债务,与世界其他国家(如日本、美国、希腊等)相比,中国债务存量风险也并不严重。另一方面,如果考察各地方政府的负债情况,将债务率定义为地方政府年末债务余额与当年政府综合财力的比率,就得到地方债务率。观察各地区债务率水平,再结合 IMF 对债务率 90%—150% 的控制标准,这似乎暗示着中国各地方政府的债务率目前仍处于相对安全的水平。但是,地方债务率仅仅能够提供参考作用,而不能有效地反映地方政府面临的债务风险。这是因为,中国特殊的分税制度使各地方政府的财力来源在相当大程度上依赖于中央的税收返还、专项补贴等。根据周非舟(2006)的统计,1994 年分税制改革后,各地方政府 20%—30% 的财政支出依赖于中央对地方的转移支付补助。而地方政府债务率的计算所依据的地方政府综合财力中,已经加入中央对于地方的各项转移支付补助。由于各地方政府与中央在财政上的这种紧密关联,很难单独论及某个地方政府的地方债务率及其面临的债务存量风险,地方债务率水平不再能准确、有效地反映各地区实际面临的债务存量风险。综上所述,我们认为,各地方政府的债务率水平更多地起到参考作用,而不能被看作评价风险的关键指标。

13.3 从地方投融资平台财务数据分析平台内部的流动性风险

衡量地方政府债务风险的第二种方法,是对各地方投融资平台的财务运营状况进行分析。要进行财务状况分析,就必须有投融资平台的违约数据,但这类数据在我国几乎是空白的。人们所担心的因过度负债而无法偿还的情况,在我国几乎还没有任何一家投融资平台公司真正发生过。这意味着,尚不存在一个现有的指标作为我们搭建风险预警模型的依据。或者说,我们无法划出一条"风险预警线"来衡量一家平台公司的表现,这给投融资平台的风险分析造成很大的困难。但是,如果我们放任平台债务的不断扩张而无所作为,直到真的出现了一批无力偿债的平台公司作为划线的标准之后再凭此来限制平台的发展,这无疑是荒谬的。这一悖论告诉我们,针对地方投融资平台的风险研究与风险预警分析,需要人为定下一个标准以区分其好坏。

使用财务数据估算平台风险——按公司标准分类

针对地方投融资平台的风险进行研究与预警分析,首先需要人为定下一个标准以区分平台的好坏。Tao(2014)利用债券评级指标区分健康和不健康的平台。另一个策略是人为划定一条风险预警线,划定的标准依据"类比"的方法——我们认为,各地投融资平台公司面临的现金流无法覆盖债务利息的风险,与上市公司面临的风险具有相似性;而且,目前已经有一批平台公司成功上市。因此,我们可以采用上市公司的ST(特别处理)标准来建立模型。在建立模型的过程中,我们输入相对应的上市公司的财务数据建立MDA模型,然后将地方投融资平台的财务数据代入该模型,这样就可以将地方投融资平台当作一家企业,分析它的经营状况与信用风险。地方投融资平台作为一家企业,和其他企业一样,自身的财务状况是反映其违约风险的最重要的方面。因此,我们可以用上市公司的债务风险模型评估政府平台的债务风险(肖诗阳等,2014)。

通常,评判一家企业的违约风险有三种方法:其一,企业的违约记录;其二,企业的信用等级(或者公司所发行债券的信用等级);其三,上市公司被特别处理(ST)的记录。对于第一种方法来说,我国目前只有2014年3月发生的首例债务违约——上海超日债券违约案例,样本量不足以建立判别模型;该标准也很难被广泛运用来判断企业风险。对于第二种方法来说,我国的企业绝大部分都拥有A级以上的信用评级,这样的级别都属于投资级别;而且,评级机制复杂、考虑因素很多,容易产生偏误。本文采用第三种方法建立模型。

ST是证券市场针对经营状况不佳(连续2年以上利润为负、净资产为负或经历重大动荡,有退市风险)的股票冠以"ST"或"*ST",意为特别处理。被特别处理的公司会受到包括缩小涨跌停幅度在内的特别处理,涨跌停幅度缩小为5%。从以上规定可以看出,利用ST标准可以单纯地从"财务"和"经营状况"方面考察一家公司是否具有较大的违约风险。通过搜集上市公司的财务数据,建立预测上市公司1年后是否会被ST处理。再利用建立的模型和投融资平台公司的财务数据,判断若将投融资平台公司放置于"上市公司ST制度"的标准下,是否可将其按财务健康进行划分。上述方法有助于我们将"财务"和"政府"两方面割离,单独从"财务"方面衡量地方投融资平台的风险。

判别分析法

本节利用判别分析法建立财务风险预警模型。判别分析法最早运用于Altman(1968)的Z-score模型,该模型根据一系列变量值的线性组合结果对研究对象进行分类。本节采用判别分析法的公式如下:

$$Z = \alpha + \sum_{i=1}^{k}\beta_i X_{ij} \tag{13.1}$$

其中,Z是在(13.1)式中带入财务数据的计算结果,一般被称为"Altman的Z"。不同性质的对象的Z值会倾向于聚集在不同的区间,因此Z是用于区分有违约风险的企业与财务健康的企业的变量;X_{ij}表示被选中的财务指标,这些指标往往反映了公司财务状况的不同方面(如盈利能力、流动性、杠杆率等),这些方面综合在一起就可以区分有违约风险的企业和财务健康的企业;β_i 表示判别系数,其确定标准是选取适当的 β_i 使得 Z_1(有违约风险企业的 Z 值)和 Z_0(财务健康企业的 Z 值)期望之差的平方与 $\mathrm{Var}Z_{ij}$(所有 Z 值的方差)之比最大化:

$$\max_{\beta i} \frac{[E(Z_1) - E(Z_0)]^2}{\mathrm{Var}(Z_{ij})} \qquad (13.2)$$

指标选取与数据来源

本节选取2006—2012年全国各地的上市公司的财务数据,这些上市公司的主营业务局限为水力、电力、交通设施、能源、化工、房地产、建筑等,经营内容与地方政府投融资平台类似,一共得到3 316条数据。在总体样本中,共有ST公司数据64条,健康公司数据3 252条。总体样本中健康公司的数据量是ST公司的近52倍,但建立模型时二者数量不宜相差太多,否则模型不能有效地辨认作为"少数"的ST公司的财务数据特征。随机选取32条ST公司财务数据和100条健康公司财务数据建立模型,其余32条ST公司财务数据和3 152条健康公司财务数据用于检验模型的判别能力。ST公司选用被特别处理前一年的数据,所有数据来自WIND数据库。本研究初步选取的指标如表13.3所示。

表13.3 初选变量

变量	说明
X_1 总资产收益率	总资产收益率 = 净利润/[(年初总资产 + 年末总资产)/2]
X_2 销售净利率	销售净利率 = 净利润/总销售额
X_3 主营业务比率	主营业务比率 = 主营业务利润/利润总额
X_4 EBIT/营业总收入	EBIT = 息税前利润 = 净利润 + 所得税 + 利息
X_5 资产负债率	资产负债率 = 负债总额/资产总额
X_6 权益乘数	权益乘数 = 资产总额/权益总额
X_7 流动负债占比	流动负债占比 = 流动负债/总负债
X_8 流动资产占比	流动资产占比 = 流动资产/总资产

(续表)

变量	说明
X_9现金比率	现金比率 = 现金及其等价物/流动负债
X_{10}总负债/EBITDA	EBITDA = 息税折旧摊销前利润 = 净利润 + 所得税 + 利息 + 折旧 + 摊销
X_{11}存货周转率	存货周转率 = 已售商品成本/存货
X_{12}应收账款周转率	应收账款周转率 = 销售总额/[(年初应收账款额 + 年末应收账款额)/2]
X_{13}总资产周转率	总资产周转率 = 销售总额/[(年初总资产 + 年末总资产)/2]
X_{14}固定资产周转率	固定资产周转率 = 销售总额/[(年初固定资产净值 + 年末固定资产净值)/2]
X_{15}营业利润增长率	营业利润增长率 = (当年营业利润 – 上年营业利润)/上年营业利润
X_{16}非流动资产占比	非流动资产占比 = 非流动资产/总资产
X_{17}规模	规模 = ln(总资产)
X_{18}净利润增长率	净利润增长率 = (当年净利润 – 上年净利润)/上年净利润
X_{19}留存收益/总资产	留存收益 = 盈余公积金 + 未分配利润
X_{20}速动比率	速动比率 = (流动资产 – 流动负债)/流动负债
X_{21}营运资本/总资产	营运资本 = 流动资产 – 流动负债

初步选定的变量均是财务分析中常用的指标。总资产收益率、销售净利率和EBIT/营业总收入主要反映企业的盈利状况。主营业务比率和EBIT/营业总收入均在一定程度上反映企业的经营结构。一般来说,主营业务比率越高,说明企业的盈利状况越会保持稳定,未来获得成长的空间越大。对于企业的财务状况和违约可能性来说,流动性是最重要的一个方面,因此本研究选用流动负债占比、流动资产占比、现金比率、速动比率和营运资本/总资产六个指标反映企业流动性的状况。一个企业的流动性越高,它应对突发状况和短期大量资金需求的能力就越强,违约的可能性就越小。资产负债率、权益乘数和总负债/EBITDA反映企业的总体负债状况和资产结构。许多研究企业违约风险的文献证明,规模是影响该风险的重要因素。存货周转率、应收账款周转率、总资产周转率和固定资产周转率反映企业的资产管理和运用效率、经营效率。存货周转率越低,存货的积压状况越明显,存货转变为销售利润的效率就越低,这样的状况往往反映

了企业销售链上的问题。营业利润增长率、净利润增长率和留存收益/总资产均反映企业未来增长的可能性。本部分意在评估企业的财务风险,从而反映其实际经营状况。由于地方投融资平台缺乏足够的违约记录及评判标准,本部分首先利用上市公司的数据建立模型,将投融资平台与上市公司放在同一个标准下评估,然后在"财务风险"的基础上,引入宏观经济数据和财政数据来体现投融资平台公司与非投融资平台公司的区别。

本部分设定 ST 公司的判别变量 ST = 1,健康公司的判别变量 ST = 0,将针对 21 个财务变量的数据导入 SPSS 软件,在判别分析的过程中利用逐步回归确定最终进入模型的变量,得出形式与(13.1)式相同的风险预测方程。逐步回归利用新变量进入模型后的 F 统计量的变化决定是否保留该变量。如果 F 统计量显著增加,变量就进入模型;否则放弃该变量。

实证分析

经过 SPSS 中的判别分析, X_2、X_3、X_{10}、X_{15}、X_{17}、X_{19} 和 X_{21} 进入财务风险预警模型:

$$Z = -6.654 + 0.013X_2 - 0.01X_3 - 0.003X_{10} + 0.002X_{15} + 0.324X_{17} + 0.051X_{19} + 0.021X_{21} \tag{13.3}$$

Wilks' Lambda 是用于判别分析的一个变量,是针对每一个变量计算组内离差平方和与总体离差平方和的比值。Wilks' Lambda 越小,表示组间的差距越大,因此判别分析中应当按照 Wilks' Lambda 由小到大选择进入模型的变量。表 13.4 显示,模型中的七个财务变量均对上市公司的财务风险有显著影响,且都在 1% 的水平上显著。这表明,在水力、电力、交通设施、能源、化工、房地产、建筑这些行业经营的公司若出现财务问题时,其一年前在盈利能力、资产集中度、负债水平、增长潜力、规模、流动性这些方面会出现非常明显的征兆。

表 13.4　模型财务变量参数分析

变量	参数估计	Wilks' Lambda	F 统计量	显著性
X_2	0.013	0.444	39.742	0.000
X_3	−0.010	0.519	59.680	0.000
X_{10}	−0.003	0.371	30.026	0.000
X_{15}	0.002	0.378	29.136	0.000
X_{17}	0.324	0.423	34.305	0.000
X_{19}	0.051	0.477	46.714	0.000
X_{21}	0.021	0.396	31.834	0.000

由于该模型最主要的用途是预测企业的违约风险,因此在选定"ST 企业"和"健康企业"的分界点时设立了两个标准:第一,确保第一类错误(把 ST 企业误判为健康企业)小于10%;第二,在满足第一个标准的情况下,选择最合适的分界点,以尽量减少第一类错误与第二类错误(把健康企业误判为 ST 企业)之和。图 13.1 显示了在不同的分界点下,第一类错误以及第一类错误与第二类错误之和的变动。按照这两个标准,当区别 ST 企业和健康企业的 Z 值设为 −0.3 时,第一类错误与第二类错误之和最小,且第一类错误小于10%。因此,选择 −0.3

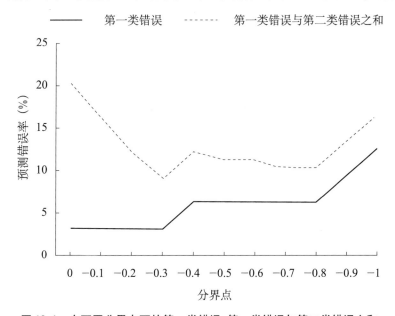

图 13.1　在不同分界点下的第一类错误、第一类错误与第二类错误之和

的 Z 值作为区别 ST 企业和健康企业的分界点。

我们先用模型计算样本组的 Z 值,根据 Z 值判断企业是否会在一年后被加上 ST(从而表示公司的违约风险),再对比判断结果和企业实际一年后是否被加上 ST 来计算预测准确率。接着,我们在样本组中加入未被用于建立模型的 37 条 ST 企业的财务数据和 3 165 条健康企业的财务数据,对全组重复上述过程。表 13.5 显示,对于用于建模的样本组而言,模型对全部上市企业的预测准确率达到 96.20%,对于健康企业和 ST 企业的预测准确率也分别达到 95.83% 和 97.37%。为了测算模型的预测准确率,我们加入所有未被用于建立模型的 37 条 ST 企业的财务数据和 3 165 条健康企业的财务数据。对于全组的 ST 企业的预测准确率达到 96%,对于健康企业的预测准确率达到 94.03%,对于全部上市企业的预测准确率达到 94.08%。这显示该模型具有较强的预测企业一年后遭遇财务困境和违约风险的准确率。

表 13.5　模型预测能力测试　　　　　　　　　　　单位:%

	预测上市企业一年后财务困境(ST)的准确率	
	样本组	全组
对于健康企业的预测准确率	95.83	94.03
对于 ST 企业的预测准确率	97.37	96.00
对于全部上市企业的预测准确率	96.20	94.08

地方投融资平台风险分析

我们首先将各地方投融资平台公司的财务数据代入财务风险预警模型,通过计算每一家平台公司的 Z 值对其经营性风险进行测量与评价。需要注意的是,我们试图隔离地方政府对投融资平台的扶持作用,单纯从平台公司自身的财务表现进行风险测量与评价。这样做的原因如下:

(1)地方政府对于平台公司的隐性担保难以量化。

(2)地方投融资平台首先作为独立的企业而存在,因此其自身的财务表现对于其风险测量来说是极为重要的。

(3)通过隔离地方政府的扶持作用,单独对平台公司的经营状况进行分析,再对比该分析结果与平台公司实际的经营表现,即可估测地方政府对于平台公司扶持力度的大小。

这里,我们试图从一家企业的角度,运用财务风险预警模型预测地方投融资平台遭遇财务困境的风险和违约风险。

由于平台公司在发行城投债时会披露其内部各项财务信息,因此我们考察债券市场中发债人的信息并从中筛选出属于投融资平台的公司,同时统计这些平台公司披露的各项财务指标,最终得到2008—2013年共1 084家投融资平台公司的财务数据。所有数据来自WIND数据库。我们将得到的1 084家平台公司的财务数据代入财务风险预警模型,计算出各家平台公司的 Z 值,再根据 Z 值判断各家平台公司是否存在违约风险。

利用(13.3)式显示的模型,我们分别算出每家投融资平台公司的 Z 值并以此为标准判断其为健康公司还是存在违约风险的公司。图13.2显示2006—2011年有违约风险的平台数量的变化情况。我们发现,尽管2008年后各地方

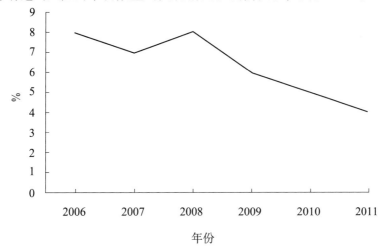

图13.2 有违约风险的投融资平台公司占投融资平台公司总数的比例

投融资平台数量激增,但仅从各投融资平台的财务数据来看,有违约风险的投融资平台的实际数量确实是增加了,但是其比例并没有显著上升,甚至还有下降的趋势(尽管幅度并不明显)。

为了更好地理解地方平台的性质及政府对于地方平台的作用,我们尝试将地方投融资平台与普通上市公司的七个财务指标进行对比。表13.6为利用WIND数据库2006—2011年普通上市公司及平台公司的数据计算出的各财务指标的均值。

表13.6 中国非投融资平台上市公司与投融资平台公司的财务指标平均值对比

公司类型	销售净利率(%)	主营业务比率(%)	总负债/EBITDA(%)	营业利润(同比增长)(%)	规模	留存收益/总资产(%)	营运资本/总资产(%)	预测违约比率(%)
上市公司	9.51	72.82	3.62	27.17	21.76	16.05	19.62	1.93
融资平台公司	84.83	27.97	15.67	160.59	23.31	0.06	0.24	5.00

资料来源:WIND 数据库。

地方投融资平台的销售净利率及营业利润都远高于一般上市公司;但是与之相对的是,计算出的平台公司的总资产收益率则远低于一般上市公司。之所以产生这种现象,原因在于背后地方政府对平台公司的支撑作用。也就是说,当我们从微观角度考虑平台公司的各项财务指标时,部分指标实际上已经反映了政府在其中所起的作用,这也证明了单独以平台公司的财务数据而不加入其他宏观指标来展开风险分析的合理性。具体而论,销售净利率这个指标中的销售利润的计算,只减去了直接成本而没有减少一开始就投入的固定成本,而对于投融资平台额外承担的地方基础建设等市政项目而言,前期建设资金投入大,运营过程中的直接成本则较小,这就是投融资平台销售净利率异常高的原因。事实上,平台公司的财务指标中,留存收益占总资本的比例又远低于一般上市公司,这一指标普遍表现不佳的平台公司还能享受到如此丰富的资本资源,只能来自背后政府的巨大作用。另外,营业利润增长率高于一般公司很可能也来自政府在背后所起的作用。首先,计算营业利润时减去的是营业成本,而营业成本又以主营业务成本为核心。其次,主营业务成本是公司生产和销售过程中与主营业务有关的产品或服务所必须投入的直接成本,主要包括原材料、人工成本(工资)和固定资产折旧等,而前期固定资产投入同样没有被计算在内。因此,只要政府持续加大固定资产的投入,营业利润增长率如此高就比较好理解了。

从主营业务比率来看,投融资平台的数据显著低于上市公司。这意味着,平台公司盈利的稳定性较差,预示着平台公司内部在定位、规划与经营上存在不足,平台公司在未来面临更大的不确定性。

从留存收益/总资产来看,投融资平台公司的表现甚至不及上市公司的两百分之一。这表明,投融资平台的负债情况严重,平台公司抵御外部冲击的能力极低。

从营运资本/总资产来看,投融资平台不及上市公司的百分之一。营运资本＝流动资产－流动负债。当营运资本过低时,表明该公司对于支付义务的准备不充分,短期偿债能力较弱,这家企业的运营可能随时因资金周转不灵而中断。从这个角度来看,地方投融资平台公司面临较大的流动性风险。这正是我们应该警觉的。

从总负债/EBITDA 来看,投融资平台该项指标接近一般上市公司的 5 倍。这种惊人的差异反映出投融资平台在未来面临相当大的偿债压力,而且流动性堪忧。这种情况可能与平台公司自身的特点有关。一方面,平台公司承担大量的市政项目,这些项目大多带有一定的公益性质,盈利能力不强;另一方面,平台公司承担的许多基础设施建设项目存在建设周期长、资金需求量大的特点,收益率明显弱于普通公司。平台公司的这种特殊属性意味着通过平台公司本身的盈利偿还债务将面临较大的压力,意味着更大的风险,也意味着对于此类项目应该给予更多的关注与监管。可惜的是,结合这几年的情况来看,虽然目前投融资平台负责的项目由于其本身的特性面临更高的偿债风险,但预算软约束的存在以及对其背后的政府的过度信任,使这类项目反而享受了更宽松的融资环境,这不得不值得人们反思。

综合上述各项财务指标,我们根据平台公司的财务指标得到的有违约风险的平台数比例达到5%,高于一般上市公司2%的水平。而且,这还仅仅限于那些有能力发行平台债的大型投融资平台公司,那些无法得到准确的财务数据、未发行债券的小型平台公司,其可能面临违约风险的比例会更高。这更警醒我们更多地关注各个平台本身的财务运营情况,尤其是平台的偿债能力、流动性;而不要将平台自身的表现与其背后地方政府的财务状况混为一谈。

观察表13.7的数据,根据财务风险预警模型计算出来的有违约风险的投融资平台公司在销售净利率、总负债/EBITDA、营业利润、留存收益/总资产以及营运资本/总资产等指标的表现都远不及健康的投融资平台公司。我们认为,上述模型能够有效地反映出平台公司面临的财务风险,并起到风险预警的作用。这个模型比较充分地考虑了平台公司的长期负债与短期负债、流动性风险、稳定性、盈利能力等问题。而且,由于其包含了销售净利率以及营业利润同比增长率这两个指标,因此实际上也考虑了地方政府对平台公司的支撑作用。再者,通过这个模型筛选出的有违约风险的平台数量占5%左右,是一个比较合适的违约比例。在理论上缺乏现实依据来构建一个风险预警模型的前提下,我们认为这是一个人为规定一条预警线的比较适用的模型。

表13.7 中国有违约风险的投融资平台公司与健康的投融资平台公司的财务变量平均值对比

公司财务状况	销售净利率(%)	主营业务比率(%)	总负债/EBITDA(%)	营业利润(同比增长)(%)	规模	留存收益/总资产(%)	营运资本/总资产(%)
有违约风险公司	16.23	120.59	48.02	-994.32	22.72	0.04	0.11
健康公司	88.82	22.59	13.97	227.69	23.35	0.06	0.25

资料来源:WIND数据库。

13.4 使用 KMV 模型估测地方政府债务风险

由于地方政府是平台债务的最后付款者,因此平台债务风险与地方政府的财务状况密切相关,可以通过对地方政府的财政状况的分析来估测平台债务风险。Tao(2014)利用 KMV 模型估计了中国地方政府的债务风险。

KMV 模型

KMV 模型的思路很简单:如果一家企业的资产的市场价值 A 小于其债务 B,这家企业就将破产。一家企业破产的概率取决于该企业资产的初始市场价值 A、外部债务 B 及其企业资产市场价值的波动 r_A。

将 KMV 方法用于政府,假定财政收入遵循随机过程 $A_T = f(Z)$。其中,A 是政府财政收入,B 是平台债务,EDF 是预期违约频率,那么:

$$\text{EDF}_T = p = P[f(Z_T) < B_T] = P[Z_T < f^{-1}(B_T)] \tag{13.4}$$

那么,现有状态到违约的距离(DD)定义为:

$$\text{DD} = \frac{A_T - B_T}{\sigma_T} \tag{13.5}$$

(13.5)式中,σ_T 为政府财政收入的波动。

$$p = N[f^{-1}(B_T)]$$

如果 $Z \sim N(0,1)$,那么 $\text{DD} = -f^{-1}(B_T)$,则

$$p = N(-\text{DD}) \tag{13.6}$$

假定 $dA = \mu A_t d_t + \sigma A dz_t$,其中 μ 为财政收入的增长率,dz_t 为维纳过程(Wiener Process)的增量,那么地方政府的财政收入遵循对数正态分布:

$$\mu = \left[\frac{1}{n-1}\sum_{i=1}^{n-1}\ln\frac{A_{i+1}}{A_i} + \frac{1}{2}\sigma^2 t\right]/t \tag{13.7}$$

$$\sigma = \sqrt{\left[\frac{1}{n-2}\sum_{i=1}^{n-1}\left(\ln\frac{A_{i+1}}{A_i} - \frac{1}{n-1}\sum_{i=1}^{n-1}\ln\frac{A_{i+1}}{A_i}\right)^2\right]/t} \tag{13.8}$$

经过若干次校正，DD 和 EDF 可以由 A、B 和 σ 表示：

$$DD = \frac{\ln(A/B_T) + \mu T - \frac{1}{2}\sigma^2 T}{\sigma\sqrt{T}} \tag{13.9}$$

$$p = N\left[\frac{\ln B_T - \ln A - \mu T + \frac{1}{2}\sigma^2}{\sigma\sqrt{T}}\right] \tag{13.10}$$

预测

Tao(2012)运用中国地方政府财政收入的规模和波动以及地方政府债务，预测了中国地方政府的预期违约频率和违约距离。

Tao(2014)对每个省份分别进行了预测。以北京为例，首先以 1982—2012 年的实际数据为基础，运用 AR(1)模型预测了 2012—2016 年的财政收入（不包括预算外收入）。预测公式为：

$$A_t = 6.15 + 1.18 A_{t-1} \tag{13.11}$$

(13.11)式中，A_{t-1} 为财政收入的一阶滞后项。2005—2012 年，必要财政支出约占总支出的 55%，有保障的财政收入约占总收入的 45% 以下。

把 A（一般财政收入）代入(13.7)式和(13.8)式，得到 μ 和 σ（见表 13.8）。

表 13.8　不同时间地方政府财政收入的增长率和波动

参数	$t=1$	$t=2$	$t=3$
μ	0.021	0.009	0.004
σ	0.119	0.084	0.071

把表 13.8 的结果代入(13.9)式和(13.10)式，得到 DD 和 EDF。根据 KMV 模型的经验，DD 大于 3 同时 EDF 低于 0.4% 是可以接受的。Tao(2014)发现，北京地方政府的债务/财政收入比在此后 3 年应低于 0.7，2014 年北京的债务应低于 1 790 亿元（见表 13.9）。

表 13.9 北京的借债限度和违约概率

	债务规模		DD	$p(\%)$
	B_t/A_t	B_t(百万元)		
$t=1$	0.9	230.0	0.99	15.67
	0.8	204.0	1.98	3.20
	0.7	178.9	3.12	0.001
	0.6	153.4	4.57	0.00
	0.5	127.8	6.01	0.00
$t=2$	0.9	273.6	0.96	15.95
	0.8	243.2	2.03	3.20
	0.7	212.8	3.16	0.00
	0.6	182.4	4.86	0.00
	0.5	152.0	6.75	0.00
$t=3$	0.9	316.8	1.01	15.23
	0.8	281.6	1.99	3.17
	0.7	246.4	3.15	0.00
	0.6	211.2	4.66	0.00
	0.5	176.0	6.54	0.00

Tao（2014）采用同样的方法对各省份的安全限度进行了测算，发现债务对资产的安全比率在东部地区大大高于中西部地区。2014年安全的地方债务率应低于8.7万亿元，低于实际的10万亿元。注意，由于资料所限，这里预测的财政收入不包括预算外收入和中央转移支付。因此，债务上限可能被低估，但结果也不容乐观。

13.5　从各地区政府债务构成来评价债务平台风险问题

资金所投入的项目决定了还款的来源、稳定性、可持续性，以及对财政资金的依赖程度。土地收入在分税制改革后至今一直作为地方政府收入的重要部分，城市化进程的大力推进，带动了房地产开发、基础设施建设和园区建设的高潮。地方政府通过低价设立开发区,以及开发完成后的制造业引入、商业用地开发来最大化土地出让金收益,土地升值利润一度给融资的偿还提供了极强的担保。但是,随着近年来中央对于房价调控的举措、房地产税的调整、经济增速的放缓,以及人们对于产业结构调整的关注,土地财政的可持续性成为地方投融资平台债务风险的重要来源。例如,近年来的园区开发热、许多开发区缺乏恰当的规划组织、引入的企业只能占据产业链的下端、企业之间无法实现信息交流与创新,使得园区开发渐渐成为盲目圈地的行为,建设项目开发后期的资金回收、对于经济发展的带动作用,以及宏观调控下土地出让收入的增长都不太可能如预期般地发展。本节将针对地方政府土地收储负债占比,研究、评价债务平台的风险。

根据2014年全国30个省、直辖市、自治区的《政府性债务审计结果》报告上的数据,我们计算出各地区用于土地收储的债务占地区政府负有偿债责任的总债务的比例,并描绘出各地区土地收储债务与人均GDP的散点图(见图13.3)。我们发现,各地区土地收储债务占比与地区人均GDP呈明显的正相关关系,这表明经济发展良好地区的政府更倾向于将债务资金投向土地收储。

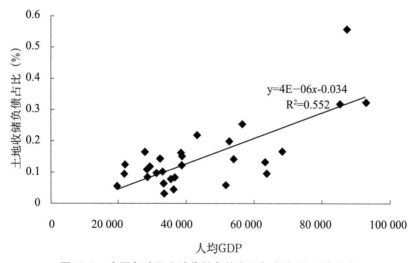

图13.3 中国各地区土地收储负债占比与人均GDP的关系

具体来看(见表 13.10),北京、天津、上海的人均 GDP 分别位列全国前三。如表 13.10 所示,全国平均地方性政府债务水平为 16.69%;北京土地收储负债占比位居全国之首,高达 55.56%;排名第二的是天津,其土地收储占比达到 32.37%;排名第三的是上海,在这一数据上达到 31.66%;三者均远高于全国平均水平。对于北京、天津、上海这些城市而言,一方面,基于它们自身强大的政治、经济地位,其融资平台财务风险在信用评级中存在被低估的可能性;另一方面,这些城市的投融资平台资金大量流向土地收储,偿债又大量依赖土地收入,这将成为地方投融资平台融资的直接风险。

表 13.10 地方性债务融资资金去向

	全国平均地方性政府债务	北京	天津	上海
土地收储负债占比(%)	16.69	55.56	32.37	31.66

资料来源:2013 年《全国政府性债务审计结果》以及各省、直辖市、自治区的《政府性债务审计结果》。

13.6 主要结论

本章试图搭建一个适用于描述投融资平台的风险程度的分析体系,考虑风险类型的多样性与性质的不同,以弥补以往学者整合所有影响因素搭建单一的风险预警模型的方式的不足。具体而言,本章从债务存量风险、平台财务风险(尤其是流动性风险),以及地方政府债务支出投向造成的风险进行分析,揭示投融资平台面临的各类风险的大小。

针对债务存量风险,我们着重观察了"全国债务率"及"地方债务率",认为截止到 2013 年,全国债务率与世界其他国家的债务率相比处于可控范围内。考虑到地方政府与中央政府在财务上的密切关联,我们认为针对每一地区政府的地方债务率只能作为参考指标,实际上不能准确地反映地方政府所面临的债务存量风险。

针对平台财务风险,我们使用了类比的方法,利用上市公司数据得到一个反映公司财务状况与流动性风险的模型,再将平台公司数据代入该模型进行分析。[①] 通过对比一般上市公司与平台公司的各项财务数据,发现平台公司在销售净利率及营业利润同比增长这两项指标上远高于一般上市公司,但在包括总资产收益率等指标上远低于一般上市公司。这种现象揭示了地方政府对平台上市的扶持。这也意味着,平台上市的某些财务指标实际上包含了政府的扶持作用。研究发现,有违约风险的平台上市比例达5%,高于一般上市公司的违约风险比例。平均而言,平台公司的盈利性、稳定性和流动性均远不及一般上市公司,同时在未来面临更大的偿债风险。这意味着,平台公司应该受到比一般上市公司更多的关注与监督;而不是相反。Tao(2014)构建了KMV模型,利用地方政府的财政收支数据,估算了地方政府赤字与债务的安全临界值。

针对地方政府债务支出投向造成的风险,我们发现,地方投融资平台的资金去向和偿债保证与土地的出让及开发紧密相连;并且数据表明,人均GDP高的地区更倾向于将负债资金投向土地收储。也就是说,越发达的地区反而越热衷于土地投资。然而,土地财政的不可持续性加上大众普遍忽视这些发达地区的债务风险,为债务的信用问题留下极大的隐患。

基于本章的结果,针对中国地方投融资平台经营与负债的现状,我们认为在对地方投融资平台进行风险评估时,应该根据不同的风险类型采用不同的方法。针对债务存量问题,我们重点从债务率角度入手展开分析。针对平台流动性风险,我们重点从平台本身的财务数据出发展开分析。针对债务支出的结构问题,我们着重观察土地收储占负债支出的比例。针对政府赤字问题,我们估算了政府的债务上限。针对政府收入的结构问题,目前普遍存在债务增长较快以及对土地出让收入依赖性过高的问题,因此建立严格的债务偿还的保障与监督机制

[①] 肖诗阳等,2014。

是应对风险的重要手段。

另外,相关单位应在申请贷款与发行债务前对项目的未来资金流及担保的可靠性作出合理的评估,并设立专门的偿债基金;银行贷款审批的相关部门也应在批准贷款前对于贷款人和还款担保人自身的信用、财务状况以及项目的可行性作出全面的评估,并对偿债基金的管理、项目的运行情况进行及时的监督。相关部门在对地方投融资平台和项目进行监督、评估时,不应该赋予地方财力过大权重,而应该严格针对投融资平台以及项目本身的运营状况与效率进行评价。同时,完善地方投融资平台融资的相关法律、规定也是必不可少的风险防范措施,可在相关法律中对发债资格、发债额度、资金运用范围、信用评级和债务偿还机制等作出明确的规定。

第 14 章　美国债务管理对中国的借鉴

本章对中国和美国的债务问题作一个粗略的比较,然后讨论在债务管理方面中国可以借鉴美国哪些经验、需要避免哪些教训,并以此作为本书的结尾。

14.1　中国和美国政府财政和债务的比较

本节主要讨论两国中央-地方政府的财政和债务关系的异同。美国的财政和债务与中国有很大不同,这些不同是基本制度上的不同,但是在具体管理上仍存在一些类似的地方。美国在全球金融危机中的一些教训,中国必须吸取以避免重犯,但也可以在考虑中国具体情况的前提下借鉴美国的一些监管经验。

财政集中制与财政联邦制

中美两国的财政制度从根本上来说是不同的。美国实行的是财政联邦制,各级政府在各自独立的基础上联合起来,州和地方政府在一定的限度内接受联邦政府的指导和援助。中国实行的是财政集中制,地方政府受中央政府的领导,把一部分税收上缴中央政府,同时接受中央政府的转移支付。美国的政府体系是一个松散的联盟;中国的财政体系是一个"金字塔形"的结构,中国的中央政府和地方政府的关系主要是上下级关系、领导与被领导关系。

尽管中国实行的是财政集中制,与美国有根本的区别,但中国的财政体制也包含一些财政联邦制的因素。即使在计划体制下,地方政府也拥有有限的财政自主权。改革开放初期,为了调动地方增收减支的积极性,中央给了地方政府更多的自主权,采取了财政收入包干制等政策。此后,地方政府在经济建设和社会生活中发挥了日益增强的作用;相应的,地方政府更多地承担了自行寻找财源的责任。1994年的分税制改革,为中央-地方事权和财权的分配提出了根本性的解决办法,但在两者的具体分配上存在不尽合理的地方,存在地方政府财权与事权的不匹配。这种情况迫使地方政府以更大的规模寻找自己的财政收入来源以支持大规模的经济建设。土地财政和地方投融资平台就是在这种背景下产生的。这种情况体现了地方政府不能完全依赖中央政府的支持,必须自行寻找财政资源来满足自身经济和社会发展的原则。这种原则包含财政联邦制的一些因素。

严格地说,世界上没有纯粹的财政联邦制或纯粹的财政集中制。在美国,州和地方政府之间也存在一定的隶属关系,一些地方政府的税收变动需要州政府的批准;而且,财政转移支付制度也是上级政府约束下级政府的一种手段。可以说,美国的财政联邦制包含一些财政集中制的因素。

中国的中央政府对地方政府的财政管理,实际上是通过两种手段进行的。一种是科层制下的指令性管理,另一种是通过机制设计来调动地方积极性的地方自主管理。中国现行的财政体制正是这两种规则的结合。

在中国这种以财政集中制为主、包含一定财政联邦制因素的体制下,严格财政问责制,上级政府一般不对下级政府的财政问题兜底的做法具有合理性。上级政府应当明确地表示,在发生下级政府财政和债务问题时,上级政府一般不会施以援手,而应当主要由下级政府通过自身的努力渡过难关。上级政府的这种承诺,如果是可信的就可以打破多年形成的预算软约束,降低地方政府财政和债务的风险。

在这种逻辑下,中国政府可以参考具体国情借鉴美国政府在财政联邦制下采取的一些做法。这些做法包括联邦政府不对州政府实行财政救助,地方政府的破产制度等。

制度的明确性

比较中国和美国的地方债务管理体制的一个前提是,各级政府间的财政规则应明确。如果各级政府间的财权、事权责任划分不清,就很难处理上级政府的救助责任和地方政府必须承担的违约责任。

中美两国财政和债务领域的一个重大差别是制度的明确性。尽管存在种种缺陷,但是美国的财政和债务制度是比较明确的。中国各级政府的财政和债务制度总的来说缺乏明确的制度和规则,使得政府的有关行为不够规范。在预算方面,对政府各个部门的预算缺乏全面的设计;相当一部分资金没有被包括在政府预算之内;预算只包括政府部门的收入和支出,而没有包括资本的增加和减少。在政府债务方面,对地方政府的融资手段缺乏明确的规定,存在一些漏洞,致使地方政府投融资平台等融资手段存在诸多风险。新的《预算法》修正案借鉴了世界各国(包括美国)的有关经验,是中国政府的预算和债务制度建设的重要一步。在这方面,中国需要坚持不懈地进行长期的制度建设。

监督与透明度问题

美国政府的财政和债务受到立法机构和选民比较严格的监督。在出现严重的财政和债务问题的情况下,美国政府还采取一些特殊的手段去监督和管理。例如,由上级政府或者上级政府派遣的特殊官员接管下级政府的财政,从而能够采取比较严厉的手段进行财政改革。比较起来,中国在政府财政和债务的监督和管理方面还存在一些问题。例如,各级人民代表大会对同级政府的财政监督往往流于形式,难以起到真正的作用。这是因为,政府部门对人民代表大会提供的信息过于笼统、缺乏解释;一些人大代表缺乏专业知识;人民代表大会没有足够的时间审议政府预算等。为了解决这些问题,需要规范政府预算,对预算的内容作出比较详尽的规定;政府部门需要对预算内容作出比较详尽的解释;人民代表大会的组织机构和人员构成也需要作出必要的调整。例如,建立专门的预算委员会,吸收专业人员参加有关活动,进行专门的预算问题研究和预测等。

中国和美国的地方政府债务风险的比较

由于中美两国地方政府债务的发行和监管制度的不同,不能用同样的计量方法对两国的地方政府债务的风险估算结果进行简单的比较。不能简单地比较中美两国地方政府债务,主要有以下原因:

第一,中美两国的财政体制不同,中国是财政集中制国家,而美国是财政联邦制国家。美国州和地方政府是基本独立的政治经济实体,独自承担偿还债务的风险。而中国实行的是财政集中制,上级政府在一定程度上承担着政府债务的最后偿还者的角色,这影响了各级政府财政和债务风险的分担和透明度。因此,单独计算某一级政府的财政和债务风险往往没有包含整个政府体系对债务偿还所承担的风险,运用现有方法计算某一级政府作为独立的政治经济主体所承担的风险可能是不完全的。

第二,在用标准模型计算某一级政府的债务风险的判别标准(临界值)时,研究者对中美两国使用了不同的破产标准。美国使用的是破产案例的实际指标;而中国由于地方政府债务几乎没有破产的案例,研究人员使用了不同的替代指标。例如,在第十三章的计算中,我们使用 ST 来计算政府的破产临界值,但这些指标并不是反映政府破产的原始指标。由于指标的不同,很难把采用类似方法计算的中美两国地方政府的债务风险进行简单的比较。

14.2 美国债务管理的借鉴

现阶段,中国的政府债务问题主要来自地方政府。近年来,我国地方政府债务激增,债务风险问题引起关注。地方政府债务问题的出现,最初是由中央-地方事权和财权分配的不平衡引起的。

面对地方投融资平台日益加剧的风险,财政部、银监会等机构陆续推出多项政策对各地方投融资平台进行整顿、清理。2014年8月修订后的《预算法》对地方政府债务管理作出明确规定,"经国务院批准的省、自治区、直辖市预算中必需的建设投资的部分资金,可以在国务院确定的限额内,通过发行地方政府债券以举借债务的方式筹措"。对举借债务的用途规定,"债务应当有偿还计划和稳定的偿还资金来源,只能用于公益性资本支出,不得用于经常性支出"。新《预算法》规定,"政府全部收支纳入预算;经人民代表大会批准的预算,非经法律程序,不得调整;部门预算、决算及报表在批准后20日内向社会公开;要求预算按支出功能、经济分类编制等"。

美国地方政府的债务问题,为我国解决地方政府债务问题提供了正反两方面的借鉴。一方面,美国地方政府的现有制度可以为我国地方政府债务提供一个可以借鉴的基本框架;另一方面,这些制度在金融危机中显示的不足之处为我国的制度设计提出了更高的要求。

比较中国和美国地方政府债务管理体制的一个前提是,各级政府间的财政规则应明确。如果各级政府间的财权、事权和责任划分不清,就很难处理上级政府的救助责任和地方政府必须承担的违约责任。因此,管理制度的先决条件是政府间财权、事权和责任的匹配;在解决了这一问题之后,就需要找到标准化的管理办法和数量化的管理工具,同时注意各地的差异。

（1）中美两国地方政府的制度有很大差异,财政联邦制近期在我国较难实行。与选民对地方政府的约束不同,我国地方政府及其主要官员的行为主要受官员政绩衡量标准的激励和约束。因此,我国现阶段对地方政府债务的约束也应主要来自上级政府,这种约束对于规范地方政府的行为是必不可少的;然而,在可能的条件下,需要适当加强我国地方政府官员对本地区人民负责的激励。在给予地方政府更大的财政独立性的同时,需要相应增加对地方政府的监督。这种监督不仅要来自上一级政府,还需要适当加强当地人民(通过人民代表大会和媒体)的参与和监督;同时,各级政府需要建立公开透明的预算制度。

（2）美国地方政府发行债券的具体做法有很多地方可以借鉴。我国应当建立地方政府公开透明的发债机制,允许符合资质的地方政府在严格的监管下自行发债,用公开、透明的方式筹集和花费资金,从根本上解决地方政府通过投融资平台筹集资金所产生的风险问题。需要建立一套比较详细的债券发行规则,并在数量上规定地方政府的发债上限,这可以通过建立数量指标和比例指标来限制地方政府的债务规模。数量指标包括一定时期政府债务的发行规模和存量规模;比例指标包括共同责任债券与收益债券的比例,共同责任债券占政府收入、税收、居民收入和总产值的比例等。

（3）美国地方政府债券发行的监管体系也有很多地方可以借鉴。在允许地方政府公开发债的同时,必须建立严格的监管体系,预先防范地方政府的债务风险。要通过立法手段,规范债务发行程序,建立信用评级体系、债务监管体系,对借贷资金的用途、债务的计算作出严格的规定并认真执行。要保持监管、评级体系与地方政府的相互独立。在设计我国地方政府债务发行体系时,要充分考虑我国地方官员的激励机制以及地方政府与发行机构的行为方式,把债务风险管理加入对官员的评价体系。共同责任债券占政府收入、税收、居民收入和总产值的比例，也可以作为衡量债务风险的指标。

（4）美国的破产体系和救助体系值得借鉴。建立规范的地方政府债务破产体系，允许符合条件的地方政府申请破产保护，这是保护各方利益、保证地方政府债务市场正常运行的必要环节。同时，为了确保地方政府的资金使用效率、形成地方政府正确的预期和激励机制，中央政府应尽可能减少对地方政府的财政救助。通过立法手段，建立相对透明的破产和救助机制，规范各级政府之间的承诺关系。过去三十多年中国的改革，尽管保持了财政单一制，但是中央-地方适当划分财权、事权的原则已经在实施。进一步划分中央-地方的责任，建立破产保护和救助机制，初步具备一定的法理基础。

对以上内容进行一个总结，表14.1列出中国可以借鉴美国经验所建立的发债制度和指标体系。

表14.1 中国需要借鉴的发债制度和指标体系

制度	项目	要求
地方政府预算制度	收支预算、资本预算	年度预算须提交人民代表大会审议和上级政府批准，通过与修改后形成执行预算。预算要包括政府各部门专门的预算，资本预算包括债务发行、债务成本等。建立相应的会计规则并随情况变化而修改。建立每年的中期财政预算和连续五年的预算预测。
建立或确定监管机构	证监会	须经立法程序得到足够授权。尽可能减少监管机构的数量，合并其职能。如果存在多个监管机构就需要明确划分其职能。建立公共会计、审计部门，对地方政府财务进行独立的、定期的审计。立法规定长期债务只能用于公共投资。
债务控制指标	总量指标	债务总量上限，立法规定（如负债总额不得超过年收入）；单项债务上限（如不得超过税收的一定比例）；
	比例指标（设立预警区）	债务成本（一定时期所需支付的本金和利息的现金流）；债务占政府收入比例（小于50%）；债务占税收比例；债务占居民收入比例；债务占总产值比例（5%—10%）；债务成本占政府总收入的比例（小于15%）；
	隐性、或有负债	在预算中列出并制定计算规则。例如，对计算时使用的贴现率作出规定。

(续表)

制度	项目	要求
信用评级制度		建立规范透明的信用评级制度,监督评级公司使其保持独立性。
破产程序		研究建立地方政府破产法规,结合中国具体情况,规定地方政府无力偿还债务的对应程序。
建立、完善地方政府债券市场		制定有关上市和交易的规则。

注:一些比例参照美国、波兰、法国的比例(New York City Mayor 2007—2015;刘俐俐,2011)。

2008年的金融危机暴露了美国地方政府债务的诸多问题,其主要出自地方政府本身,但也涉及地方政府债务的监管制度。这些监管问题包括:在地方政府债务的计算上应当包含隐性负债和或有负债,需要对计算使用的利率作出规定。在预算制度上,除通常的收支预算外,还需要包括资本预算,这样才能完整地反映地方政府的资产和负债状况。在评级制度上,要对评级公司进行监管,保持其独立性,防止评级公司被客户"俘获"。

中国地方政府债务制度的建设,在短期,面临一个从投融资平台向公开透明的地方政府债务制度的转变。近期,地方投融资平台将逐渐退出,同时偿付高峰期也将到来。在这一过程中,需要把地方政府的投融资平台债务置换为正式的长期地方政府债务。2014年10月,财政部要求地方政府对债务实行分类甄别、分类管理,把从事公益性业务的投融资平台纳入财政部门的管理,把从事盈利性业务的投融资平台推向市场(郑春荣,2015)。这需要上级政府的严格监管和指导,通过建立规范的地方政府债券市场来约束地方政府行为;同时,这一置换的设计必须保证地方政府得到与其职能相符的足够的资金,使地方政府能够正常地履行其应有的社会职能。为此,应允许地方政府建立稳定的地方税体系,拥有较为独立的财税决策权。

在长期,中国的地方政府债务制度的设计和建设涉及中央-地方财政税收制度的建设。与美国类似,中国也面临建立一个什么样的福利制度,以及什么样的福利制度与中国的经济发展水平相容的问题。同样,与美国类似,中国也面临建设一个什么样的税收制度来支持上述福利制度,以及这个税收制度要保持多大的累进程度才能更有利于社会公平和经济效率的问题。

综上所述,中美两国的财政体制有体制上的不同,但在具体规则的建立、执行、监管上有很多相似之处。中国可以借鉴美国地方政府债务的发行和监管制度,同时注意弥补其漏洞。

结束语

本书介绍和讨论了三个与政府财政和债务有关的问题：美国联邦政府的财政和债务问题；美国州和地方政府的财政和债务问题；中国政府（主要是地方政府）的债务问题。

美国政府的债务问题是由 2008 年金融危机触发的，引起世界各国的广泛关注。然而，短期的经济衰退只是挑破了窗纸，背后的深层原因是与美国现行的政治、经济制度联系在一起的。美国在 20 世纪逐步演化为一个福利国家，作为这一变化的结果是美国产生了较大规模的政府。福利国家造成的民众对福利的不可变动的要求使预算支出缺乏弹性；政治家为追求选票而具有不顾长远利益的过度支出倾向；现有的税收制度在总量和结构上均有不合理之处。在现有收入条件下，政府没有解决如何最优地通过支出使全体人民的福利最大化。解决美国的财政和债务问题，必须进行较大的制度改革（主要是福利制度中医疗保险的改革），这是美国在未来几十年面临的挑战。

中美两国在财政体制上有很大的不同。美国是一个财政联邦制国家。中国基本上是一个财政集中制的国家，同时包含一些财政联邦制的因素，例如地方政府独自负担一部分财政收入的筹集。中国的地方政府债务问题主要是制度不够完善和不够透明。尽管制度上有很大的不同，但是美国在地方政府债务的发行和监管问题上的一些经验，仍然值得中国在建设地方政府债务制度时吸取，例如地方债的种类划分、担保制度、评级制度、会计规则、披露规则等；但在借鉴美国经验的同时要注意中国的具体国情。此外,金融危机暴露出的美国债务监管方面的问题也必须引起注意,在制度设计上需要弥补。例如,隐性负债和或有负债,预测债务使用的利率的规定,资本预算的建立,评级制度的完善和独立性等。债务为我们提供了一种融资手段,又包含诸多风险,中美两国都要在实践中加深对债务的认识。

附 录

表 A1 美国联邦政府预算   单位：百万美元

年份	总计			预算内		
	收入	支出	盈余或赤字	收入	支出	盈余或赤字
1789—1849	1 160	1 090	70	1 160	1 090	70
1850—1900	14 462	15 453	-991	14 462	15 453	-991
1901	588	525	63	588	525	63
1902	562	485	77	562	485	77
1903	562	517	45	562	517	45
1904	541	584	-43	541	584	-43
1905	544	567	-23	544	567	-23
1906	595	570	25	595	570	25
1907	666	579	87	666	579	87
1908	602	659	-57	602	659	-57
1909	604	694	-89	604	694	-89
1910	676	694	-18	676	694	-18
1911	702	691	11	702	691	11
1912	693	690	3	693	690	3
1913	714	715	*	714	715	*
1914	725	726	*	725	726	*
1915	683	746	-63	683	746	-63
1916	761	713	48	761	713	48
1917	1 101	1 954	-853	1 101	1 954	-853
1918	3 645	12 677	-9 032	3 645	12 677	-9 032
1919	5 130	18 493	-13 363	5 130	18 493	-13 363
1920	6 649	6 358	291	6 649	6 358	291
1921	5 571	5 062	509	5 571	5 062	509

(续表)

年份	总计			预算内		
	收入	支出	盈余或赤字	收入	支出	盈余或赤字
1922	4 026	3 289	736	4 026	3 289	736
1923	3 853	3 140	713	3 853	3 140	713
1924	3 871	2 908	963	3 871	2 908	963
1925	3 641	2 924	717	3 641	2 924	717
1926	3 795	2 930	865	3 795	2 930	865
1927	4 013	2 857	1 155	4 013	2 857	1 155
1928	3 900	2 961	939	3 900	2 961	939
1929	3 862	3 127	734	3 862	3 127	734
1930	4 058	3 320	738	4 058	3 320	738
1931	3 116	3 577	-462	3 116	3 577	-462
1932	1 924	4 659	-2 735	1 924	4 659	-2 735
1933	1 997	4 598	-2 602	1 997	4 598	-2 602
1934	2 955	6 541	-3 586	2 955	6 541	-3 586
1935	3 609	6 412	-2 803	3 609	6 412	-2 803
1936	3 923	8 228	-4 304	3 923	8 228	-4 304
1937	5 387	7 580	-2 193	5 122	7 582	-2 460
1938	6 751	6 840	-89	6 364	6 850	-486
1939	6 295	9 141	-2 846	5 792	9 154	-3 362
1940	6 548	9 468	-2 920	5 998	9 482	-3 484
1941	8 712	13 653	-4 941	8 024	13 618	-5 594
1942	14 634	35 137	-20 503	13 738	35 071	-21 333
1943	24 001	78 555	-54 554	22 871	78 466	-55 595
1944	43 747	91 304	-47 557	42 455	91 190	-48 735
1945	45 159	92 712	-47 553	43 849	92 569	-48 720
1946	39 296	55 232	-15 936	38 057	55 022	-16 964
1947	38 514	34 496	4 018	37 055	34 193	2 861
1948	41 560	29 764	11 796	39 944	29 396	10 548
1949	39 415	38 835	580	37 724	38 408	-684
1950	39 443	42 562	-3 119	37 336	42 038	-4 702
1951	51 616	45 514	6 102	48 496	44 237	4 259
1952	66 167	67 686	-1 519	62 573	65 956	-3 383
1953	69 608	76 101	-6 493	65 511	73 771	-8 259
1954	69 701	70 855	-1 154	65 112	67 943	-2 831
1955	65 451	68 444	-2 993	60 370	64 461	-4 091

(续表)

年份	总计			预算内		
	收入	支出	盈余或赤字	收入	支出	盈余或赤字
1956	74 587	70 640	3 947	68 162	65 668	2 494
1957	79 990	76 578	3 412	73 201	70 562	2 639
1958	79 636	82 405	-2 769	71 587	74 902	-3 315
1959	79 249	92 098	-12 849	70 953	83 102	-12 149
1960	92 492	92 191	301	81 851	81 341	510
1961	94 388	97 723	-3 335	82 279	86 046	-3 766
1962	99 676	106 821	-7 146	87 405	93 286	-5 881
1963	106 560	111 316	-4 756	92 385	96 352	-3 966
1964	112 613	118 528	-5 915	96 248	102 794	-6 546
1965	116 817	118 228	-1 411	100 094	101 699	-1 605
1966	130 835	134 532	-3 698	111 749	114 817	-3 068
1967	148 822	157 464	-8 643	124 420	137 040	-12 620
1968	152 973	178 134	-25 161	128 056	155 798	-27 742
1969	186 882	183 640	3 242	157 928	158 436	-507
1970	192 807	195 649	-2 842	159 348	168 042	-8 694
1971	187 139	210 172	-23 033	151 294	177 346	-26 052
1972	207 309	230 681	-23 373	167 402	193 470	-26 068
1973	230 799	245 707	-14 908	184 715	199 961	-15 246
1974	263 224	269 359	-6 135	209 299	216 496	-7 198
1975	279 090	332 332	-53 242	216 633	270 780	-54 148
1976	298 060	371 792	-73 732	231 671	301 098	-69 427
1977	355 559	409 218	-53 659	278 741	328 675	-49 933
1978	399 561	458 746	-59 185	314 169	369 585	-55 416
1979	463 302	504 028	-40 726	365 309	404 941	-39 633
1980	517 112	590 941	-73 830	403 903	477 044	-73 141
1981	599 272	678 241	-78 968	469 097	542 956	-73 859
1982	617 766	745 743	-127 977	474 299	594 892	-120 593
1983	600 562	808 364	-207 802	453 242	660 934	-207 692
1984	666 438	851 805	-185 367	500 363	685 632	-185 269
1985	734 037	946 344	-212 308	547 866	769 396	-221 529
1986	769 155	990 382	-221 227	568 927	806 842	-237 915
1987	854 288	1 004 017	-149 730	640 886	809 243	-168 357
1988	909 238	1 064 416	-155 178	667 747	860 012	-192 265
1989	991 105	1 143 744	-152 639	727 439	932 832	-205 393

(续表)

年份	总计			预算内		
	收入	支出	盈余或赤字	收入	支出	盈余或赤字
1990	1 031 958	1 252 994	−221 036	750 302	1 027 928	−277 626
1991	1 054 988	1 324 226	−269 238	761 103	1 082 539	−321 435
1992	1 091 208	1 381 529	−290 321	788 783	1 129 191	−340 408
1993	1 154 335	1 409 386	−255 051	842 401	1 142 799	−300 398
1994	1 258 566	1 461 753	−203 186	923 541	1 182 380	−258 840
1995	1 351 790	1 515 742	−163 952	1 000 711	1 227 078	−226 367
1996	1 453 053	1 560 484	−107 431	1 085 561	1 259 580	−174 019
1997	1 579 232	1 601 116	−21 884	1 187 242	1 290 490	−103 248
1998	1 721 728	1 652 458	69 270	1 305 929	1 335 854	−29 925
1999	1 827 452	1 701 842	125 610	1 382 984	1 381 064	1 920
2000	2 025 191	1 788 950	236 241	1 544 607	1 458 185	86 422
2001	1 991 082	1 862 846	128 236	1 483 563	1 516 008	−32 445
2002	1 853 136	2 010 894	−157 758	1 337 815	1 655 232	−317 417
2003	1 782 314	2 159 899	−377 585	1 258 472	1 796 890	−538 418
2004	1 880 114	2 292 841	−412 727	1 345 369	1 913 330	−567 961
2005	2 153 611	2 471 957	−318 346	1 576 135	2 069 746	−493 611
2006	2 406 869	2 655 050	−248 181	1 798 487	2 232 981	−434 494
2007	2 567 985	2 728 686	−160 701	1 932 896	2 275 049	−342 153
2008	2 523 991	2 982 544	−458 553	1 865 945	2 507 793	−641 848
2009	2 104 989	3 517 677	−1 412 688	1 450 980	3 000 661	−1 549 681
2010	2 162 706	3 457 079	−1 294 373	1 531 019	2 902 397	−1 371 378
2011	2 303 466	3 603 059	−1 299 593	1 737 678	3 104 453	−1 366 775
2012	2 450 164	3 537 127	−1 086 963	1 880 663	3 029 539	−1 148 876
2013	2 775 103	3 454 605	−679 502	2 101 829	2 820 794	−718 965
2014 估算	3 001 721	3 650 526	−648 805	2 269 389	2 939 299	−669 910
2015 估算	3 337 425	3 900 989	−563 564	2 579 548	3 143 368	−563 820
2016 估算	3 567 952	4 099 078	−531 126	2 756 461	3 291 521	−535 060
2017 估算	3 810 779	4 268 606	−457 827	2 960 943	3 409 079	−448 136
2018 估算	4 029 856	4 443 145	−413 289	3 132 079	3 527 332	−395 253
2019 估算	4 226 119	4 728 791	−502 672	3 281 028	3 752 609	−471 581

注：∗表示 500 美元或低于 500 美元。

资料来源：白宫/OMB 历史数据 Table1.1, http://www.whitehouse.gov/omb/budget/historicals。

表 A2　1934—2019 年美国联邦政府收入（按来源划分）　　单位：百万美元

财政年度	个人所得税	公司所得税	社会保障和退休金	消费税	其他	总收入 总计	总收入 预算内	总收入 预算外
1934	420	364	30	1 354	788	2 955	2 955	—
1935	527	529	31	1 439	1 084	3 609	3 609	—
1936	674	719	52	1 631	847	3 923	3 923	—
1937	1 092	1 038	580	1 876	801	5 387	5 122	265
1938	1 286	1 287	1 541	1 863	773	6 751	6 364	387
1939	1 029	1 127	1 593	1 871	675	6 295	5 792	503
1940	892	1 197	1 785	1 977	698	6 548	5 998	550
1941	1 314	2 124	1 940	2 552	781	8 712	8 024	688
1942	3 263	4 719	2 452	3 399	801	14 634	13 738	896
1943	6 505	9 557	3 044	4 096	800	24 001	22 871	1 130
1944	19 705	14 838	3 473	4 759	972	43 747	42 455	1 292
1945	18 372	15 988	3 451	6 265	1 083	45 159	43 849	1 310
1946	16 098	11 883	3 115	6 998	1 202	39 296	38 057	1 238
1947	17 935	8 615	3 422	7 211	1 331	38 514	37 055	1 459
1948	19 315	9 678	3 751	7 356	1 461	41 560	39 944	1 616
1949	15 552	11 192	3 781	7 502	1 388	39 415	37 724	1 690
1950	15 755	10 449	4 338	7 550	1 351	39 443	37 336	2 106
1951	21 616	14 101	5 674	8 648	1 578	51 616	48 496	3 120
1952	27 934	21 226	6 445	8 852	1 710	66 167	62 573	3 594
1953	29 816	21 238	6 820	9 877	1 857	69 608	65 511	4 097
1954	29 542	21 101	7 208	9 945	1 905	69 701	65 112	4 589
1955	28 747	17 861	7 862	9 131	1 850	65 451	60 370	5 081
1956	32 188	20 880	9 320	9 929	2 270	74 587	68 162	6 425
1957	35 620	21 167	9 997	10 534	2 672	79 990	73 201	6 789
1958	34 724	20 074	11 239	10 638	2 961	79 636	71 587	8 049
1959	36 719	17 309	11 722	10 578	2 921	79 249	70 953	8 296
1960	40 715	21 494	14 683	11 676	3 923	92 492	81 851	10 641
1961	41 338	20 954	16 439	11 860	3 796	94 388	82 279	12 109
1962	45 571	20 523	17 046	12 534	4 001	99 676	87 405	12 271
1963	47 588	21 579	19 804	13 194	4 395	106 560	92 385	14 175

(续表)

财政年度	个人所得税	公司所得税	社会保障和退休金	消费税	其他	总收入		
						总计	预算内	预算外
1964	48 697	23 493	21 963	13 731	4 731	112 613	96 248	16 366
1965	48 792	25 461	22 242	14 570	5 753	116 817	100 094	16 723
1966	55 446	30 073	25 546	13 062	6 708	130 835	111 749	19 085
1967	61 526	33 971	32 619	13 719	6 987	148 822	124 420	24 401
1968	68 726	28 665	33 923	14 079	7 580	152 973	128 056	24 917
1969	87 249	36 678	39 015	15 222	8 718	186 882	157 928	28 953
1970	90 412	32 829	44 362	15 705	9 499	192 807	159 348	33 459
1971	86 230	26 785	47 325	16 614	10 185	187 139	151 294	35 845
1972	94 737	32 166	52 574	15 477	12 355	207 309	167 402	39 907
1973	103 246	36 153	63 115	16 260	12 026	230 799	184 715	46 084
1974	118 952	38 620	75 071	16 844	13 737	263 224	209 299	53 925
1975	122 386	40 621	84 534	16 551	14 998	279 090	216 633	62 458
1976	131 603	41 409	90 769	16 963	17 317	298 060	231 671	66 389
TQ	38 801	8 460	25 219	4 473	4 279	81 232	63 216	18 016
1977	157 626	54 892	106 485	17 548	19 008	355 559	278 741	76 817
1978	180 988	59 952	120 967	18 376	19 278	399 561	314 169	85 391
1979	217 841	65 677	138 939	18 745	22 101	463 302	365 309	97 994
1980	244 069	64 600	157 803	24 329	26 311	517 112	403 903	113 209
1981	285 917	61 137	182 720	40 839	28 659	599 272	469 097	130 176
1982	297 744	49 207	201 498	36 311	33 006	617 766	474 299	143 467
1983	288 938	37 022	208 994	35 300	30 309	600 562	453 242	147 320
1984	298 415	56 893	239 376	37 361	34 392	666 438	500 363	166 075
1985	334 531	61 331	265 163	35 992	37 020	734 037	547 866	186 171
1986	348 959	63 143	283 901	32 919	40 233	769 155	568 927	200 228
1987	392 557	83 926	303 318	32 457	42 029	854 288	640 886	213 402
1988	401 181	94 508	334 335	35 227	43 987	909 238	667 747	241 491
1989	445 690	103 291	359 416	34 386	48 321	991 105	727 439	263 666
1990	466 884	93 507	380 047	35 345	56 174	1 031 958	750 302	281 656
1991	467 827	98 086	396 016	42 402	50 657	1 054 988	761 103	293 885
1992	475 964	100 270	413 689	45 569	55 717	1 091 208	788 783	302 426
1993	509 680	117 520	428 300	48 057	50 778	1 154 335	842 401	311 934

(续表)

财政年度	个人所得税	公司所得税	社会保障和退休金	消费税	其他	总收入		
						总计	预算内	预算外
1994	543 055	140 385	461 475	55 225	58 427	1 258 566	923 541	335 026
1995	590 244	157 004	484 473	57 484	62 585	1 351 790	1 000 711	351 079
1996	656 417	171 824	509 414	54 014	61 384	1 453 053	1 085 561	367 492
1997	737 466	182 293	539 371	56 924	63 178	1 579 232	1 187 242	391 990
1998	828 586	188 677	571 831	57 673	74 961	1 721 728	1 305 929	415 799
1999	879 480	184 680	611 833	70 414	81 045	1 827 452	1 382 984	444 468
2000	1 004 462	207 289	652 852	68 865	91 723	2 025 191	1 544 607	480 584
2001	994 339	151 075	693 967	66 232	85 469	1 991 082	1 483 563	507 519
2002	858 345	148 044	700 760	66 989	78 998	1 853 136	1 337 815	515 321
2003	793 699	131 778	712 978	67 524	76 335	1 782 314	1 258 472	523 842
2004	808 959	189 371	733 407	69 855	78 522	1 880 114	1 345 369	534 745
2005	927 222	278 282	794 125	73 094	80 888	2 153 611	1 576 135	577 476
2006	1 043 908	353 915	837 821	73 961	97 264	2 406 869	1 798 487	608 382
2007	1 163 472	370 243	869 607	65 069	99 594	2 567 985	1 932 896	635 089
2008	1 145 747	304 346	900 155	67 334	106 409	2 523 991	1 865 945	658 046
2009	915 308	138 229	890 917	62 483	98 052	2 104 989	1 450 980	654 009
2010	898 549	191 437	864 814	66 909	140 997	2 162 706	1 531 019	631 687
2011	1 091 473	181 085	818 792	72 381	139 735	2 303 466	1 737 678	565 788
2012	1 132 206	242 289	845 314	79 061	151 294	2 450 164	1 880 663	569 501
2013	1 316 405	273 506	947 820	84 007	153 365	2 775 103	2 101 829	673 274
2014(估算)	1 386 068	332 740	1 021 109	93 528	168 276	3 001 721	2 269 389	732 332
2015(估算)	1 533 942	449 020	1 055 744	110 539	188 180	3 337 425	2 579 548	757 877
2016(估算)	1 647 750	501 701	1 127 271	115 383	175 847	3 567 952	2 756 461	811 491
2017(估算)	1 780 677	527 977	1 193 808	118 906	189 411	3 810 779	2 960 943	849 836
2018(估算)	1 920 063	539 879	1 255 671	122 096	192 147	4 029 856	3 132 079	897 777
2019(估算)	2 047 136	514 373	1 313 723	126 651	224 236	4 226 119	3 281 028	945 091

资料来源:白宫/OMB 历史数据 Table 2.1, http://www.whitehouse.gov/omb/budget/historicals。

表 A3　1940—2019 年美国联邦政府支出构成（按功能划分）　　单位：%

年份	国防	人力资源	物质资源	净利息	其他功能	未分配的补充收入	联邦总支出	预算内	预算外
1940	17.5	43.7	24.4	9.5	8.2	-3.4	100.0	100.2	-0.2
1941	47.1	30.5	13.1	6.9	6.5	-4.0	100.0	99.7	0.3
1942	73.0	10.2	11.1	3.0	5.2	-2.5	100.0	99.8	0.2
1943	84.9	3.4	8.2	1.9	3.1	-1.6	100.0	99.9	0.1
1944	86.7	2.1	6.0	2.4	4.2	-1.4	100.0	99.9	0.1
1945	89.5	2.0	1.9	3.4	4.8	-1.5	100.0	99.8	0.2
1946	77.3	9.9	1.5	7.4	6.5	-2.7	100.0	99.6	0.4
1947	37.1	28.7	3.6	12.2	22.9	-4.5	100.0	99.1	0.9
1948	30.6	33.2	7.5	14.6	19.7	-5.5	100.0	98.8	1.2
1949	33.9	27.8	8.0	11.6	23.3	-4.6	100.0	98.9	1.1
1950	32.2	33.4	8.6	11.3	18.7	-4.3	100.0	98.8	1.2
1951	51.8	24.2	8.6	10.2	10.3	-5.1	100.0	97.2	2.8
1952	68.1	17.4	6.2	6.9	6.4	-5.0	100.0	97.4	2.6
1953	69.4	15.5	5.3	6.8	7.7	-4.7	100.0	96.9	3.1
1954	69.5	18.5	3.6	6.8	6.4	-4.8	100.0	95.9	4.1
1955	62.4	21.8	4.0	7.1	9.8	-5.1	100.0	94.2	5.8
1956	60.2	22.7	4.4	7.2	10.6	-5.1	100.0	93.0	7.0
1957	59.3	23.7	6.0	7.0	9.4	-5.4	100.0	92.1	7.9
1958	56.8	27.0	6.3	6.8	8.4	-5.3	100.0	90.9	9.1
1959	53.2	27.0	8.5	6.3	10.0	-5.0	100.0	90.2	9.8
1960	52.2	28.4	8.7	7.5	8.4	-5.2	100.0	88.2	11.8
1961	50.8	30.5	7.9	6.9	8.8	-4.9	100.0	88.1	11.9
1962	49.0	29.6	8.3	6.4	11.6	-4.9	100.0	87.3	12.7
1963	48.0	30.1	7.2	7.0	13.0	-5.2	100.0	86.6	13.4
1964	46.2	29.8	8.0	6.9	13.9	-4.8	100.0	86.7	13.3
1965	42.8	30.9	9.5	7.3	14.5	-5.0	100.0	86.0	14.0
1966	43.2	32.2	10.0	7.0	12.6	-4.9	100.0	85.3	14.7
1967	45.4	32.6	9.3	6.5	10.9	-4.6	100.0	87.0	13.0
1968	46.0	33.3	9.3	6.2	10.0	-4.5	100.0	87.5	12.5
1969	44.9	36.2	6.5	6.9	9.9	-4.3	100.0	86.3	13.7
1970	41.8	38.5	8.0	7.4	8.8	-4.4	100.0	85.9	14.1
1971	37.5	43.7	8.7	7.1	7.8	-4.8	100.0	84.4	15.6
1972	34.3	46.5	8.5	6.7	8.2	-4.2	100.0	83.9	16.1
1973	31.2	48.6	8.4	7.1	10.2	-5.5	100.0	81.4	18.6
1974	29.5	50.4	9.3	8.0	9.1	-6.2	100.0	80.4	19.6

(续表)

年份	国防	人力资源	物质资源	净利息	其他功能	未分配的补充收入	联邦总支出	预算内	预算外
1975	26.0	52.1	10.7	7.0	8.3	-4.1	100.0	81.5	18.5
1976	24.1	54.8	10.5	7.2	7.3	-3.9	100.0	81.0	19.0
TQ	23.2	54.2	9.9	7.2	9.8	-4.4	100.0	80.5	19.5
1977	23.8	54.2	10.0	7.3	8.4	-3.6	100.0	80.3	19.7
1978	22.8	52.8	11.5	7.7	8.6	-3.4	100.0	80.6	19.4
1979	23.1	53.1	10.8	8.5	8.0	-3.5	100.0	80.3	19.7
1980	22.7	53.0	11.2	8.9	7.6	-3.4	100.0	80.7	19.3
1981	23.2	53.4	10.5	10.1	6.9	-4.1	100.0	80.1	19.9
1982	24.8	52.1	8.3	11.4	6.8	-3.5	100.0	79.8	20.2
1983	26.0	52.7	7.1	11.1	7.3	-4.2	100.0	81.8	18.2
1984	26.7	50.7	6.8	13.0	6.5	-3.8	100.0	80.5	19.5
1985	26.7	49.9	6.0	13.7	7.2	-3.5	100.0	81.3	18.7
1986	27.6	48.6	5.9	13.7	7.4	-3.3	100.0	81.5	18.5
1987	28.1	50.0	5.5	13.8	6.2	-3.6	100.0	80.6	19.4
1988	27.3	50.1	6.4	14.3	5.4	-3.5	100.0	80.8	19.2
1989	26.5	49.7	7.1	14.8	5.1	-3.3	100.0	81.6	18.4
1990	23.9	49.4	10.1	14.7	4.8	-2.9	100.0	82.0	18.0
1991	20.6	52.1	10.2	14.7	5.4	-3.0	100.0	81.7	18.3
1992	21.6	55.9	5.5	14.4	5.4	-2.8	100.0	81.7	18.3
1993	20.7	58.7	3.3	14.1	5.9	-2.7	100.0	81.1	18.9
1994	19.3	59.5	4.8	13.9	5.1	-2.6	100.0	80.9	19.1
1995	17.9	60.9	3.9	15.3	4.8	-2.9	100.0	81.0	19.0
1996	17.0	61.4	4.1	15.4	4.4	-2.4	100.0	80.7	19.3
1997	16.9	62.6	3.7	15.2	4.6	-3.1	100.0	80.6	19.4
1998	16.2	62.5	4.5	14.6	5.0	-2.9	100.0	80.8	19.2
1999	16.1	62.2	4.8	13.5	5.8	-2.4	100.0	81.2	18.8
2000	16.5	62.4	4.7	12.5	6.4	-2.4	100.0	81.5	18.5
2001	16.4	64.1	5.2	11.1	5.7	-2.5	100.0	81.4	18.6
2002	17.3	65.5	5.2	8.5	5.8	-2.4	100.0	82.3	17.7
2003	18.7	65.6	5.4	7.1	5.7	-2.5	100.0	83.2	16.8
2004	19.9	64.8	5.1	7.0	5.8	-2.6	100.0	83.4	16.6
2005	20.0	64.2	5.3	7.4	5.7	-2.6	100.0	83.7	16.3
2006	19.7	63.0	6.2	8.5	5.2	-2.6	100.0	84.1	15.9
2007	20.2	64.4	4.9	8.7	4.8	-3.0	100.0	83.4	16.6
2008	20.7	63.6	5.4	8.5	4.8	-2.9	100.0	84.1	15.9

(续表)

年份	国防	人力资源	物质资源	净利息	其他功能	未分配的补充收入	联邦总支出	预算内	预算外
2009	18.8	61.3	12.6	5.3	4.6	-2.6	100.0	85.3	14.7
2010	20.1	69.0	2.6	5.7	5.0	-2.4	100.0	84.0	16.0
2011	19.6	67.0	4.5	6.4	5.0	-2.5	100.0	86.2	13.8
2012	19.2	66.4	6.1	6.2	5.0	-2.9	100.0	85.6	14.4
2013	18.3	70.0	2.6	6.4	5.4	-2.7	100.0	81.7	18.3
2014 估算	17.0	71.8	2.7	6.1	4.9	-2.5	100.0	80.5	19.5
2015 估算	16.2	70.7	3.7	6.5	5.4	-2.5	100.0	80.6	19.4
2016 估算	14.5	71.1	3.5	7.7	5.7	-2.5	100.0	80.3	19.7
2017 估算	13.5	70.4	3.3	9.2	6.0	-2.4	100.0	79.9	20.1
2018 估算	13.0	69.8	3.0	10.7	5.8	-2.3	100.0	79.4	20.6
2019 估算	12.4	69.7	2.9	11.6	5.4	-2.1	100.0	79.4	20.6

资料来源：白宫/OMB 历史数据 Table 3.1，http://www.whitehouse.gov/omb/budget/historicals。

表 A4　1940—2019 年美国联邦政府债务　　　　　　　　单位：百万美元

财政年度年末	联邦债务总额	减：联邦政府账户持有的债务	等于：公众持有的债务		
			总额	联储持有	其他
1940	50 696	7 924	42 772	2 458	40 314
1941	57 531	9 308	48 223	2 180	46 043
1942	79 200	11 447	67 753	2 640	65 113
1943	142 648	14 882	127 766	7 149	120 617
1944	204 079	19 283	184 796	14 899	169 897
1945	260 123	24 941	235 182	21 792	213 390
1946	270 991	29 130	241 861	23 783	218 078
1947	257 149	32 810	224 339	21 872	202 467
1948	252 031	35 761	216 270	21 366	194 904
1949	252 610	38 288	214 322	19 343	194 979
1950	256 853	37 830	219 023	18 331	200 692
1951	255 288	40 962	214 326	22 982	191 344
1952	259 097	44 339	214 758	22 906	191 852
1953	265 963	47 580	218 383	24 746	193 637
1954	270 812	46 313	224 499	25 037	199 462
1955	274 366	47 751	226 616	23 607	203 009
1956	272 693	50 537	222 156	23 758	198 398
1957	272 252	52 931	219 320	23 035	196 285
1958	279 666	53 329	226 336	25 438	200 898

(续表)

财政年度年末	联邦债务总额	减:联邦政府账户持有的债务	等于:公众持有的债务 总额	联储持有	其他
1959	287 465	52 764	234 701	26 044	208 657
1960	290 525	53 686	236 840	26 523	210 317
1961	292 648	54 291	238 357	27 253	211 104
1962	302 928	54 918	248 010	29 663	218 347
1963	310 324	56 345	253 978	32 027	221 951
1964	316 059	59 210	256 849	34 794	222 055
1965	322 318	61 540	260 778	39 100	221 678
1966	328 498	64 784	263 714	42 169	221 545
1967	340 445	73 819	266 626	46 719	219 907
1968	368 685	79 140	289 545	52 230	237 315
1969	365 769	87 661	278 108	54 095	224 013
1970	380 921	97 723	283 198	57 714	225 484
1971	408 176	105 140	303 037	65 518	237 519
1972	435 936	113 559	322 377	71 426	250 951
1973	466 291	125 381	340 910	75 181	265 729
1974	483 893	140 194	343 699	80 648	263 051
1975	541 925	147 225	394 700	84 993	309 707
1976	628 970	151 566	477 404	94 714	382 690
TQ*	643 561	148 052	495 509	96 702	398 807
1977	706 398	157 294	549 104	105 004	444 100
1978	776 602	169 476	607 126	115 480	491 646
1979	829 467	189 161	640 306	115 594	524 712
1980	909 041	197 118	711 923	120 846	591 077
1981	994 828	205 418	789 410	124 466	664 944
1982	1 137 315	212 740	924 575	134 497	790 078
1983	1 371 660	234 392	1 137 268	155 527	981 741
1984	1 564 586	257 611	1 306 975	155 122	1 151 853
1985	1 817 423	310 163	1 507 260	169 806	1 337 454
1986	2 120 501	379 878	1 740 623	190 855	1 549 767
1987	2 345 956	456 203	1 889 753	212 040	1 677 713
1988	2 601 104	549 487	2 051 616	229 218	1 822 398
1989	2 867 800	677 084	2 190 716	220 088	1 970 628
1990	3 206 290	794 733	2 411 558	234 410	2 177 147
1991	3 598 178	909 179	2 688 999	258 591	2 430 408
1992	4 001 787	1 002 050	2 999 737	296 397	2 703 341
1993	4 351 044	1 102 647	3 248 396	325 653	2 922 744
1994	4 643 307	1 210 242	3 433 065	355 150	3 077 915

(续表)

财政年度年末	联邦债务总额	减:联邦政府账户持有的债务	等于:公众持有的债务 总额	联储持有	其他
1995	4 920 586	1 316 208	3 604 378	374 114	3 230 264
1996	5 181 465	1 447 392	3 734 073	390 924	3 343 149
1997	5 369 206	1 596 862	3 772 344	424 518	3 347 826
1998	5 478 189	1 757 090	3 721 099	458 182	3 262 917
1999	5 605 523	1 973 160	3 632 363	496 644	3 135 719
2000	5 628 700	2 218 896	3 409 804	511 413	2 898 391
2001	5 769 881	2 450 266	3 319 615	534 135	2 785 480
2002	6 198 401	2 657 974	3 540 427	604 191	2 936 235
2003	6 760 014	2 846 570	3 913 443	656 116	3 257 327
2004	7 354 657	3 059 113	4 295 544	700 341	3 595 203
2005	7 905 300	3 313 088	4 592 212	736 360	3 855 852
2006	8 451 350	3 622 378	4 828 972	768 924	4 060 048
2007	8 950 744	3 915 615	5 035 129	779 632	4 255 497
2008	9 986 082	4 183 032	5 803 050	491 127	5 311 923
2009	11 875 851	4 331 144	7 544 707	769 160	6 775 547
2010	13 528 807	4 509 926	9 018 882	811 669	8 207 213
2011	14 764 222	4 636 035	10 128 187	1 664 660	8 463 527
2012	16 050 921	4 769 790	11 281 131	1 645 285	9 635 846
2013	16 719 434	4 736 856	11 982 577	2 072 283	9 910 294
2014 估算	17 892 637	4 989 977	12 902 660	N/A	N/A
2015 估算	18 713 486	5 121 683	13 591 802	N/A	N/A
2016 估算	19 511 611	5 255 025	14 256 587	N/A	N/A
2017 估算	20 261 711	5 418 252	14 843 459	N/A	N/A
2018 估算	20 961 055	5 590 565	15 370 490	N/A	N/A
2019 估算	21 670 744	5 688 788	15 981 956	N/A	N/A

注:* Transition Quarter,1976—1977 年财政年度定义改变,TQ 是 1976 年 7 月 1 日—1976 年 9 月 30 日的过渡季度。

资料来源:白宫/OMB 历史数据 Table 7.1,http://www.whitehouse.gov/omb/budget/historicals。

表 A5　2012 年美国州和地方政府收入　　　　　　　　　单位:千美元

摘要	州和地方政府	州政府	地方政府
收入[1]	3 033 555 422	1 907 026 846	1 615 193 670
一般收入[1]	2 598 043 128	1 630 034 675	1 456 673 547
政府间收入[1]	584 499 378	533 657 604	539 506 868
来自联邦政府	584 499 378	514 139 109	70 360 269
来自州政府[1]	0	0	469 146 599

(续表)

摘要	州和地方政府	州政府	地方政府
来自地方政府	0	19 518 495	0
来自自有资源的一般收入	2 013 543 750	1 096 377 071	917 166 679
税收	1 388 154 804	799 350 417	588 804 387
不动产税	446 099 195	13 110 672	432 988 523
销售税	476 447 435	378 544 162	97 903 273
一般销售税	314 795 888	245 445 704	69 350 184
特殊销售税	161 651 547	133 098 458	28 553 089
汽油	41 447 220	40 139 259	1 307 961
酒	6 492 927	5 963 492	529 435
烟	17 605 937	17 189 314	416 623
公用事业	28 669 549	14 564 447	14 105 102
其他销售税	67 435 914	55 241 946	12 193 968
个人所得税	307 334 718	280 693 192	26 641 526
公司所得税	49 030 858	41 821 318	7 209 540
汽车执照税	24 384 657	22 631 173	1 753 484
其他税	84 857 941	62 549 900	22 308 041
收费和其他一般收入	625 388 946	297 026 654	328 362 292
现期收费	426 780 254	174 260 371	252 519 883
教育	114 894 583	90 378 461	24 516 122
高等教育机构	99 163 546	89 227 546	9 936 000
学校午餐销售	6 308 788	32 820	6 275 968
医院	123 503 909	49 790 723	73 713 186
公路	13 285 943	7 321 828	5 964 115
航空运输(机场)	19 876 079	1 449 276	18 426 803
停车场	2 573 747	20 474	2 553 273
海港和内陆港口设施	4 408 174	1 265 089	3 143 085
自然资源	4 528 871	2 625 753	1 903 118
公园和休闲	9 661 931	1 508 961	8 152 970
住房和社区发展	6 216 471	626 449	5 590 022
下水道	47 275 757	625 464	46 650 293
固体垃圾管理	16 589 424	425 627	16 163 797
其他收费	63 965 365	18 222 266	45 743 099
其他一般收入	198 608 692	122 766 283	75 842 409
利息收入	50 912 895	32 749 575	18 163 320
特别估价	7 401 616	24 278	7 377 338
资产销售	3 435 439	966 998	2 468 441

(续表)

摘要	州和地方政府	州政府	地方政府
其他一般收入	136 858 742	89 025 432	47 833 310
公用事业收入	151 735 218	13 626 445	138 108 773
供水	54 383 353	261 450	54 121 903
电力	75 959 471	9 991 214	65 968 257
供气	6 887 642	9 033	6 878 609
运输	14 504 752	3 364 748	11 140 004
售酒商店收入	8 339 781	7 114 248	1 225 533
保险基金收入	275 437 295	256 251 478	19 185 817
失业补偿	80 311 236	80 109 746	201 490
雇员退休	172 028 192	153 043 865	18 984 327
工人报酬	15 526 364	15 526 364	0
其他保险基金收入	7 571 503	7 571 503	0

注：[1] 已剔除重复的政府间交易。

资料来源：US Census. State and Local Government Finances by Level of Government：2012，http://www.Census.gov/local/summary_report.pdf。

表 A6　2012 年美国州和地方政府支出　　　单位：千美元

项目	州和地方政府	州政府	地方政府
支出[1]	3 151 702 715	1 981 511 472	1 663 121 365
按性质和目的			
政府间支出[1]	4 157 695	481 410 754	15 677 063
直接支出	3 147 545 020	1 500 100 718	1 647 444 302
当前运作	2 294 750 946	987 086 001	1 307 664 945
资本花费	330 975 830	119 668 672	211 307 158
援助和补贴	50 245 310	40 079 600	10 165 710
债务利息	125 062 893	49 903 491	75 159 402
保险津贴和偿付	346 510 041	303 362 954	43 147 087
其中：薪金和工资	842 474 298	251 330 412	591 143 886
按功能分的直接支出	3 147 545 020	1 500 100 718	1 647 444 302
直接一般支出	2 587 317 474	1 167 333 919	1 419 983 555
资本花费	285 133 018	114 955 101	170 177 917
其他直接一般支出	2 302 184 456	1 052 378 818	1 249 805 638
教育服务			
教育	869 195 706	271 117 301	598 078 405
高等教育	259 735 781	220 266 001	39 469 780
初等和中等教育	565 403 215	6 794 590	558 608 625

(续表)

项目	州和地方政府	州政府	地方政府
其他教育	44 056 710	44 056 710	0
图书馆	11 446 701	419 770	11 026 931
社会服务和收入保持			
公共福利	485 588 136	433 312 083	52 276 053
医院	155 755 495	65 514 468	90 241 027
健康	84 397 654	42 005 549	42 392 105
就业保险	5 116 142	5 065 317	50 825
退伍军人服务	838 031	838 031	0
交通			
公路	158 562 139	97 508 989	61 053 150
航空运输（机场）	21 533 229	1 891 646	19 641 583
停车场	1 896 808	10 262	1 886 546
海港和内河港口设施	5 300 028	1 578 515	3 721 513
公共安全			
警察保安	96 972 215	12 848 203	84 124 012
消防	42 404 755	0	42 404 755
罪犯改造	72 576 605	46 020 671	26 555 934
保安监督和管制	13 578 032	8 849 279	4 728 753
环境和住房			
自然资源	29 008 682	18 856 123	10 152 559
公园和娱乐	37 404 429	4 631 908	32 772 521
住房和社区发展	53 141 353	10 080 093	43 061 260
下水道	51 711 843	772 754	50 939 089
固体废弃物管理	24 247 114	2 451 082	21 796 032
政府管理			
财务管理	38 984 349	21 819 452	17 164 897
司法	43 157 218	21 148 068	22 009 150
一般公共建筑	14 033 783	3 617 445	10 416 338
其他政府管理	27 756 896	4 424 863	23 332 033
一般债务利息	109 117 652	47 342 438	61 775 214
其他一般支出			
其他商业活动	5 056 048	2 543 161	2 512 887
其他	128 536 431	42 666 448	85 869 983
公用事业支出	207 020 633	23 796 134	183 224 499
供水	61 239 779	420 194	60 819 585
电力	76 470 245	10 391 513	66 078 732

(续表)

项目	州和地方政府	州政府	地方政府
供气	7 041 003	10 670	7 030 333
运输	62 269 606	12 973 757	49 295 849
售酒商店支出	6 696 872	5 607 711	1 089 161
保险基金支出	346 510 041	303 362 954	43 147 087
失业补偿	95 553 860	95 317 830	236 030
雇员退休	233 227 038	190 315 981	42 911 057
工人报酬	10 923 109	10 923 109	0
其他保险基金	6 806 034	6 806 034	0

注：[1] 已剔除重复的政府间交易。
资料来源：U. S. Census Bureau 2012. LGF001 State and Local Governemnt Finaces by Level of Government and by State 2012, http://factfinder.census.gov/faces/tableservices/jsf/pages/productview.xhtml? src = bkmk。

表A7　美国州和地方政府未偿付债务　　　　　单位：十亿美元

年份：项目	总额	长期	短期	净长期
1990：总额	858.0	838.7	19.3	474.4
州	318.3	315.5	2.8	125.5
地方	539.8	523.2	16.5	348.9
1991：总额	915.7	894.0	21.7	522.1
州	345.6	342.2	3.4	140.4
地方	570.2	551.9	18.3	381.7
1992：总额	975.6	954.1	21.5	568.8
州	372.3	369.4	2.9	158.9
地方	603.3	584.8	18.5	409.9
1993：总额	1 017.7	995.0	22.7	617.1
州	389.7	385.9	3.9	176.9
地方	628.0	609.1	18.8	440.1
1994：总额	1 074.7	1 048.0	26.7	672.8
州	411.0	406.1	4.9	200.8
地方	663.7	641.9	21.8	472.0
1995：总额	1 115.4	1 088.3	27.0	697.3
州	427.2	421.1	6.1	205.3
地方	688.1	667.2	20.9	491.9
1996：总额	1 169.7	1 145.7	24.0	751.6
州	452.4	446.5	5.8	220.3
地方	717.3	699.1	18.2	531.3

(续表)

年份:项目	总额	长期	短期	净长期
1997:总额	1 224.5	1 207.9	16.6	797.7
州	456.7	454.5	2.1	222.6
地方	767.9	753.4	14.5	575.1
1998:总额	1 283.6	1 266.3	17.3	842.6
州	483.1	480.9	2.2	237.2
地方	800.4	785.4	15.1	605.4
1999:总额	1 369.3	1 351.4	17.8	907.3
州	510.5	507.8	2.7	249.4
地方	858.8	843.6	15.2	657.9
2000:总额	1 451.8	1 427.5	24.3	959.6
州	547.9	541.5	6.4	266.9
地方	903.9	886.0	17.9	692.7
2001:总额	1 554.0	1 531.9	22.1	1 038.6
州	576.5	572.8	3.7	287.4
地方	977.5	959.1	18.5	751.2
2002:总额	1 681.4	1 638.1	43.2	1 121.0
州	636.8	618.2	18.6	311.8
地方	1 044.6	1 020.0	24.6	809.2
2003:总额	1 812.7	1 772.2	40.5	1 242.7
州	697.9	681.8	16.1	366.2
地方	1 114.7	1 090.4	24.3	876.5
2004:总额	1 951.7	1 913.3	38.4	1 349.6
州	754.2	740.4	13.7	412.2
地方	1 197.5	1 172.9	24.6	937.4
2005:总额	2 085.6	2 054.8	30.8	1 441.1
州	813.8	808.3	5.6	444.7
地方	1 271.8	1 246.5	25.2	996.4
2006:总额	2 200.9	2 167.7	33.2	1 519.5
州	870.9	860.3	10.6	473.4
地方	1 330.0	1 307.4	22.6	1 046.0
2007:总额	2 411.3	2 379.4	31.9	1 673.3
州	936.5	929.9	6.6	499.7
地方	1 474.8	1 449.4	25.4	1 173.6
2008:总额	2 550.9	2 506.3	44.6	1 762.1
州	1 004.2	990.0	14.2	530.3
地方	1 546.8	1 516.3	30.4	1 231.8

资料来源:U. S. Census Bureau,1990,Government Finances,Series GF, No. 5,Annual; Thereafter, Federal,State,and Local Governments, Finance, State and Local Government Finances,2007—2008 and unpublished data,June 2011。

表 A8　2012 年美国州和地方政府的财政与债务

单位：千美元

项目	阿拉巴马州 州和地方政府	阿拉巴马州 州政府	阿拉巴马州 地方政府	州和地方政府	阿拉斯加州 州政府	阿拉斯加州 地方政府
收入[1]	43 634 755	28 970 138	20 508 374	18 249 900	15 050 413	4 817 371
一般收入[1]	33 822 165	22 226 197	17 439 725	17 172 032	14 324 470	4 465 446
政府间收入[1]	9 192 136	8 227 630	6 808 263	3 161 767	2 866 427	1 913 224
来自联邦政府[1]	9 192 136	8 112 509	1 079 627	3 161 767	2 860 509	301 258
来自州政府	0	0	5 728 636	0	0	1 611 966
来自地方政府	0	115 121	0	0	5 918	0
来自自有资源的一般收入	24 630 029	13 998 567	10 631 462	14 010 265	11 458 043	2 552 222
税收	14 215 286	9 049 294	5 165 992	8 668 073	7 049 398	1 618 675
不动产税	2 553 323	321 530	2 231 793	1 506 245	215 407	1 290 838
销售税	6 800 115	4 626 357	2 173 758	541 209	248 432	292 777
个人所得税	3 118 392	3 017 437	100 955	0	0	0
公司所得税	413 253	413 253	0	663 144	663 144	0
汽车执照税	221 263	201 875	19 388	72 464	58 196	14 268
其他税	1 108 940	468 842	640 098	5 885 011	5 864 219	20 792
收费和其他一般收入	10 414 743	4 949 273	5 465 470	5 342 192	4 408 645	933 547
公用事业收入	2 964 681	0	2 964 681	357 598	16 357	341 241
售酒商店收入	267 388	267 388	0	4 102	0	4 102
保险基金收入	6 580 521	6 476 553	103 968	716 168	709 586	6 582
支出[1]	41 809 478	27 685 916	20 709 785	14 682 822	11 729 460	4 851 490
按性质和目的: 政府间支出[1]	0	6 563 313	22 910	0	1 897 331	797

项目						
直接支出	41 809 478	21 122 603	20 686 875	14 682 822	9 832 129	4 850 693
当前运作	32 422 751	14 722 827	17 699 924	10 640 429	6 762 269	3 878 160
资本花费	4 060 823	2 019 406	2 041 417	2 081 989	1 295 382	786 607
援助和补贴	564 148	564 146	2	186 508	186 508	0
债务利息	1 083 083	342 277	740 806	446 019	287 494	158 525
保险津贴和偿付	3 678 673	3 473 947	204 726	1 327 877	1 300 476	27 401
其中:薪金和工资	11 988 514	4 467 260	7 521 254	3 456 847	1 830 954	1 625 893
按功能分的直接支出	41 809 478	21 122 603	20 686 875	14 682 822	9 832 129	4 850 693
直接一般支出	34 900 491	17 399 789	17 500 702	12 648 251	8 365 478	4 282 773
资本花费	3 782 330	2 018 672	1 763 658	1 868 915	1 280 041	588 874
其他直接一般支出	31 118 161	15 381 117	15 737 044	10 779 336	7 085 437	3 693 899
公用事业支出	2 981 447	0	2 981 447	703 802	166 175	537 627
售酒商店支出	248 867	248 867		2 892	0	2 892
保险基金支出	3 678 673	3 473 947	204 726	1 327 877	1 300 476	27 401
未偿还债务	29 468 053	8 719 430	20 748 623	9 496 866	5 909 456	3 587 410
短期	294 295	30 290	264 005	112 232	72 173	40 059
长期	29 173 758	8 689 140	20 484 618	9 384 634	5 837 283	3 547 351
发出的长期债务	2 490 391	503 125	1 987 266	846 434	463 840	382 594
到期的长期债务	2 489 798	852 353	1 637 445	1 438 440	952 110	486 330
持有的现金与证券	50 507 626	38 262 551	12 245 075	76 843 445	72 597 743	4 245 702
保险基金	27 601 759	25 278 412	2 323 347	9 354 668	9 025 848	328 820

(续表)

项目	亚利桑那州			阿肯色州		
	州和地方政府	州政府	地方政府	州和地方政府	州政府	地方政府
收入[1]	51 802 860	32 134 279	27 075 860	23 501 773	18 434 343	9 819 801
一般收入[1]	43 422 914	28 510 923	22 319 270	21 165 780	17 124 473	8 793 678
政府间收入[1]	11 360 235	10 752 958	8 014 556	6 269 469	5 909 693	5 112 147
来自联邦政府	11 360 235	10 394 549	965 686	6 269 469	5 900 988	368 481
来自州政府[1]	0	0	7 048 870	0	0	4 743 666
来自地方政府	0	358 409	0	0	8 705	0
来自自有资源的一般收入	32 062 679	17 757 965	14 304 714	14 896 311	11 214 780	3 681 531
税收	22 192 576	12 996 421	9 196 155	10 393 646	8 287 744	2 105 902
不动产税	6 847 914	754 428	6 093 486	1 949 967	1 008 707	941 260
销售税	10 761 677	8 066 124	2 695 553	5 112 570	3 982 832	1 129 738
个人所得税	3 093 904	3 093 904	0	2 401 902	2 401 902	0
公司所得税	647 809	647 809	0	404 083	404 083	0
汽车执照税	183 788	169 370	14 418	154 095	154 095	0
其他税	657 484	264 786	392 698	371 029	336 125	34 904
收费和其他一般收入	9 870 103	4 761 544	5 108 559	4 502 665	2 927 036	1 575 629
公用事业收入	4 598 098	29 836	4 568 262	1 003 457	0	1 003 457
售酒商店收入	0	0	0	0	0	0
保险基金收入	3 781 848	3 593 520	188 328	1 332 536	1 309 870	22 666
支出	51 091 710	31 888 001	27 423 318	24 276 641	19 618 284	9 720 769
按性质和目的:						
政府间支出[1]	0	8 023 697	195 912	21	5 047 345	15 088

项目						
直接支出	51 091 710	23 864 304	27 227 406	24 276 620	14 570 939	9 705 681
当前运作	37 908 826	16 521 095	21 387 731	18 887 439	10 898 596	7 988 843
资本花费	5 659 642	1 625 510	4 034 132	2 387 660	1 115 511	1 272 149
援助和补贴	673 441	661 815	11 626	527 793	527 793	0
债务利息	2 166 817	675 228	1 491 589	552 397	149 093	403 304
保险津贴和偿付	4 682 984	4 380 656	302 328	1 921 331	1 879 946	41 385
其中：薪金和工资	13 745 530	3 294 463	10 451 067	6 943 016	3 006 391	3 936 625
按功能分的直接支出	51 091 710	23 864 304	27 227 406	24 276 620	14 570 939	9 705 681
直接一般支出	41 567 290	19 452 059	22 115 231	21 320 691	12 690 993	8 629 698
资本花费	4 751 018	1 625 502	3 125 516	2 190 299	1 115 511	1 074 788
其他直接一般支出	36 816 272	17 826 557	18 989 715	19 130 392	11 575 482	7 554 910
公用事业支出	4 841 436	31 589	4 809 847	1 034 598	0	1 034 598
售酒商店支出	0	0	0	0	0	0
保险基金支出	4 682 984	4 380 656	302 328	1 921 331	1 879 946	41 385
未偿还债务	49 065 561	14 507 370	34 558 191	13 961 274	3 655 727	10 305 547
短期	129 931	46 615	83 316	0	0	9 098
长期	48 935 630	14 460 755	34 474 875	13 952 176	3 655 727	10 296 449
发出的长期债务	1 834 578	3 546 521	1 743 766	364 901	1 378 865	43 031 484
到期的长期债务	1 785 690	4 601 011	1 850 541	544 948	1 305 593	40 136 742
持有的现金与证券	48 451 563	25 122 349	34 868 770	26 847 537	8 021 233	864 619 829
保险基金	34 831 704	3 536 627	20 419 040	20 175 669	243 371	572 711 929

(续表)

项目	加利福尼亚州 州和地方政府	加利福尼亚州 州政府	加利福尼亚州 地方政府	科罗拉多州 州和地方政府	科罗拉多州 州政府	科罗拉多州 地方政府
收入[1]	411 774 543	250 971 433	252 050 072	47 421 770	25 687 893	27 738 978
一般收入[1]	332 763 923	199 358 854	224 652 031	40 824 749	21 883 601	24 946 249
政府间收入[1]	65 267 533	57 426 009	99 088 486	7 645 826	6 396 060	7 254 867
来自联邦政府	65 267 533	54 145 284	11 122 249	7 645 826	6 310 538	1 335 288
来自州政府[1]	0	0	87 966 237	0	0	5 919 579
来自地方政府[1]	0	3 280 725	0	0	85 522	0
来自自有资源的一般收入	267 496 390	141 932 845	125 563 545	33 178 923	15 487 541	17 691 382
税收	183 660 013	115 178 568	68 481 445	21 186 790	10 262 977	10 923 813
不动产税	51 565 583	2 079 878	49 485 705	6 950 637	0	6 950 637
销售税	55 926 384	41 341 188	14 585 196	7 601 182	4 090 645	3 510 537
个人所得税	55 024 435	55 024 435	0	4 875 627	4 875 627	0
公司所得税	7 949 000	7 949 000	0	492 224	492 224	0
汽车执照税	3 562 928	3 529 137	33 791	514 727	455 744	58 983
其他税	9 631 683	5 254 930	4 376 753	752 393	348 737	403 656
收费和其他一般收入	83 836 377	26 754 277	57 082 100	11 992 133	5 224 564	6 767 569
公用事业收入	24 854 294	1 043 360	23 810 934	2 736 964	0	2 736 964
售酒商店收入	0	0	0	0	0	0
保险基金收入	54 156 326	50 569 219	3 587 107	3 860 057	3 804 292	55 765
支出	448 670 635	269 054 703	262 467 808	49 118 514	28 238 168	27 013 188
按性质和目的:						
政府间支出[1]	2 760 499	85 425 616	186 759	3 235	6 105 130	30 947

直接支出	445 910 136	183 629 087	262 281 049	49 115 279	22 133 038	26 982 241
当前运作	311 851 845	111 385 472	200 466 373	35 308 761	13 554 526	21 754 235
资本花费	43 896 468	10 150 635	33 745 833	4 845 499	1 591 023	3 254 476
援助和补贴	10 345 051	4 138 422	6 206 629	463 763	347 431	116 332
债务利息	19 255 097	7 677 988	11 577 109	2 505 778	873 290	1 632 488
保险津贴和偿付	60 561 675	50 276 570	10 285 105	5 991 478	5 766 768	224 710
其中:薪金和工资	116 215 269	29 064 238	87 151 031	13 496 893	3 885 321	9 611 572
按功能分的直接支出	445 910 136	183 629 087	262 281 049	49 115 279	22 133 038	26 982 241
直接一般支出	348 787 403	131 720 463	217 066 940	39 745 239	16 325 359	23 419 880
资本花费	35 322 392	10 053 546	25 268 846	4 383 617	1 591 023	2 792 594
其他直接一般支出	313 465 011	121 666 917	191 798 094	35 361 622	14 734 336	20 627 286
公用事业支出	36 561 058	1 632 054	34 929 004	3 378 562	40 911	3 337 651
售酒商店支出	0	0	0	0	0	0
保险基金支出	60 561 675	50 276 570	10 285 105	5 991 478	5 766 768	224 710
未偿还债务	419 751 267	153 528 617	266 222 650	51 394 950	15 999 530	35 395 420
短期	1 386 239	0	1 386 239	165 922	30 905	135 017
长期	418 365 028	153 528 617	264 836 411	51 229 028	15 968 625	35 260 403
发出的长期债务	18 354 197	24 677 287	6 037 495	2 964 260	3 073 235	6 538 705
到期的长期债务	15 093 585	25 043 157	7 501 102	2 960 293	4 540 809	5 984 183
持有的现金与证券	519 751 463	344 868 366	87 233 252	64 410 956	22 822 296	52 263 514
保险基金	415 246 357	157 465 572	45 187 692	42 498 396	2 689 296	30 574 536

(续表)

项目	康涅狄格州 州和地方政府	康涅狄格州 州政府	康涅狄格州 地方政府	特拉华州 州和地方政府	特拉华州 州政府	特拉华州 地方政府
收入[1]	39 951 279	27 327 938	17 107 175	9 821 176	8 015 377	3 245 894
一般收入[1]	36 110 694	24 508 075	16 086 453	8 794 298	7 417 356	2 817 037
政府间收入[1]	6 397 879	5 798 580	5 083 133	1 890 225	1 881 424	1 448 896
来自联邦政府	6 397 879	5 781 844	616 035	1 890 225	1 814 112	76 113
来自州政府[1]	0	0	4 467 098	0	0	1 372 783
来自地方政府	0	16 736	0	0	67 312	0
来自有资源的一般收入	29 712 815	18 709 495	11 003 320	6 904 073	5 535 932	1 368 141
税收	24 963 023	15 421 035	9 541 988	4 195 787	3 346 952	848 835
不动产税	9 427 466	0	9 427 466	695 693	0	695 693
销售税	6 694 572	6 694 572	0	504 944	491 044	13 900
个人所得税	7 371 189	7 371 189	0	1 248 596	1 192 781	55 815
公司所得税	628 882	628 882	0	267 418	262 378	5 040
汽车执照税	209 109	209 109	0	49 601	49 601	0
其他税	631 805	517 283	114 522	1 429 535	1 351 148	78 387
收费和其他一般收入	4 749 792	3 288 460	1 461 332	2 708 286	2 188 980	519 306
公用事业收入	812 558	36 647	775 911	436 046	16 822	419 224
售酒商店收入	0	0	0	0	0	0
保险基金收入	3 028 027	2 783 216	244 811	590 832	581 199	9 633
支出[1]	41 502 157	28 370 101	17 752 696	10 498 715	8 315 681	3 345 577
按性质和目的:						
政府间支出[1]	0	4 614 954	5 686	740	1 161 381	1 902

项目						
直接支出	41 502 157	23 755 147	17 747 010	10 497 975	7 154 300	3 343 675
当前运作	29 305 558	15 050 749	14 254 809	7 855 451	5 000 289	2 855 162
资本花费	4 097 225	1 647 811	2 449 414	1 147 063	793 227	353 836
援助和补贴	539 503	539 191	312	231 659	231 659	0
债务利息	1 948 540	1 531 087	417 453	340 274	257 794	82 480
保险津贴和偿付	5 611 331	4 986 309	625 022	923 528	871 331	52 197
其中：薪金和工资	11 362 468	4 351 780	7 010 688	3 669 679	2 437 113	1 232 566
按功能分的直接支出	41 502 157	23 755 147	17 747 010	10 497 975	7 154 300	3 343 675
直接一般支出	34 372 316	18 161 328	16 210 988	9 042 722	6 147 164	2 895 558
资本花费	3 665 711	1 374 499	2 291 212	1 086 042	771 809	314 233
其他直接一般支出	30 706 605	16 786 829	13 919 776	7 956 680	5 375 355	2 581 325
公用事业支出	1 518 510	607 510	911 000	531 725	135 805	395 920
售酒商店支出	0	0	0	0	0	0
保险基金支出	5 611 331	4 986 309	625 022	923 528	871 331	52 197
未偿还债务	42 827 380	31 965 511	10 861 869	8 233 689	5 796 853	2 436 836
短期	826 948	1 833	825 115	43	0	43
长期	42 000 432	31 963 678	10 036 754	8 233 646	5 796 853	2 436 793
发出的长期债务	4 910 407	1 628 298	1 026 174	733 317	292 857	1 642 791
到期的长期债务	4 467 435	1 516 748	1 023 433	744 421	279 012	1 321 511
持有的现金与证券	41 156 453	11 107 061	17 063 655	15 055 631	2 008 024	11 925 672
保险基金	23 650 253	6 924 283	8 338 062	7 818 696	519 366	7 762 779

(续表)

项目	哥伦比亚特区 州和地方政府	哥伦比亚特区 州政府	哥伦比亚特区 地方政府	州和地方政府	佛罗里达州 州政府	佛罗里达州 地方政府
收入	13 099 437	0	13 099 437	155 389 526	82 386 120	91 081 438
一般收入[1]	11 142 142	0	11 142 142	133 383 394	71 230 368	80 231 058
政府间收入[1]	3 474 236	0	3 474 236	27 260 609	23 256 254	22 082 387
来自联邦政府	3 474 236	0	3 474 236	27 260 609	22 850 620	4 409 989
来自州政府[1]	0	0	0	0	0	17 672 398
来自地方政府	0	0	0	0	405 634	0
来自有自资源的一般收入	7 667 906	0	7 667 906	106 122 785	47 974 114	58 148 671
税收	5 933 779	0	5 933 779	64 614 269	32 997 012	31 617 257
不动产税	1 877 748	0	1 877 748	24 598 486	140	24 598 346
销售税	1 539 033	0	1 539 033	32 725 937	27 267 196	5 458 741
个人所得税	1 490 694	0	1 490 694	0	0	0
公司所得税	465 896	0	465 896	2 003 490	2 003 490	0
汽车执照税	32 221	0	32 221	1 305 046	1 305 028	18
其他税	528 187	0	528 187	3 981 310	2 421 158	1 560 152
收费和其他一般收入	1 734 127	0	1 734 127	41 508 516	14 977 102	26 531 414
公用事业收入	1 041 455	0	1 041 455	9 627 598	21 381	9 606 217
售酒商店收入	0	0	0	0	0	0
保险基金收入	915 840	0	915 840	12 378 534	11 134 371	1 244 163
支出[1]	13 815 041	0	13 815 041	157 484 136	79 482 176	95 750 284
按性质和目的:						
政府间支出[1]	0	0	0	0	17 340 127	408 197

项目						
直接支出	13 815 041	0	13 815 041	157 484 136	62 142 049	95 342 087
当前运作	10 313 468	0	10 313 468	121 998 690	44 182 071	77 816 619
资本花费	2 319 515	0	2 319 515	15 773 993	4 814 086	10 959 907
援助和补贴	157 338	0	157 338	1 982 007	1 931 531	50 476
债务利息	517 515	0	517 515	6 058 212	1 398 175	4 660 037
保险津贴和偿付	507 205	0	507 205	11 671 234	9 816 186	1 855 048
其中:薪金和工资	3 443 560	0	3 443 560	41 218 051	8 958 045	32 260 006
按功能分的直接支出	13 815 041	0	13 815 041	157 484 136	62 142 049	95 342 087
直接一般支出	10 765 049	0	10 765 049	134 652 559	52 179 061	82 473 498
资本花费	1 414 736	0	1 414 736	13 957 333	4 770 541	9 186 792
其他直接一般支出	9 350 313	0	9 350 313	120 695 226	47 408 520	73 286 706
公用事业支出	2 542 787	0	2 542 787	11 160 343	146 802	11 013 541
售酒商店支出	0	0	0	0	0	0
保险基金支出	507 205	0	507 205	11 671 234	9 816 186	1 855 048
未偿还债务	11 603 815	0	11 603 815	146 921 567	38 171 049	108 750 518
短期	41 200	0	41 200	249 714	30 523	219 191
长期	11 562 615	0	11 562 615	146 671 853	38 140 526	108 531 327
发出的长期债务	0	1 642 791	13 012 241	4 126 749	8 885 492	7 156 158
到期的长期债务	0	1 321 511	20 402 132	9 428 596	10 973 536	6 958 909
持有的现金与证券	0	11 925 672	288 049 974	188 199 789	99 850 185	118 613 663
保险基金	0	7 762 779	141 464 334	118 512 342	22 951 992	75 124 252

(续表)

项目	佐治亚州			夏威夷州		
	州和地方政府	州政府	地方政府	州和地方政府	州政府	地方政府
收入[1]	72 603 784	40 644 118	42 432 158	13 750 025	10 600 634	3 389 082
一般收入[1]	63 377 908	36 379 240	37 471 160	12 798 234	9 988 555	3 049 370
政府间收入[1]	15 363 108	14 082 843	11 752 757	2 631 491	2 357 724	513 458
来自联邦政府	15 363 108	13 794 726	1 568 382	2 631 491	2 352 114	279 377
来自州政府[1]	0	0	10 184 375	0	0	234 081
来自地方政府	0	288 117	0	0	5 610	0
来自自有资源的一般收入	48 014 800	22 296 397	25 718 403	10 166 743	7 630 831	2 535 912
税收	32 307 678	16 715 216	15 592 462	7 410 827	5 516 146	1 894 681
不动产税	10 360 347	68 951	10 291 396	1 310 590	0	1 310 590
销售税	12 317 897	7 391 867	4 926 030	3 974 819	3 581 652	393 167
个人所得税	8 142 371	8 142 371	0	1 540 746	1 540 746	0
公司所得税	590 676	590 676	0	80 256	80 256	0
汽车执照税	308 342	308 342	0	360 318	206 164	154 154
其他税	588 045	213 009	375 036	144 098	107 328	36 770
收费和其他一般收入	15 707 122	5 581 181	10 125 941	2 755 916	2 114 685	641 231
公用事业收入	4 800 738	9 550	4 791 188	339 712	0	339 712
售酒商店收入	0	0	0	0	0	0
保险基金收入	4 425 138	4 255 328	169 810	612 079	612 079	0
支出[1]	78 432 841	44 751 105	43 943 419	14 708 290	11 565 554	3 337 157
按性质和目的：						
政府间支出[1]	0	10 223 211	38 472	370	194 791	0

项目						
直接支出	78 432 841	34 527 894	43 904 947	14 707 920	11 370 763	3 337 157
当前运作	58 603 144	23 083 929	35 519 215	10 634 757	8 434 789	2 199 968
资本花费	8 745 586	2 691 415	6 054 171	1 925 680	997 741	927 939
援助和补贴	1 037 245	1 037 245	0	143 717	143 717	0
债务利息	2 408 831	688 179	1 720 652	547 845	338 595	209 250
保险津贴和偿付	7 638 035	7 027 126	610 909	1 455 921	1 455 921	0
其中:薪金和工资	21 998 586	5 931 608	16 066 978	3 041 747	2 264 476	777 271
按功能分的直接支出	78 432 841	34 527 894	43 904 947	14 707 920	11 370 763	3 337 157
直接一般支出	64 594 086	27 458 936	37 135 150	12 314 719	9 902 902	2 411 817
资本花费	7 452 294	2 691 377	4 760 917	1 478 584	989 028	489 556
其他直接一般支出	57 141 792	24 767 559	32 374 233	10 836 135	8 913 874	1 922 261
公用事业支出	6 200 720	41 832	6 158 888	937 280	11 940	925 340
售酒商店支出	0	0	0	0	0	0
保险基金支出	7 638 035	7 027 126	610 909	1 455 921	1 455 921	0
未偿还债务	55 784 670	13 400 514	42 384 156	14 025 010	8 398 012	5 626 998
短期	499 943	63 950	435 993	33 000	0	33 000
长期	55 284 727	13 336 564	41 948 163	13 992 010	8 398 012	5 593 998
发出的长期债务	2 053 442	5 102 716	2 441 606	1 825 313	616 293	506 843
到期的长期债务	2 217 471	4 741 438	1 823 770	1 340 134	483 636	457 519
持有的现金与证券	79 159 763	39 453 900	18 940 482	15 991 100	2 949 382	21 889 133
保险基金	68 424 353	6 699 899	10 693 789	10 693 789	0	12 350 874

（续表）

项目	爱达荷州			伊利诺伊州		
	州和地方政府	州政府	地方政府	州和地方政府	州政府	地方政府
收入[1]	11 589 721	8 308 086	5 260 727	118 763 856	68 901 523	68 010 748
一般收入[1]	10 175 944	7 104 084	5 050 952	104 959 623	60 986 400	62 121 638
政府间收入[1]	2 665 704	2 497 542	2 147 254	19 085 541	15 999 360	21 234 596
来自联邦政府	2 665 704	2 479 094	186 610	19 085 541	15 646 844	3 438 697
来自州政府[1]	0	0	1 960 644	0	0	17 795 899
来自地方政府	0	18 448	0	0	352 516	0
来自自有资源的一般收入	7 510 240	4 606 542	2 903 698	85 874 082	44 987 040	40 887 042
税收	4 855 218	3 374 304	1 480 914	66 475 272	36 257 762	30 217 510
不动产税	1 393 289	0	1 393 289	25 531 346	65 106	25 466 240
销售税	1 688 439	1 664 615	23 824	18 335 623	14 295 688	4 039 935
个人所得税	1 213 335	1 213 335	0	15 512 310	15 512 310	0
公司所得税	188 589	188 589	0	3 494 539	3 494 539	0
汽车执照税	136 416	127 813	8 603	1 663 636	1 620 595	43 041
其他税	235 150	179 952	55 198	1 937 818	1 269 524	668 294
收费和其他一般收入	2 655 022	1 232 238	1 422 784	19 398 810	8 729 278	10 669 532
公用事业收入	209 135	0	209 135	4 071 398	0	4 071 398
售酒商店收入	127 622	127 622	0	0	0	0
保险基金收入	1 077 020	1 076 380	640	9 732 835	7 915 123	1 817 712
支出[1]	11 444 078	8 301 262	5 102 037	129 267 177	72 622 240	72 512 057
按性质和目的：						
政府间支出[1]	0	1 956 717	2 504	0	15 866 914	206

直接支出	11 444 078	6 344 545	5 099 533	129 267 177	56 755 326	72 511 851
当前运作	8 793 568	4 343 634	4 449 934	89 000 569	33 633 967	55 366 602
资本花费	1 121 836	569 633	552 203	12 711 416	3 932 732	8 778 684
援助和补贴	140 585	140 238	347	1 291 030	1 291 030	0
债务利息	261 796	166 479	95 317	6 780 264	3 343 545	3 436 719
保险津贴和偿付	1 126 293	1 124 561	1 732	19 483 898	14 554 052	4 929 846
其中:薪金和工资	3 156 537	1 054 355	2 102 182	36 873 164	8 959 366	27 913 798
按功能分的直接支出	11 444 078	6 344 545	5 099 533	129 267 177	56 755 326	72 511 851
直接一般支出	9 974 887	5 122 591	4 852 296	102 728 050	42 201 274	60 526 776
资本花费	1 045 341	569 633	475 708	11 174 540	3 932 732	7 241 808
其他直接一般支出	8 929 546	4 552 958	4 376 588	91 553 510	38 268 542	53 284 968
公用事业支出	245 505	0	245 505	7 055 229	0	7 055 229
售酒商店支出	97 393	97 393	0	0	0	0
保险基金支出	1 126 293	1 124 561	1 732	19 483 898	14 554 052	4 929 846
未偿还债务	6 247 077	3 945 615	2 301 462	146 233 438	64 301 765	81 931 673
短期	19 461	10 756	8 705	243 301	15 170	228 131
长期	6 227 616	3 934 859	2 292 757	145 990 137	64 286 595	81 703 542
发出的长期债务	237 934	268 909	15 331 599	5 995 629	9 335 970	7 031 606
到期的长期债务	218 068	239 451	13 108 674	6 493 657	6 615 017	6 388 790
持有的现金与证券	19 098 509	2 790 624	213 289 488	125 248 059	88 041 429	74 653 524
保险基金	12 332 647	18 227	120 229 364	81 165 889	39 063 475	24 260 608

（续表）

项目	印第安纳州			衣阿华州		
	州和地方政府	州政府	地方政府	州和地方政府	州政府	地方政府
收入						
一般收入¹	53 649 241	35 909 735	27 752 668	31 877 529	21 079 797	15 723 596
政府间收入¹	47 760 186	32 300 827	25 472 521	28 086 570	18 357 465	14 654 969
来自联邦政府	11 114 581	10 515 088	10 612 655	6 741 283	6 362 157	5 304 990
来自州政府¹	11 114 581	10 441 125	673 456	6 741 283	6 073 376	667 907
来自地方政府	0	0	9 939 199	0	0	4 637 083
来自自有资源的一般收入	0	73 963	0	0	288 781	0
税收	36 645 605	21 785 739	14 859 866	21 345 287	11 995 308	9 349 979
不动产税	24 513 950	16 329 595	8 184 355	13 563 467	7 932 494	5 630 973
销售税	6 488 518	6 336	6 482 182	4 539 611	0	4 539 611
个人所得税	10 097 960	9 880 839	217 121	4 556 776	3 632 917	923 859
公司所得税	6 097 513	4 765 566	1 331 947	3 126 638	3 029 709	96 929
汽车执照税	794 508	794 508	0	425 776	425 776	0
其他税	385 454	324 447	61 007	540 629	520 946	19 683
收费和其他一般收入	649 997	557 899	92 098	374 037	323 146	50 891
公用事业收入	12 131 655	5 456 144	6 675 511	7 781 820	4 062 814	3 719 006
售酒商店收入	2 184 806	0	2 184 806	1 066 468	0	1 066 468
保险基金收入	0	0	0	245 991	245 991	0
支出¹	3 704 249	3 608 908	95 341	2 478 500	2 476 341	2 159
按性质和目的:	52 405 104	35 832 998	25 841 445	31 794 606	20 407 524	16 296 990
政府间支出¹	28 204	9 296 791	752	0	4 804 976	104 932

直接支出	52 376 900	26 536 207	25 840 693	31 794 606	15 602 548	16 192 058
当前运作	39 287 405	17 997 507	21 289 898	23 149 580	10 586 846	12 562 734
资本花费	5 961 947	2 650 794	3 311 153	4 939 275	1 753 138	3 186 137
援助和补贴	1 016 336	1 016 336	0	534 080	534 080	0
债务利息	2 107 236	976 569	1 130 667	693 504	253 805	439 699
保险津贴和偿付	4 003 976	3 895 001	108 975	2 478 167	2 474 679	3 488
其中:薪金和工资	13 709 478	3 979 707	9 729 771	8 474 757	2 630 298	5 844 459
按功能分的直接支出	52 376 900	26 536 207	25 840 693	31 794 606	15 602 548	16 192 058
直接一般支出	45 831 754	22 641 206	23 190 548	27 929 948	12 962 447	14 967 501
资本花费	5 494 673	2 650 794	2 843 879	4 676 994	1 753 138	2 923 856
其他直接支出	40 337 081	19 990 412	20 346 669	23 252 954	11 209 309	12 043 645
公用事业支出	2 541 170	0	2 541 170	1 221 069	0	1 221 069
售酒商店支出	0	0	0	0	165 422	0
保险基金支出	4 003 976	3 895 001	108 975	2 478 167	2 474 679	3 488
未偿还债务	49 563 134	22 511 518	27 051 616	18 170 481	6 166 080	12 004 401
短期	471 138	208 284	262 854	109 245	0	109 245
长期	49 091 996	22 303 234	26 788 762	18 061 236	6 166 080	11 895 156
发出的长期债务	3 286 742	3 744 864	3 157 830	837 447	2 320 383	1 906 487
到期的长期债务	2 719 235	3 669 555	3 790 128	2 245 178	1 544 950	2 382 430
持有的现金与证券	57 965 454	16 688 070	47 317 162	37 989 795	9 327 367	34 529 018
保险基金	23 984 049	276 559	26 246 841	26 205 602	41 239	14 353 478

附录

(续表)

项目	堪萨斯州			肯塔基州		
	州和地方政府	州政府	地方政府	州和地方政府	州政府	地方政府
收入¹	26 159 561	16 144 318	13 863 651	35 772 893	25 683 865	14 763 921
一般收入¹	23 599 930	15 068 811	12 379 527	30 967 683	22 574 396	13 068 180
政府间收入¹	4 331 875	4 099 551	4 080 732	8 606 289	8 088 953	5 192 229
来自联邦政府	4 331 875	4 061 217	270 658	8 606 289	8 056 691	549 598
来自州政府¹	0	0	3 810 074	0	0	4 642 631
来自地方政府	0	38 334	0	0	32 262	0
来自自有资源的一般收入	19 268 055	10 969 260	8 298 795	22 361 394	14 485 443	7 875 951
税收	12 507 618	7 418 341	5 089 277	15 029 990	10 505 794	4 524 196
不动产税	3 925 808	74 413	3 851 395	3 130 254	529 567	2 600 687
销售税	4 818 850	3 685 595	1 133 255	5 609 550	5 034 577	574 973
个人所得税	2 893 587	2 891 743	1 844	4 637 599	3 512 075	1 125 524
公司所得税	317 578	317 578	0	689 526	575 164	114 362
汽车执照税	205 564	184 515	21 049	231 834	188 714	43 120
其他税	346 231	264 497	81 734	731 227	665 697	65 530
收费和其他一般收入	6 760 437	3 550 919	3 209 518	7 331 404	3 979 649	3 351 755
公用事业收入	1 454 328	0	1 454 328	1 674 184	0	1 674 184
售酒商店收入	0	0	0	0	0	0
保险基金收入	1 105 303	1 075 507	29 796	3 131 026	3 109 469	21 557
支出¹	26 560 827	16 747 356	13 773 468	39 616 474	29 349 094	15 315 415
按性质和目的:						
政府间支出¹	1 249	3 953 778	7 468	0	5 029 106	18 929

项目							
直接支出	26 559 578	12 793 578	13 766 000	39 616 474	24 319 988	15 296 486
当前运作	20 255 302	9 155 836	11 099 466	27 631 401	16 111 059	11 520 342
资本花费	2 825 347	1 098 784	1 726 563	4 335 872	1 943 755	2 392 117
援助和补贴	171 564	171 459	105	852 460	852 460	0
债务利息	1 128 219	270 222	857 997	2 038 087	708 576	1 329 511
保险津贴和偿付	2 179 146	2 097 277	81 869	4 758 654	4 704 138	54 516
其中:薪金和工资	9 048 380	3 527 202	5 521 178	10 018 937	3 908 659	6 110 278
按功能分的直接支出	26 559 578	12 793 578	13 766 000	39 616 474	24 319 988	15 296 486
直接一般支出	22 952 557	10 696 301	12 256 256	32 742 118	19 615 850	13 126 268
资本花费	2 576 237	1 098 784	1 477 453	3 882 230	1 943 755	1 938 475
其他直接一般支出	20 376 320	9 597 517	10 778 803	28 859 888	17 672 095	11 187 793
公用事业支出	1 427 875	0	1 427 875	2 115 702	0	2 115 702
售酒商店支出	0	0	0	0	0	0
保险基金支出	2 179 146	2 097 277	81 869	4 758 654	4 704 138	54 516
未偿还债务	26 685 406	6 860 094	19 825 312	42 490 577	15 103 515	27 387 062
短期	190 459	5 408	185 051	301 973	31 881	270 092
长期	26 494 947	6 854 686	19 640 261	42 188 604	15 071 634	27 116 970
发出的长期债务	392 422	1 514 065	3 833 879	1 817 527	2 016 352	4 473 620
到期的长期债务	430 766	1 951 664	3 650 994	1 493 274	2 157 720	5 093 416
持有的现金与证券	19 264 960	15 264 058	54 675 053	38 822 966	15 852 087	79 190 644
保险基金	13 056 174	1 297 304	26 847 341	26 253 047	594 294	37 151 809

(续表)

项目	路易斯安那州			缅因州		
	州和地方政府	州政府	地方政府	州和地方政府	州政府	地方政府
收入[1]	42 027 573	26 931 263	22 213 478	11 771 298	8 418 007	4 679 616
一般收入[1]	39 129 804	25 336 717	20 910 255	11 196 816	7 975 785	4 547 356
政府间收入[1]	12 116 193	11 213 427	8 019 934	3 057 732	2 893 782	1 490 275
来自联邦政府	12 116 193	11 136 334	979 859	3 057 732	2 883 526	174 206
来自州政府[1]	0	0	7 040 075	0	0	1 316 069
来自地方政府	0	77 093	0	0	10 256	0
来自自有资源的一般收入	27 013 611	14 123 290	12 890 321	8 139 084	5 082 003	3 057 081
税收	16 954 427	8 994 053	7 960 374	6 137 473	3 777 130	2 360 343
不动产税	3 637 788	50 937	3 586 851	2 376 167	38 360	2 337 807
销售税	9 070 615	4 888 854	4 181 761	1 755 333	1 748 815	6 518
个人所得税	2 474 606	2 474 606	0	1 441 926	1 441 926	0
公司所得税	290 389	290 389	0	232 118	232 118	0
汽车执照税	135 400	132 032	3 368	99 135	99 135	0
其他税	1 345 629	1 157 235	188 394	232 794	216 776	16 018
收费和其他一般收入	10 059 184	5 129 237	4 929 947	2 001 611	1 304 873	696 738
公用事业收入	1 239 978	7 269	1 232 709	132 260	0	132 260
售酒商店收入	0	0	0	32	32	0
保险基金收入	1 657 791	1 587 277	70 514	442 190	442 190	0
支出[1]	48 079 443	31 685 604	22 807 264	12 522 405	9 128 086	4 677 225
按性质和目的:						
政府间支出[1]	0	6 387 767	25 658	5 857	1 286 233	2 530

项目						
直接支出	48 079 443	25 297 837	22 781 606	12 516 548	7 841 853	4 674 695
当前运作	35 515 384	17 541 289	17 974 095	9 916 349	5 897 204	4 019 145
资本花费	6 203 311	2 435 093	3 768 218	985 824	455 832	529 992
援助和补贴	497 918	497 590	328	168 288	165 786	2 502
债务利息	1 744 525	903 563	840 962	366 477	243 421	123 056
保险津贴和偿付	4 118 305	3 920 302	198 003	1 079 610	1 079 610	0
其中:薪金和工资	12 314 613	4 230 457	8 084 156	2 802 011	766 398	2 035 613
按功能分的直接支出	48 079 443	25 297 837	22 781 606	12 516 548	7 841 853	4 674 695
直接一般支出	42 526 225	21 372 303	21 153 922	11 271 103	6 757 813	4 513 290
资本花费	5 939 395	2 434 618	3 504 777	935 126	455 787	479 339
其他直接一般支出	36 586 830	18 937 685	17 649 145	10 335 977	6 302 026	4 033 951
公用事业支出	1 434 913	5 232	1 429 681	165 835	4 430	161 405
售酒商店支出	0	0	0	0	0	0
保险基金支出	4 118 305	3 920 302	198 003	1 079 610	1 079 610	0
未偿还债务	35 946 437	15 415 488	20 530 949	8 637 913	5 605 606	3 032 307
短期	30 321	2 421	27 900	8 978	0	8 978
长期	35 916 116	15 413 067	20 503 049	8 628 935	5 605 606	3 023 329
发出的长期债务	2 368 412	2 105 208	818 268	397 726	420 542	6 997 355
到期的长期债务	3 182 200	1 911 216	1 144 396	696 341	448 055	5 852 790
持有的现金与证券	54 756 719	24 433 925	19 000 610	17 068 739	1 931 871	82 326 029
保险基金	35 007 380	2 144 429	10 718 266	10 718 266	0	52 165 558

附录

(续表)

项目	马里兰州 州和地方政府	马里兰州 州政府	马里兰州 地方政府	马萨诸塞州 州和地方政府	马萨诸塞州 州政府	马萨诸塞州 地方政府
收入[1]	55 660 600	36 104 189	27 096 278	73 037 700	49 001 047	32 931 293
一般收入[1]	51 385 716	33 261 558	25 664 025	64 243 699	44 857 467	28 280 872
政府间收入[1]	11 499 384	10 374 497	8 664 754	14 533 883	13 254 946	10 173 577
来自联邦政府	11 499 384	10 030 264	1 469 120	14 533 883	12 920 153	1 613 730
来自州政府[1]	0	0	7 195 634	0	0	8 559 847
来自地方政府	0	344 233	0	0	334 793	0
来自有资源的一般收入	39 886 332	22 887 061	16 999 271	49 709 816	31 602 521	18 107 295
税收	30 206 645	17 094 560	13 112 085	37 041 859	22 820 892	14 220 967
不动产税	8 057 696	755 937	7 301 759	13 657 629	4 441	13 653 188
销售税	7 933 897	7 173 515	760 382	7 618 502	7 312 892	305 610
个人所得税	11 477 575	7 116 605	4 360 970	11 954 838	11 954 838	0
公司所得税	880 356	880 356	0	2 001 780	2 001 780	0
汽车执照税	443 956	443 956	0	376 552	376 552	0
其他税	1 413 165	724 191	688 974	1 432 558	1 170 389	262 169
收费和其他一般收入	9 679 687	5 792 501	3 887 186	12 667 957	8 781 629	3 886 328
公用事业收入	916 186	135 448	780 738	3 290 847	673 413	2 617 434
售酒商店收入	266 256	0	266 256	0	0	0
保险基金收入	3 092 442	2 707 183	385 259	5 503 154	3 470 167	2 032 987
支出[1]	61 734 258	41 139 083	29 008 707	78 612 156	56 478 944	32 103 886
按性质和目的:						
政府间支出[1]	0	8 308 554	104 978	219 721	9 291 231	899 164

直接支出	61 734 258	32 830 529	28 903 729	78 392 435	47 187 713	31 204 722
当前运作	46 152 649	20 775 457	25 377 192	56 298 406	30 853 504	25 444 902
资本花费	6 392 357	4 670 026	1 722 331	7 113 261	3 591 002	3 522 259
援助和补贴	1 796 794	1 796 794	0	829 308	829 308	0
债务利息	1 911 490	1 098 148	813 342	4 055 952	3 452 292	603 660
保险津贴和偿付	5 480 968	4 490 104	990 864	10 095 508	8 461 607	1 633 901
其中：薪金和工资	16 720 437	4 825 276	11 895 161	17 960 672	5 930 456	12 030 216
按功能分的直接支出	61 734 258	32 830 529	28 903 729	78 392 435	47 187 713	31 204 722
直接一般支出	53 847 587	27 350 238	26 497 349	63 392 937	36 363 783	27 029 154
资本花费	6 062 268	4 340 495	1 721 773	6 123 394	3 064 967	3 058 427
其他直接一般支出	47 785 319	23 009 743	24 775 576	57 269 543	33 298 816	23 970 727
公用事业支出	2 173 236	990 187	1 183 049	4 903 990	2 362 323	2 541 667
售酒商店支出	232 467	0	232 467	0	0	0
保险基金支出	5 480 968	4 490 104	990 864	10 095 508	8 461 607	1 633 901
未偿还债务	46 106 645	25 812 859	20 293 786	96 187 096	79 523 608	16 663 488
短期	847 999	73 600	774 399	1 779 839	462 374	1 317 465
长期	45 258 646	25 739 259	19 519 387	94 407 257	79 061 234	15 346 023
发出的长期债务	3 640 170	3 357 185	11 558 083	9 267 764	2 290 319	10 477 318
到期的长期债务	3 085 294	2 767 496	11 904 406	9 611 133	2 293 273	9 513 302
持有的现金与证券	58 040 341	24 285 688	115 917 361	89 306 545	26 610 816	122 432 001
保险基金	40 658 827	11 506 731	56 115 431	40 307 621	15 807 810	66 885 172

(续表)

项目	密歇根州 州和地方政府	密歇根州 州政府	密歇根州 地方政府	明尼苏达州 州和地方政府	明尼苏达州 州政府	明尼苏达州 地方政府
收入						
一般收入[1]	90 104 108	63 986 268	44 315 810	56 215 438	38 553 800	28 422 498
政府间收入[1]	75 862 475	52 875 694	41 184 751	49 321 277	34 160 246	25 921 891
来自联邦政府	19 827 778	18 054 809	19 970 939	10 626 034	9 725 219	11 661 675
来自州政府[1]	19 827 778	17 849 942	1 977 836	10 626 034	9 608 018	1 018 016
来自地方政府	0	0	17 993 103	0	0	10 643 659
来自自有资源的一般收入	0	204 867	0	0	117 201	0
税收	56 034 697	34 820 885	21 213 812	38 695 243	24 435 027	14 260 216
不动产税	36 230 870	23 919 741	12 311 129	28 111 526	20 560 540	7 550 986
销售税	13 279 057	1 911 188	11 367 869	7 861 035	807 700	7 053 335
个人所得税	12 925 409	12 654 547	270 862	9 442 973	9 139 154	303 819
公司所得税	7 346 645	6 921 033	425 612	7 988 084	7 988 084	0
汽车执照税	804 037	804 037	0	1 066 022	1 066 022	0
其他税	912 032	912 032	0	636 372	631 436	4 936
收费和其他一般收入	963 690	716 904	246 786	1 117 040	928 144	188 896
公用事业收入	19 803 827	10 901 144	8 902 683	10 583 717	3 874 487	6 709 230
售酒商店收入	2 659 722	0	2 659 722	2 147 668	0	2 147 668
保险基金收入	856 717	856 717	0	315 216	0	315 216
支出[1]	10 725 194	10 253 857	471 337	4 431 277	4 393 554	37 723
按性质和目的：	88 534 132	61 726 982	46 062 243	56 748 611	38 612 582	29 060 750
政府间支出[1]	15 657	19 021 267	249 483	0	10 833 320	91 401

直接支出	88 518 475	42 705 715	45 812 760	56 748 611	27 779 262	28 969 349
当前运作	67 687 623	29 062 055	38 625 568	42 202 461	19 329 154	22 873 307
资本花费	5 914 545	2 269 554	3 644 991	5 694 445	1 363 270	4 331 175
援助和补贴	1 258 944	1 258 056	888	1 304 569	1 091 694	212 875
债务利息	3 003 289	1 005 189	1 998 100	2 104 080	798 813	1 305 267
保险津贴和偿付	10 654 074	9 110 861	1 543 213	5 443 056	5 196 331	246 725
其中:薪金和工资	22 070 550	7 503 809	14 566 741	15 420 700	5 167 138	10 253 562
按功能分的直接支出	88 518 475	42 705 715	45 812 760	56 748 611	27 779 262	28 969 349
直接一般支出	73 791 754	32 898 131	40 893 623	48 666 357	22 576 195	26 090 162
资本花费	5 387 014	2 269 554	3 117 460	5 270 668	1 361 752	3 908 916
其他直接一般支出	68 404 740	30 628 577	37 776 163	43 395 689	21 214 443	22 181 246
公用事业支出	3 375 924	0	3 375 924	2 342 854	6 736	2 336 118
售酒商店支出	696 723	696 723	0	296 344	0	296 344
保险基金支出	10 654 074	9 110 861	1 543 213	5 443 056	5 196 331	246 725
未偿还债务	76 351 858	30 823 672	45 528 186	48 445 971	13 230 223	35 215 748
短期	1 573 570	381 952	1 191 618	830 965	5 769	825 196
长期	74 778 288	30 441 720	44 336 568	47 615 006	13 224 454	34 390 552
发出的长期债务	3 691 012	6 786 306	5 762 184	2 289 754	3 472 430	2 014 212
到期的长期债务	4 002 837	5 510 465	5 135 364	1 956 657	3 178 707	1 632 135
持有的现金与证券	78 539 876	43 892 125	87 145 188	61 022 727	26 122 461	31 807 290
保险基金	49 160 539	17 724 633	49 066 400	46 633 892	2 432 508	19 041 379

(续表)

项目	密西西比州			密苏里州		
	州和地方政府	州政府	地方政府	州和地方政府	州政府	地方政府
收入[1]	26 779 256	18 765 201	12 684 744	49 140 990	31 065 599	24 607 907
一般收入[1]	24 149 511	17 034 874	11 785 326	42 079 362	26 487 433	22 124 445
政府间收入[1]	8 264 842	7 809 467	5 126 064	11 425 975	10 814 599	7 143 892
来自联邦政府	8 264 842	7 725 294	539 548	11 425 975	10 440 927	985 048
来自州政府[1]	0	0	4 586 516	0	0	6 158 844
来自地方政府	0	84 173	0	0	373 672	0
来自自有资源的一般收入	15 884 669	9 225 407	6 659 262	30 653 387	15 672 834	14 980 553
税收	9 712 725	6 953 362	2 759 363	20 410 745	10 802 052	9 608 693
不动产税	2 593 659	23 982	2 569 677	5 759 894	29 409	5 730 485
销售税	4 501 878	4 396 669	105 209	7 608 085	4 764 940	2 843 145
个人所得税	1 501 267	1 501 267	0	5 452 827	5 131 686	321 141
公司所得税	395 678	395 678	0	377 959	301 681	76 278
汽车执照税	134 477	134 477	0	285 542	267 641	17 901
其他税	585 766	501 289	84 477	926 438	306 695	619 743
收费和其他一般收入	6 171 944	2 272 045	3 899 899	10 242 642	4 870 782	5 371 860
公用事业收入	899 418	0	899 418	2 333 680	0	2 333 680
售酒商店收入	271 202	271 202	0	0	0	0
保险基金收入	1 459 125	1 459 125	0	4 727 948	4 578 166	149 782
支出[1]	27 753 191	20 051 298	12 841 012	50 808 855	31 360 850	25 245 655
按性质和目的:						
政府间支出[1]	0	5 138 081	1 038	81 243	5 877 847	1 046

284

项目						
直接支出	27 753 191	14 913 217	12 839 974	50 727 612	25 483 003	25 244 609
当前运作	21 437 382	10 643 190	10 794 192	38 279 626	17 794 396	20 485 230
资本花费	2 998 340	1 252 894	1 745 446	4 953 129	1 770 863	3 182 266
援助和补贴	258 895	258 895	0	547 914	547 914	0
债务利息	599 720	299 384	300 336	1 829 950	839 286	990 664
保险津贴和偿付	2 458 854	2 458 854	0	5 116 993	4 530 544	586 449
其中:薪金和工资	7 319 856	2 414 722	4 905 134	13 214 342	3 768 542	9 445 800
按功能分的直接支出	27 753 191	14 913 217	12 839 974	50 727 612	25 483 003	25 244 609
直接一般支出	24 135 803	12 235 053	11 900 750	42 820 328	20 952 459	21 867 869
资本花费	2 873 236	1 252 894	1 620 342	4 456 045	1 770 863	2 685 182
其他直接一般支出	21 262 567	10 982 159	10 280 408	38 364 283	19 181 596	19 182 687
公用事业支出	939 224	0	939 224	2 790 291	0	2 790 291
售酒商店支出	219 310	219 310	0	0	0	0
保险基金支出	2 458 854	2 458 854	0	5 116 993	4 530 544	586 449
未偿还债务	14 584 466	7 194 251	7 390 215	46 287 614	20 385 537	25 902 077
短期	33 228	21 040	12 188	284 910	166 835	118 075
长期	14 551 238	7 173 211	7 378 027	46 002 704	20 218 702	25 784 002
发出的长期债务	1 019 420	994 792	5 791 742	2 587 784	3 203 958	1 459 092
到期的长期债务	592 238	1 039 897	5 901 533	3 024 390	2 877 143	1 541 780
持有的现金与证券	25 682 531	6 124 759	93 906 615	69 725 939	24 180 676	21 287 048
保险基金	19 041 379	0	53 414 129	46 494 611	6 919 518	10 522 179

(续表)

项目	蒙大拿州 州和地方政府	蒙大拿州 州政府	蒙大拿州 地方政府	内布拉斯加州 州和地方政府	内布拉斯加州 州政府	内布拉斯加州 地方政府
收入[1]	10 021 395	7 653 071	3 611 460	20 231 343	9 815 109	12 503 578
一般收入[1]	7 894 208	5 651 421	3 485 923	15 384 535	9 181 053	8 290 826
政府间收入[1]	2 470 255	2 206 636	1 506 755	3 574 660	3 194 260	2 467 744
来自联邦政府	2 470 255	2 202 444	267 811	3 574 660	3 141 413	433 247
来自州政府[1]	0	0	1 238 944	0	0	2 034 497
来自地方政府	0	4 192	0	0	52 847	0
来自自有资源的一般收入	5 423 953	3 444 785	1 979 168	11 809 875	5 986 793	5 823 082
税收	3 621 720	2 459 324	1 162 396	8 124 863	4 366 617	3 758 246
不动产税	1 379 334	257 189	1 122 145	2 953 641	78	2 953 563
销售税	553 198	544 733	8 465	2 484 184	2 093 773	390 411
个人所得税	900 180	900 180	0	1 838 344	1 838 344	0
公司所得税	132 361	132 361	0	234 296	234 296	0
汽车执照税	149 112	142 901	6 211	210 566	123 190	87 376
其他税	507 535	481 960	25 575	403 832	76 936	326 896
收费和其他一般收入	1 802 233	985 461	816 772	3 685 012	1 620 176	2 064 836
公用事业收入	125 537	0	125 537	4 007 054	0	4 007 054
售酒商店收入	78 406	78 406	0	0	0	0
保险基金收入	1 923 244	1 923 244	0	839 754	634 056	205 698
支出[1]	9 378 007	7 062 896	3 632 147	20 080 453	9 525 518	12 683 615
按性质和目的:						
政府间支出[1]	277	1 316 548	765	43 377	2 170 016	2 041

直接支出	9 377 730	5 746 348	3 631 382	20 037 076	7 355 502	12 681 574
当前运作	6 892 624	3 821 986	3 070 638	15 643 585	5 586 738	10 056 847
资本花费	1 250 985	758 287	492 698	2 614 220	778 742	1 835 478
援助和补贴	108 170	108 170	0	163 422	163 402	20
债务利息	210 289	142 243	68 046	606 578	88 954	517 624
保险津贴和偿付	915 662	915 662	0	1 009 271	737 666	271 605
其中:薪金和工资	2 488 412	992 277	1 496 135	6 495 072	2 332 695	4 162 377
按功能分的直接支出	9 377 730	5 746 348	3 631 382	20 037 076	7 355 502	12 681 574
直接一般支出	8 199 422	4 749 782	3 449 640	14 867 216	6 617 836	8 249 380
资本花费	1 172 439	758 185	414 254	1 882 473	778 742	1 103 731
其他直接一般支出	7 026 983	3 991 597	3 035 386	12 984 743	5 839 094	7 145 649
公用事业支出	194 889	13 147	181 742	4 160 589	0	4 160 589
售酒商店支出	67 757	67 757	0	0	0	0
保险基金支出	915 662	915 662	0	1 009 271	737 666	271 605
未偿还债务	5 754 487	3 995 366	1 759 121	15 102 434	2 073 385	13 029 049
短期	11 278	325	10 953	382 829	1 225	381 604
长期	5 743 209	3 995 041	1 748 168	14 719 605	2 072 160	12 647 445
发出的长期债务	1 323 783	135 309	2 606 736	277 413	2 329 323	2 481 160
到期的长期债务	1 378 494	163 286	2 591 160	549 783	2 041 377	3 244 044
持有的现金与证券	18 399 961	2 887 087	24 413 101	14 397 561	10 015 540	39 369 479
保险基金	10 522 179	0	11 570 906	8 713 512	2 857 394	24 464 197

(续表)

项目	内华达州 州和地方政府	内华达州 州政府	内华达州 地方政府	新罕布什尔州 州和地方政府	新罕布什尔州 州政府	新罕布什尔州 地方政府
收入[1]	22 305 241	14 317 867	12 725 800	10 857 056	7 153 139	5 351 775
一般收入[1]	18 065 109	10 982 789	11 820 746	9 420 674	5 838 148	5 230 384
政府间收入[1]	3 400 432	3 018 419	5 120 439	1 846 879	1 871 733	1 623 004
来自联邦政府	3 400 432	2 798 426	602 006	1 846 879	1 693 289	153 590
来自州政府[1]	0	0	4 518 433	0	0	1 469 414
来自地方政府[1]	0	219 993	0	0	178 444	0
来自自有资源的一般收入	14 664 677	7 964 370	6 700 307	7 573 795	3 966 415	3 607 380
税收	10 620 291	6 775 112	3 845 179	5 270 875	2 208 201	3 062 674
不动产税	2 843 198	234 522	2 608 676	3 411 555	380 682	3 030 873
销售税	6 172 933	5 231 962	940 971	875 037	875 037	0
个人所得税	0	0	0	81 557	81 557	0
公司所得税	0	0	0	521 309	521 309	0
汽车执照税	160 840	160 840	0	94 063	94 063	0
其他税	1 443 320	1 147 788	295 532	287 354	255 553	31 801
收费和其他一般收入	4 044 386	1 189 258	2 855 128	2 302 920	1 758 214	544 706
公用事业收入	995 420	90 366	905 054	121 095	0	121 095
售酒商店收入	0	0	0	558 188	558 188	0
保险基金收入	3 244 712	3 244 712	0	757 099	756 803	296
支出[1]	22 817 482	13 477 122	13 472 491	11 397 102	7 423 747	5 262 447
按性质项目的:						
政府间支出[1]	1 768	4 120 103	13 796	0	1 204 688	84 404

直接支出	22 815 714	9 357 019	13 458 695	11 397 102	6 219 059	5 178 043
当前运作	15 295 862	5 148 341	10 147 521	9 073 373	4 475 747	4 597 626
资本花费	3 279 389	896 496	2 382 893	897 537	456 030	441 507
援助和补贴	280 509	280 509	0	161 173	153 916	7 257
债务利息	1 131 448	203 167	928 281	512 320	392 369	119 951
保险津贴和偿付	2 828 506	2 828 506	0	752 699	740 997	11 702
其中：薪金和工资	6 131 530	1 539 793	4 591 737	2 996 743	898 655	2 098 088
按功能分的直接支出	22 815 714	9 357 019	13 458 695	11 397 102	6 219 059	5 178 043
直接一般支出	18 536 889	6 438 575	12 098 314	10 034 077	4 997 261	5 036 816
资本花费	2 923 553	896 478	2 027 075	869 226	452 933	416 293
其他直接一般支出	15 613 336	5 542 097	10 071 239	9 164 851	4 544 328	4 620 523
公用事业支出	1 450 319	89 938	1 360 381	136 622	7 097	129 525
售酒商店支出	0	0	0	473 704	473 704	0
保险基金支出	2 828 506	2 828 506	0	752 699	740 997	11 702
未偿还债务	29 050 079	3 896 718	25 153 361	10 769 103	8 029 849	2 739 254
短期	838 330	0	838 330	60 526	48 193	12 333
长期	28 211 749	3 896 718	24 315 031	10 708 577	7 981 656	2 726 921
发出的长期债务	406 864	2 074 296	1 267 535	875 602	391 933	7 667 558
到期的长期债务	711 261	2 532 783	1 735 603	1 249 177	486 426	7 063 480
持有的现金与证券	28 228 947	11 140 532	14 901 412	12 442 797	2 458 615	125 462 681
保险基金	24 464 197	0	5 712 003	5 546 548	165 455	70 537 226

(续表)

项目	州和地方政府	新泽西州 州政府	地方政府	州和地方政府	新墨西哥州 州政府	地方政府
收入[1]	91 909 559	57 582 037	46 976 412	19 734 426	15 195 673	8 390 058
一般收入[1]	84 332 942	51 103 196	45 878 636	18 074 114	14 124 922	7 800 497
政府间收入[1]	14 471 077	14 069 932	13 050 035	5 618 904	5 353 495	4 116 714
来自联邦政府	14 471 077	13 412 759	1 058 318	5 618 904	5 171 367	447 537
来自州政府[1]	0	0	11 991 717	0	0	3 669 177
来自地方政府[1]	0	657 173	0	0	182 128	0
来自自有资源的一般收入	69 861 865	37 033 264	32 828 601	12 455 210	8 771 427	3 683 783
税收	53 850 500	27 456 175	26 394 325	7 552 907	5 093 142	2 459 765
不动产税	25 885 279	5 650	25 879 629	1 425 133	60 183	1 364 950
销售税	12 170 362	12 009 552	160 810	3 690 454	2 653 449	1 037 005
个人所得税	11 128 418	11 128 418	0	1 150 468	1 150 468	0
公司所得税	1 929 133	1 929 133	0	281 047	281 047	0
汽车执照税	605 628	605 628	0	108 589	94 774	13 815
其他税	2 131 680	1 777 794	353 886	897 216	853 221	43 995
收费和其他一般收入	16 011 365	9 577 089	6 434 276	4 902 303	3 678 285	1 224 018
公用事业收入	2 098 391	1 003 154	1 095 237	589 561	0	589 561
售酒商店收入	0	0	0	0	0	0
保险基金收入	5 478 226	5 475 687	2 539	1 070 751	1 070 751	0
支出	101 848 659	68 121 744	45 922 918	21 095 416	17 018 829	8 550 999
按性质和目的:						
政府间支出[1]	19 000	11 789 109	425 894	0	4 450 387	24 025

101 829 659	56 332 635	45 497 024	21 095 416	12 568 442	8 526 974	直接支出
74 022 567	34 014 984	40 007 583	15 642 484	8 908 533	6 733 951	当前运作
7 258 446	3 543 167	3 715 279	2 412 193	890 385	1 521 808	资本花费
1 624 383	1 250 646	373 737	263 476	263 476	0	援助和补贴
3 570 481	2 180 309	1 390 172	575 081	303 866	271 215	债务利息
15 353 782	15 343 529	10 253	2 202 182	2 202 182	0	保险津贴和偿付
30 998 537	10 398 577	20 599 960	5 935 256	2 615 178	3 320 078	其中:薪金和工资
101 829 659	56 332 635	45 497 024	21 095 416	12 568 442	8 526 974	按功能分的直接支出
83 030 304	38 671 265	44 359 039	18 139 757	10 366 260	7 773 497	直接一般支出
6 627 646	3 181 821	3 445 825	2 262 775	890 385	1 372 390	资本花费
76 402 658	35 489 444	40 913 214	15 876 982	9 475 875	6 401 107	其他直接一般支出
3 445 573	2 317 841	1 127 732	753 477	0	753 477	公用事业支出
0	0	0	0	0	0	售酒商店支出
15 353 782	15 343 529	10 253	2 202 182	2 202 182	0	保险基金支出
102 885 609	64 851 557	38 034 052	16 506 168	7 550 084	8 956 084	未偿还债务
3 801 814	55 918	3 745 896	68 653	32 384	36 269	短期
99 083 795	64 795 639	34 288 156	16 437 515	7 517 700	8 919 815	长期
4 652 210	3 015 348	1 758 508	1 007 820	750 688	38 112 336	发出的长期债务
3 821 935	3 241 545	2 352 502	1 576 816	775 686	31 938 121	到期的长期债务
109 069 871	16 392 810	50 847 642	42 997 175	7 850 467	519 063 647	持有的现金与证券
70 457 673	79 553	21 113 325	21 113 325	0	354 187 828	保险基金

（续表）

项目	纽约州			北卡罗来纳州		
	州和地方政府	州政府	地方政府	州和地方政府	州政府	地方政府
收入	295 509 546	179 604 728	171 847 252	87 510 566	56 470 410	43 692 901
一般收入[1]	254 741 032	148 573 219	162 110 247	71 841 511	45 700 056	38 794 200
政府间收入[1]	55 300 699	56 075 971	55 167 162	17 343 049	15 498 419	14 497 375
来自联邦政府	55 300 699	48 698 785	6 601 914	17 343 049	15 192 577	2 150 472
来自州政府[1]	0	0	48 565 248	0	0	12 346 903
来自地方政府[1]	0	7 377 186	0	0	305 842	0
来自自有资源的一般收入	199 440 333	92 497 248	106 943 085	54 498 462	30 201 637	24 296 825
税收	151 732 928	71 545 745	80 187 183	34 451 446	22 713 357	11 738 089
不动产税	47 576 594	0	47 576 594	8 892 757	0	8 892 757
销售税	38 103 692	22 869 327	15 234 365	12 064 016	9 539 299	2 524 717
个人所得税	47 492 336	38 771 968	8 720 368	10 383 796	10 383 796	0
公司所得税	10 523 402	4 567 889	5 955 513	1 220 072	1 220 072	0
汽车执照税	1 565 104	1 418 700	146 404	627 054	569 253	57 801
其他税	6 471 800	3 917 861	2 553 939	1 263 751	1 000 937	262 814
收费和其他一般收入	47 707 405	20 951 503	26 755 902	20 047 016	7 488 280	12 558 736
公用事业收入	14 684 038	8 022 159	6 661 879	4 271 641	56	4 271 585
售酒商店收入	0	0	0	612 877	0	612 877
保险基金收入	26 084 476	23 009 350	3 075 126	10 784 537	10 770 298	14 239
支出						
按性质和目的:[1]	303 859 303	181 226 180	189 906 649	83 398 955	53 624 402	43 450 472
政府间支出[1]	730 324	57 406 012	10 597 838	0	13 514 695	161 224

直接支出	303 128 979	123 820 168	179 308 811	83 398 955	40 109 707	43 289 248
当前运作	213 556 805	81 421 946	132 134 859	64 449 919	27 649 924	36 799 995
资本花费	35 151 022	10 627 292	24 523 730	7 495 968	3 483 363	4 012 605
援助和补贴	3 989 418	1 621 943	2 367 475	1 079 722	584 221	495 501
债务利息	14 292 175	5 691 486	8 600 689	2 590 123	638 792	1 951 331
保险津贴和偿付	36 139 559	24 457 501	11 682 058	7 783 223	7 753 407	29 816
其中:薪金和工资	79 468 162	17 502 318	61 965 844	21 490 898	8 406 717	13 084 181
按功能分的直接支出	303 128 979	123 820 168	179 308 811	83 398 955	40 109 707	43 289 248
直接一般支出	237 734 502	86 838 662	150 895 840	70 263 621	32 296 551	37 967 070
资本花费	26 438 857	7 987 662	18 451 195	6 774 489	3 445 766	3 328 723
其他直接一般支出	211 295 645	78 851 000	132 444 645	63 489 132	28 850 785	34 638 347
公用事业支出	29 254 918	12 524 005	16 730 913	4 819 222	59 749	4 759 473
售酒商店支出	0	0	0	532 889	0	532 889
保险基金支出	36 139 559	24 457 501	11 682 058	7 783 223	7 753 407	29 816
未偿还债务	340 092 833	135 884 070	204 208 763	50 779 359	18 291 688	32 487 671
短期	7 312 461	577 330	6 735 131	198 159	182 650	15 509
长期	332 780 372	135 306 740	197 473 632	50 581 200	18 109 038	32 472 162
发出的长期债务	9 713 955	28 398 381	6 361 645	2 618 491	3 743 154	846 433
到期的长期债务	8 807 665	23 130 456	7 112 517	2 981 978	4 130 539	629 411
持有的现金与证券	320 854 207	198 209 440	116 646 084	93 964 937	22 681 147	20 880 830
保险基金	234 952 476	119 235 352	74 744 579	74 308 889	435 690	5 113 613

(续表)

项目	北达科他州 州和地方政府	州政府	地方政府	俄亥俄州 州和地方政府	州政府	地方政府
收入[1]	11 293 203	9 246 488	3 420 502	108 456 190	72 470 829	54 532 611
一般收入[1]	10 405 121	8 541 288	3 237 620	92 460 537	59 317 271	51 690 516
政府间收入[1]	1 972 922	1 797 141	1 549 568	23 244 267	21 275 467	20 516 050
来自联邦政府	1 972 922	1 750 134	222 788	23 244 267	20 687 909	2 556 358
来自州政府[1]	0	0	1 326 780	0	0	17 959 692
来自地方政府	0	47 007	0	0	587 558	0
来自自有资源的一般收入	8 432 199	6 744 147	1 688 052	69 216 270	38 041 804	31 174 466
税收	6 626 750	5 620 036	1 006 714	46 828 314	25 929 094	20 899 220
不动产税	792 164	2 398	789 766	13 561 142	0	13 561 142
销售税	1 775 730	1 594 529	181 201	15 159 361	13 124 136	2 035 225
个人所得税	432 527	432 527	0	13 428 718	9 029 349	4 399 369
公司所得税	215 622	215 622	0	351 313	117 446	233 867
汽车执照税	106 144	105 450	694	819 937	714 980	104 957
其他税	3 304 563	3 269 510	35 053	3 507 843	2 943 183	564 660
收费和其他一般收入	1 805 449	1 124 111	681 338	22 387 956	12 112 710	10 275 246
公用事业收入	162 736	0	162 736	2 797 629	0	2 797 629
售酒商店收入	0	0	0	864 124	864 124	0
保险基金收入	725 346	705 200	20 146	12 333 900	12 289 434	44 466
支出[1]	7 991 541	6 315 436	3 327 705	112 764 601	76 524 453	54 683 171
按性质和目的:						
政府间支出[1]	0	1 643 402	8 198	12 170	17 932 406	522 787

7 991 541	4 672 034	3 319 507	112 752 431	58 592 047	54 160 384	直接支出
5 501 226	2 928 119	2 573 107	80 160 612	34 294 120	45 866 492	当前运作
1 633 475	983 799	649 676	10 286 408	3 810 578	6 475 830	资本花费
165 100	164 208	892	2 015 458	2 005 401	10 057	援助和补贴
178 555	100 799	77 756	2 922 842	1 309 827	1 613 015	债务利息
513 185	495 109	18 076	17 367 111	17 172 121	194 990	保险津贴和偿付
2 149 988	1 055 163	1 094 825	30 400 473	9 184 899	21 215 574	其中:薪金和工资
7 991 541	4 672 034	3 319 507	112 752 431	58 592 047	54 160 384	按功能分的直接支出
7 209 783	4 176 925	3 032 858	91 423 436	40 900 837	50 522 599	直接一般支出
1 538 185	983 799	554 386	9 606 093	3 810 252	5 795 841	资本花费
5 671 598	3 193 126	2 478 472	81 817 343	37 090 585	44 726 758	其他直接一般支出
268 573	0	268 573	3 442 795	0	3 442 795	公用事业支出
0	0	0	0	0	0	售酒商店支出
513 185	495 109	18 076	17 367 111	17 172 121	194 990	保险基金支出
4 744 078	2 083 611	2 660 467	81 238 321	33 602 457	47 635 864	未偿还债务
16 961	13 346	3 615	1 574 826	663 194	911 632	短期
4 727 117	2 070 265	2 656 852	79 663 495	32 939 263	46 724 232	长期
399 631	446 802	9 062 289	5 086 743	3 975 546	2 474 792	发出的长期债务
381 507	247 904	7 333 259	3 741 744	3 591 515	2 659 266	到期的长期债务
17 866 252	3 014 578	253 400 832	204 735 421	48 665 411	48 405 570	持有的现金与证券
4 886 923	226 690	168 428 735	166 453 381	1 975 354	25 304 017	保险基金

（续表）

项目	俄克拉荷马州 州和地方政府	俄克拉荷马州 州政府	俄克拉荷马州 地方政府	俄勒冈州 州和地方政府	俄勒冈州 州政府	俄勒冈州 地方政府
收入¹						
一般收入¹	32 408 375	23 263 425	13 247 032	37 433 372	25 059 234	18 005 105
政府间收入¹	28 583 629	20 715 220	11 970 491	32 669 881	21 699 120	16 601 728
来自联邦政府	7 833 275	7 500 174	4 435 183	8 912 651	7 846 393	6 697 225
来自州政府¹	7 833 275	7 363 043	470 232	8 912 651	7 830 552	1 082 099
来自地方政府¹	0	0	3 964 951	0	0	5 615 126
来自自有资源的一般收入	20 750 354	13 215 046	7 535 308	23 757 230	13 852 727	9 904 503
税收	13 278 476	8 839 299	4 439 177	14 776 989	8 699 626	6 077 363
不动产税	2 292 095	0	2 292 095	5 034 469	15 710	5 018 759
销售税	5 798 165	3 724 416	2 073 749	1 770 761	1 398 998	371 763
个人所得税	2 774 376	2 774 376	0	5 826 002	5 825 797	205
公司所得税	446 009	446 009	0	485 376	433 126	52 250
汽车执照税	672 785	665 123	7 662	489 556	477 307	12 249
其他税	1 295 046	1 229 375	65 671	1 170 825	548 688	622 137
收费和其他一般收入	7 471 878	4 375 747	3 096 131	8 980 241	5 153 101	3 827 140
公用事业收入	1 813 690	583 211	1 230 479	1 400 672	0	1 400 672
售酒商店收入	0	0	0	465 630	465 630	0
保险基金收入	2 011 056	1 964 994	46 062	2 897 189	2 894 484	2 705
支出¹	31 284 078	22 598 865	12 861 084	39 933 275	26 862 451	18 731 886
按性质和目的:						
政府间支出¹	56 642	4 230 427	2 086	0	5 657 912	3 150

项目	(1)	(2)	(3)	(4)	(5)	(6)
直接支出	31 227 436	18 368 438	12 858 998	39 933 275	21 204 539	18 728 736
当前运作	23 597 759	12 855 461	10 742 298	28 629 513	13 613 087	15 016 426
资本花费	3 623 429	1 891 484	1 731 945	3 958 144	1 240 580	2 717 564
援助和补贴	427 500	427 500	0	541 624	541 624	0
债务利息	851 586	537 724	313 862	1 308 745	447 667	861 078
保险津贴和偿付	2 727 162	2 656 269	70 893	5 495 249	5 361 581	133 668
其中:薪金和工资	8 234 723	3 093 136	5 141 587	11 302 680	4 696 695	6 605 985
按功能分的直接支出	31 227 436	18 368 438	12 858 998	39 933 275	21 204 539	18 728 736
直接一般支出	26 589 213	15 045 418	11 543 795	32 063 931	15 587 129	16 476 802
资本花费	3 167 288	1 703 385	1 463 903	3 328 793	1 226 348	2 102 445
其他直接一般支出	23 421 925	13 342 033	10 079 892	28 735 138	14 360 781	14 374 357
公用事业支出	1 911 061	666 751	1 244 310	2 147 177	28 911	2 118 266
售酒商店支出	0	0	0	226 918	226 918	0
保险基金支出	2 727 162	2 656 269	70 893	5 495 249	5 361 581	133 668
未偿还债务	18 789 825	9 979 234	8 810 591	34 573 005	13 782 071	20 790 934
短期	59 772	9 964	49 808	44 675	18 467	26 208
长期	18 730 053	9 969 270	8 760 783	34 528 330	13 763 604	20 764 726
发出的长期债务	1 102 982	1 371 810	3 532 595	1 472 278	2 060 317	14 993 596
到期的长期债务	1 367 731	1 291 535	4 156 223	1 922 974	2 233 249	14 095 374
持有的现金与证券	38 413 999	9 991 571	82 507 057	69 404 486	13 102 571	185 874 295
保险基金	24 106 276	1 197 741	58 234 903	57 836 593	398 310	89 594 876

(续表)

项目	宾夕法尼亚州 州和地方政府	宾夕法尼亚州 州政府	宾夕法尼亚州 地方政府	罗德岛州 州和地方政府	罗德岛州 州政府	罗德岛州 地方政府
收入[1]	120 126 557	78 467 061	62 177 854	11 218 104	7 946 561	4 275 365
一般收入[1]	103 493 328	66 792 105	57 219 581	9 859 716	6 803 391	4 060 147
政府间收入[1]	23 463 388	20 626 997	23 354 749	2 497 291	2 345 553	1 155 560
来自联邦政府	23 463 388	20 440 103	3 023 285	2 497 291	2 310 656	186 635
来自州政府[1]	0	0	20 331 464	0	0	968 925
来自地方政府	0	186 894	0	0	34 897	0
来自有资源的一般收入	80 029 940	46 165 108	33 864 832	7 362 425	4 457 838	2 904 587
税收	57 034 392	32 949 917	24 084 475	5 228 835	2 827 503	2 401 332
不动产税	17 068 705	38 452	17 030 253	2 346 581	2 095	2 344 486
销售税	18 378 801	17 151 633	1 227 168	1 502 745	1 477 992	24 753
个人所得税	14 312 266	10 102 113	4 210 153	1 080 801	1 080 801	0
公司所得税	2 143 708	1 837 374	306 334	123 158	123 158	0
汽车执照税	837 990	837 990	0	57 236	57 236	0
其他税	4 292 922	2 982 355	1 310 567	118 314	86 221	32 093
收费和其他一般收入	22 995 548	13 215 191	9 780 357	2 133 590	1 630 335	503 255
公用事业收入	2 879 321	0	2 879 321	220 123	33 338	186 785
售酒商店收入	1 657 205	1 657 205	0	0	0	0
保险基金收入	12 096 703	10 017 751	2 078 952	1 138 265	1 109 832	28 433
支出[1]	129 346 396	87 339 608	60 399 166	11 445 962	8 325 783	4 245 118
按性质和目的:						
政府间支出[1]	144 935	18 526 116	11 197	18 547	1 143 486	0

直接支出	129 201 461	68 813 492	60 387 969	11 427 415	7 182 297	4 245 118
当前运作	93 331 548	43 222 274	50 109 274	8 193 740	4 496 840	3 696 900
资本花费	12 688 263	7 112 341	5 575 922	660 633	432 127	228 506
援助和补贴	2 253 984	2 212 477	41 507	146 685	146 685	0
债务利息	4 908 941	1 664 170	3 244 771	635 361	508 233	127 128
保险津贴和偿付	16 018 725	14 602 230	1 416 495	1 790 996	1 598 412	192 584
其中:薪金和工资	29 580 191	8 309 428	21 270 763	2 743 874	1 168 436	1 575 438
按功能分的直接支出	129 201 461	68 813 492	60 387 969	11 427 415	7 182 297	4 245 118
直接一般支出	107 001 734	52 670 851	54 330 883	9 291 550	5 434 160	3 857 390
资本花费	11 790 835	7 104 462	4 686 373	595 942	424 513	171 429
其他直接一般支出	95 210 899	45 566 389	49 644 510	8 695 608	5 009 647	3 685 961
公用事业支出	4 640 591	0	4 640 591	344 869	149 725	195 144
售酒商店支出	1 540 411	1 540 411	0	0	0	0
保险基金支出	16 018 725	14 602 230	1 416 495	1 790 996	1 598 412	192 584
未偿还债务	129 428 097	46 198 646	83 229 451	11 933 562	9 211 790	2 721 772
短期	559 965	360 735	199 230	100 755	70 924	29 831
长期	128 868 132	45 837 911	83 030 221	11 832 807	9 140 866	2 691 941
发出的长期债务	5 414 323	9 579 273	1 227 100	1 009 325	217 775	4 600 235
到期的长期债务	5 441 301	8 654 073	1 225 196	995 805	229 391	4 743 578
持有的现金与证券	119 210 539	66 663 756	17 963 721	16 036 376	1 927 345	54 380 694
保险基金	71 426 674	18 168 202	7 985 262	7 146 202	839 060	25 584 420

（续表）

项目	南卡罗来纳州 州和地方政府	州政府	地方政府	南达科他州 州和地方政府	州政府	地方政府
收入[1]	40 182 596	26 106 015	19 364 081	6 844 456	4 351 161	3 258 449
一般收入[1]	33 758 353	21 243 078	17 802 775	6 116 010	3 991 132	2 890 032
政府间收入[1]	7 333 000	7 327 090	5 293 410	1 817 453	1 657 561	925 046
来自联邦政府	7 333 000	6 892 660	440 340	1 817 453	1 630 220	187 233
来自州政府[1]	0	0	4 853 070	0	0	737 813
来自地方政府	0	434 430	0	0	27 341	0
来自自有资源的一般收入	26 425 353	13 915 988	12 509 365	4 298 557	2 333 571	1 964 986
税收	14 265 133	8 036 482	6 228 651	2 895 231	1 521 477	1 373 754
不动产税	4 882 471	8 811	4 873 660	1 008 091	0	1 008 091
销售税	4 850 983	4 198 261	652 722	1 531 223	1 197 116	334 107
个人所得税	3 096 834	3 096 834	0	0	0	0
公司所得税	252 904	252 904	0	59 837	59 837	0
汽车执照税	200 524	135 022	65 502	76 525	64 710	11 815
其他税	981 417	344 650	636 767	219 555	199 814	19 741
收费和其他一般收入	12 160 220	5 879 506	6 280 714	1 403 326	812 094	591 232
公用事业收入	3 460 947	1 901 172	1 559 775	321 411	0	321 411
售酒商店收入	0	0	0	27 082	0	27 082
保险基金收入	2 963 296	2 961 765	1 531	379 953	360 029	19 924
支出[1]	41 542 701	27 791 485	19 083 172	6 931 404	4 424 154	3 261 743
按性质和目的：						
政府间支出[1]	0	5 312 018	19 938	0	753 622	871

项目						
直接支出	41 542 701	22 479 467	19 063 234	6 931 404	3 670 532	3 260 872
当前运作	31 402 913	15 705 469	15 697 444	4 959 157	2 374 889	2 584 268
资本花费	3 580 249	1 275 224	2 305 025	1 201 871	640 638	561 233
援助和补贴	951 577	951 486	91	84 776	84 729	47
债务利息	1 824 672	768 027	1 056 645	221 732	124 124	97 608
保险津贴和偿付	3 783 290	3 779 261	4 029	463 868	446 152	17 716
其中:薪金和工资	10 309 093	3 551 541	6 757 552	2 061 784	941 805	1 119 979
按功能分的直接支出	41 542 701	22 479 467	19 063 234	6 931 404	3 670 532	3 260 872
直接一般支出	34 486 790	16 993 850	17 492 940	6 101 042	3 224 380	2 876 662
资本花费	3 237 956	1 162 832	2 075 124	1 130 699	640 638	490 061
其他直接一般支出	31 248 834	15 831 018	15 417 816	4 970 343	2 583 742	2 386 601
公用事业支出	3 272 621	1 706 356	1 566 265	341 925	0	341 925
售酒商店支出	0	0	0	24 569	0	24 569
保险基金支出	3 783 290	3 779 261	4 029	463 868	446 152	17 716
未偿还债务	40 394 742	14 854 263	25 540 479	5 857 147	3 607 615	2 249 532
短期	375 641	334 566	41 075	3 456	760	2 696
长期	40 019 101	14 519 697	25 499 404	5 853 691	3 606 855	2 246 836
发出的长期债务	1 694 858	2 905 377	1 162 647	851 420	311 227	3 567 652
到期的长期债务	2 293 363	2 450 215	1 047 104	786 876	260 228	4 115 596
持有的现金与证券	38 105 202	16 275 492	15 581 239	12 886 503	2 694 736	66 832 986
保险基金	25 539 855	44 565	8 271 631	7 949 459	322 172	41 849 974

(续表)

项目	田纳西州			得克萨斯州		
	州和地方政府	州政府	地方政府	州和地方政府	州政府	地方政府
收入[1]						
一般收入[1]	55 197 506	30 803 108	31 209 396	221 409 843	130 719 986	120 275 571
政府间收入[1]	42 582 243	27 302 757	22 094 484	184 858 829	108 125 353	106 319 190
来自联邦政府	12 106 743	11 268 836	7 652 905	41 569 325	37 985 130	33 169 909
来自州政府[1]	12 106 743	11 198 575	908 168	41 569 325	37 310 756	4 258 569
来自地方政府	0	0	6 744 737	0	0	28 911 340
来自自有资源的一般收入	30 475 500	16 033 921	14 441 579	143 289 504	70 140 223	73 149 281
税收	19 977 530	11 982 345	7 995 185	97 737 275	48 596 548	49 140 727
不动产税	5 133 524	0	5 133 524	40 309 849	0	40 309 849
销售税	11 417 120	8 962 195	2 454 925	45 368 442	37 431 966	7 936 476
个人所得税	182 251	182 251	0	0	0	0
公司所得税	1 225 890	1 225 890	0	0	0	0
汽车执照税	426 215	262 243	163 972	2 140 861	1 832 791	308 070
其他税	1 592 530	1 349 766	242 764	9 918 123	9 331 791	586 332
收费和其他一般收入	10 497 970	4 051 576	6 446 394	45 552 229	21 543 675	24 008 554
公用事业收入	8 870 453	0	8 870 453	12 863 581	0	12 863 581
售酒商店收入	0	0	0	0	0	0
保险基金收入	3 744 810	3 500 351	244 459	23 687 433	22 594 633	1 092 800
支出[1]	55 695 757	31 497 959	31 380 328	219 214 889	126 128 115	123 727 196
按性质和目的:						
政府间支出[1]	1 647	7 181 421	2 756	0	29 497 478	1 142 944

直接支出	55 694 110	24 316 538	31 377 572	219 214 889	96 630 637	122 584 252
当前运作	44 268 207	18 077 737	26 190 470	159 287 708	67 796 479	91 491 229
资本花费	5 058 871	1 708 629	3 350 242	27 467 026	7 763 901	19 703 125
援助和补贴	1 180 159	1 180 159	0	2 164 534	2 162 739	1 795
债务利息	1 509 196	252 984	1 256 212	11 397 983	1 719 515	9 678 468
保险津贴和偿付	3 677 677	3 097 029	580 648	18 897 638	17 188 003	1 709 635
其中:薪金和工资	12 830 984	3 633 609	9 197 375	63 820 568	15 909 359	47 911 209
按功能分的直接支出	55 694 110	24 316 538	31 377 572	219 214 889	96 630 637	122 584 252
直接一般支出	42 862 688	21 219 509	21 643 179	183 968 134	79 442 634	104 525 500
资本花费	4 083 473	1 708 629	2 374 844	22 955 839	7 763 901	15 191 938
其他直接一般支出	38 779 215	19 510 880	19 268 335	161 012 295	71 678 733	89 333 562
公用事业支出	9 153 745	0	9 153 745	16 349 117	0	16 349 117
售酒商店支出	0	0	0	0	0	0
保险基金支出	3 677 677	3 097 029	580 648	18 897 638	17 188 003	1 709 635
未偿还债务	37 045 848	6 167 659	30 878 189	270 736 664	45 626 393	225 110 271
短期	897 761	505 986	391 775	15 474 924	10 592 530	4 882 394
长期	36 148 087	5 661 673	30 486 414	255 261 740	35 033 863	220 227 877
发出的长期债务	712 712	2 854 940	29 833 980	2 618 500	27 215 480	2 730 405
到期的长期债务	490 930	3 624 666	30 957 732	5 172 740	25 784 992	3 075 204
持有的现金与证券	44 860 943	21 972 043	444 510 403	300 307 345	144 203 058	34 799 223
保险基金	34 807 278	7 042 696	211 099 937	185 927 488	25 172 449	20 066 317

（续表）

项目	犹他州 州和地方政府	犹他州 州政府	犹他州 地方政府	佛蒙特州 州和地方政府	佛蒙特州 州政府	佛蒙特州 地方政府
收入[1]	24 053 936	15 600 624	11 363 759	7 441 637	6 348 888	2 673 889
一般收入[1]	20 769 846	14 176 003	9 504 290	6 328 456	5 474 067	2 435 529
政府间收入[1]	5 154 881	4 487 061	3 578 267	1 992 996	1 908 390	1 665 746
来自联邦政府	5 154 881	4 481 494	673 387	1 992 996	1 904 382	88 614
来自州政府[1]	0	0	2 904 880	0	0	1 577 132
来自地方政府	0	5 567	0	4 008	4 008	0
来自自有资源的一般收入	15 614 965	9 688 942	5 926 023	4 335 460	3 565 677	769 783
税收	9 556 675	5 809 953	3 746 722	3 215 474	2 757 370	458 104
不动产税	2 678 532	0	2 678 532	1 378 654	948 749	429 905
销售税	3 661 052	2 722 128	938 924	986 055	968 303	17 752
个人所得税	2 466 495	2 466 495	0	598 450	598 450	0
公司所得税	258 578	258 578	0	96 579	96 579	0
汽车执照税	158 169	158 169	0	64 326	64 294	32
其他税	333 849	204 583	129 266	91 410	80 995	10 415
收费和其他一般收入	6 058 290	3 878 989	2 179 301	1 119 986	808 307	311 679
公用事业收入	1 862 053	0	1 862 053	230 546	0	230 546
售酒商店收入	269 638	269 638	0	48 996	48 996	0
保险基金收入	1 152 399	1 154 983	−2 584	833 639	825 825	7 814
支出[1]	25 617 424	17 109 026	11 631 967	6 932 830	5 959 250	2 611 202
按性质科目的:						
政府间支出[1]	0	3 029 283	94 286	0	1 636 024	1 598

直接支出	25 617 424	14 079 743	11 537 681	6 932 830	4 323 226	2 609 604
当前运作	18 238 319	9 338 265	8 900 054	5 739 148	3 424 462	2 314 686
资本花费	4 190 710	2 018 335	2 172 375	494 395	253 942	240 453
援助和补贴	743 163	743 163	0	142 926	142 926	0
债务利息	746 469	284 663	461 806	169 105	125 143	43 962
保险津贴和偿付	1 698 763	1 695 317	3 446	387 256	376 753	10 503
其中:薪金和工资	6 758 013	2 820 049	3 937 964	1 854 276	755 761	1 098 515
按功能分的直接支出	25 617 424	14 079 743	11 537 681	6 932 830	4 323 226	2 609 604
直接一般支出	21 255 884	12 189 508	9 066 376	6 237 101	3 895 925	2 341 176
资本花费	3 482 227	2 018 335	1 463 892	458 138	253 941	204 197
其他直接一般支出	17 773 657	10 171 173	7 602 484	5 778 963	3 641 984	2 136 979
公用事业支出	2 467 859	0	2 467 859	257 926	1	257 925
售酒商店支出	194 918	194 918	0	50 547	50 547	0
保险基金支出	1 698 763	1 695 317	3 446	387 256	376 753	10 503
未偿还债务	19 721 390	7 067 149	12 654 241	4 574 540	3 390 961	1 183 579
短期	68 360	46 970	21 390	167 860	116 300	51 560
长期	19 653 030	7 020 179	12 632 851	4 406 680	3 274 661	1 132 019
发出的长期债务	1 510 646	1 219 759	481 154	361 279	119 875	11 026 070
到期的长期债务	1 657 310	1 417 894	601 537	460 754	140 783	9 619 790
持有的现金与证券	26 645 234	8 153 989	8 006 277	7 226 674	779 603	111 250 603
保险基金	19 936 056	130 261	3 475 223	3 336 747	138 476	60 369 075

(续表)

项目	弗吉尼亚州 州和地方政府	弗吉尼亚州 州政府	弗吉尼亚州 地方政府	华盛顿州 州和地方政府	华盛顿州 州政府	华盛顿州 地方政府
收入[1]	67 181 981	43 137 517	34 916 316	69 230 975	40 665 155	39 082 673
一般收入[1]	61 343 754	39 439 029	32 776 577	56 534 938	34 073 722	32 978 069
政府间收入[1]	10 781 386	9 784 138	11 869 100	11 606 030	10 010 901	12 111 982
来自联邦政府[1]	10 781 386	9 278 113	1 503 273	11 606 030	9 743 127	1 862 903
来自州政府[1]	0	0	10 365 827	0	0	10 249 079
来自地方政府[1]	0	506 025	0	0	267 774	0
来自自有资源的一般收入	50 562 368	29 654 891	20 907 477	44 928 908	24 062 821	20 866 087
税收	33 176 782	18 144 897	15 031 885	29 433 862	17 624 715	11 809 147
不动产税	11 338 936	34 297	11 304 639	9 224 261	1 897 095	7 327 166
销售税	8 315 975	5 860 577	2 455 398	17 867 876	14 171 443	3 696 433
个人所得税	10 216 148	10 216 148	0	0	0	0
公司所得税	838 790	838 790	0	0	0	0
汽车执照税	595 846	431 651	164 195	506 591	471 016	35 575
其他税	1 871 087	763 434	1 107 653	1 835 134	1 085 161	749 973
收费和其他一般收入	17 385 586	11 509 994	5 875 592	15 495 046	6 438 106	9 056 940
公用事业收入	1 774 170	0	1 774 170	6 017 641	0	6 017 641
售酒商店收入	609 478	609 478	0	612 106	612 106	0
保险基金收入	3 454 579	3 089 010	365 569	6 066 290	5 979 327	86 963
支出[1]	71 032 215	46 759 950	35 947 270	75 075 422	45 501 471	39 185 796
按性质和目的:						
政府间支出[1]	1 540	11 653 818	22 727	4 027	9 530 116	85 756

306

项目							
直接支出	71 030 675	35 106 132	35 924 543	75 071 395	35 971 355	39 100 040
当前运作	52 961 668	24 277 675	28 683 993	51 570 998	22 184 045	29 386 953
资本花费	8 282 187	3 537 360	4 744 827	10 408 514	3 016 839	7 391 675
援助和补贴	1 624 012	1 540 755	83 257	1 524 623	1 524 623	0
债务利息	2 622 969	1 124 738	1 498 231	3 453 838	1 349 777	2 104 061
保险津贴和偿付	5 539 839	4 625 604	914 235	8 113 422	7 896 071	217 351
其中:薪金和工资	19 645 329	6 519 862	13 125 467	24 036 682	9 892 412	14 144 270
按功能分的直接支出	71 030 675	35 106 132	35 924 543	75 071 395	35 971 355	39 100 040
直接一般支出	62 781 306	29 991 376	32 789 930	58 364 270	27 580 076	30 784 194
资本花费	7 811 495	3 535 236	4 276 259	8 071 029	3 008 080	5 062 949
其他直接一般支出	54 969 811	26 456 140	28 513 671	50 293 241	24 571 996	25 721 245
公用事业支出	2 220 378	0	2 220 378	8 131 124	32 629	8 098 495
售酒商店支出	489 152	489 152	0	462 579	462 579	0
保险基金支出	5 539 839	4 625 604	914 235	8 113 422	7 896 071	217 351
未偿还债务	65 331 590	27 785 849	37 545 741	75 592 214	29 090 132	46 502 082
短期	379 153	170 117	209 036	225 675	0	225 675
长期	64 952 437	27 615 732	37 336 705	75 366 539	29 090 132	46 276 407
发出的长期债务	5 749 718	5 276 352	11 148 373	5 460 949	5 687 424	1 093 755
到期的长期债务	4 509 359	5 110 431	10 716 559	4 573 116	6 143 443	1 151 474
持有的现金与证券	77 334 386	33 916 217	107 495 995	81 890 999	25 604 996	22 554 251
保险基金	48 888 765	11 480 310	68 187 263	65 315 852	2 871 411	11 317 710

(续表)

项目	西弗吉尼亚州			威斯康星州		
	州和地方政府	州政府	地方政府	州和地方政府	州政府	地方政府
收入¹	16 582 400	13 247 295	5 519 301	53 153 393	35 880 592	27 374 653
一般收入¹	15 371 210	12 294 552	5 260 854	46 659 418	31 410 686	25 350 584
政府间收入¹	4 517 590	4 359 169	2 342 617	9 520 107	9 087 593	10 534 366
来自联邦政府	4 517 590	4 267 399	250 191	9 520 107	8 855 079	665 028
来自州政府¹	0	0	2 092 426	0	0	9 869 338
来自地方政府	0	91 770	0	0	232 514	0
来自自有资源的一般收入	10 853 620	7 935 383	2 918 237	37 139 311	22 323 093	14 816 218
税收	7 061 728	5 285 773	1 775 955	26 496 498	15 995 335	10 501 163
不动产税	1 435 307	6 039	1 429 268	10 050 992	155 571	9 895 421
销售税	2 684 416	2 559 586	124 830	7 436 239	7 008 022	428 217
个人所得税	1 755 746	1 755 746	0	6 762 399	6 762 399	0
公司所得税	192 385	192 385	0	934 103	934 103	0
汽车执照税	3 395	3 261	134	464 203	463 896	307
其他税	990 479	768 756	221 723	848 562	671 344	177 218
收费和其他一般收入	3 791 892	2 649 610	1 142 282	10 642 813	6 327 758	4 315 055
公用事业收入	235 990	2 906	233 084	1 862 233	0	1 862 233
售酒商店收入	88 321	88 321	0	0	0	0
保险基金收入	886 879	861 516	25 363	4 631 742	4 469 906	161 836
支出¹	16 488 749	13 222 912	5 887 893	55 813 675	37 753 491	27 828 572
按性质项目的:						
政府间支出¹	0	2 618 032	4 024	0	9 741 343	27 045

直接支出	16 488 749	10 604 880	5 883 869	55 813 675	28 012 148	27 801 527
当前运作	12 551 986	7 477 840	5 074 146	41 771 956	17 893 494	23 878 462
资本花费	1 848 737	1 213 167	635 570	4 917 152	2 348 345	2 568 807
援助和补贴	226 909	226 909	0	787 778	763 464	24 314
债务利息	381 428	250 379	131 049	1 891 521	1 060 240	831 281
保险津贴和偿付	1 479 689	1 436 585	43 104	6 445 268	5 946 605	498 663
其中:薪金和工资	4 243 697	1 832 088	2 411 609	14 377 672	4 381 071	9 996 601
按功能分的直接支出	16 488 749	10 604 880	5 883 869	55 813 675	28 012 148	27 801 527
直接一般支出	14 567 052	9 091 271	5 475 781	47 264 905	22 053 195	25 211 710
资本花费	1 715 995	1 212 962	503 033	4 814 213	2 335 997	2 478 216
其他直接一般支出	12 851 057	7 878 309	4 972 748	42 450 692	19 717 198	22 733 494
公用事业支出	369 094	4 110	364 984	2 103 502	12 348	2 091 154
售酒商店支出	72 914	72 914	0	0	0	0
保险基金支出	1 479 689	1 436 585	43 104	6 445 268	5 946 605	498 663
未偿还债务	10 923 194	7 306 756	3 616 438	43 601 566	22 995 708	20 605 858
短期	33 927	0	33 927	789 593	0	789 593
长期	10 889 267	7 306 756	3 582 511	42 811 973	22 995 708	19 816 265
发出的长期债务	812 082	281 673	8 304 301	4 908 290	3 396 011	352 486
到期的长期债务	911 580	239 894	8 569 697	4 791 106	3 778 591	399 878
持有的现金与证券	19 706 538	2 847 713	116 833 523	97 410 118	19 423 405	28 108 812
保险基金	11 050 625	267 085	84 632 592	79 306 681	5 325 911	7 824 982

(续表)

项目	怀俄明州 州和地方政府	怀俄明州 州政府	怀俄明州 地方政府	项目	怀俄明州 州和地方政府	怀俄明州 州政府	怀俄明州 地方政府
收入[1]	9 711 174	6 845 489	4 705 302	直接支出	8 737 477	4 070 759	4 666 718
一般收入[1]	8 796 905	6 147 228	4 489 294	当前运作	6 668 445	2 775 836	3 892 609
政府间收入[1]	2 338 510	2 442 146	1 735 981	资本花费	1 223 958	488 504	735 454
来自联邦政府	2 338 510	2 213 249	125 261	援助和补贴	73 371	73 371	0
来自州政府[1]	0	0	1 610 720	债务利息	94 458	55 803	38 655
来自地方政府	0	228 897	0	保险津贴和偿付	677 245	677 245	0
来自自有资源的一般收入	6 458 395	3 705 082	2 753 313	其中:薪金和工资	2 435 067	740 854	1 694 213
税收	3 845 798	2 550 991	1 294 807	按功能分的直接支出			
不动产税	1 320 181	316 734	1 003 447	直接一般支出	8 737 477	4 070 759	4 666 718
销售税	1 364 386	1 120 203	244 183	资本花费	7 720 643	3 311 507	4 409 136
个人所得税	0	0	0	其他直接一般支出	1 142 928	488 504	654 424
公司所得税	0	0	0	公用事业支出	6 577 715	2 823 003	3 754 712
汽车执照税	82 497	65 733	16 764	售酒商店支出	257 582	0	257 582
其他税	1 078 734	1 048 321	30 413	保险信托支出	82 007	82 007	0
收费和其他一般收入	2 612 597	1 154 091	1 458 506	未偿还债务	677 245	677 245	0
公用事业收入	216 008	0	216 008	短期	2 397 411	1 321 804	1 075 607
售酒商店收入	93 204	93 204	0	长期	3 302	0	3 302
保险基金收入	605 057	605 057	0	发出的长期债务	2 394 109	1 321 804	1 072 305
支出[1]	8 744 122	5 773 573	4 667 672	到期的长期债务	234 985	117 501	
按性质和目的				持有的现金与证券	277 585	122 293	
政府间支出[1]	6 645	1 702 814	954		25 056 449	3 052 363	
				保险基金	7 824 982	0	

注:[1] 已剔除重复的政府间交易。
资料来源:U. S. Census Bureau, LGF001: State and Local Government Finances by Level of Government and by State: 2012。

参考文献

英文参考文献

Adelmann, B. VallejoCalifornia. Likely Headed for Second Bankruptcy. New Americn, March 17, 2014. Retrieved Feburary 3, 2015 at http://www.thenewamerican.com/economy/sectors/item/17865-vallejo-california-likely-headed-for-second-bankruptcy.

Altarriba, J. and R. R. Heredia. An Introduction to Bilingualism: Principles and Processes. Taylor & Francis, 2008.

Altman E. I. An Emerging Market Credit Scoring System for Corporate Bonds. Emerging Markets Review, 2005, 6(4): 311 – 323.

Altman E. I. and H. A. Rijken. Toward a Bottom-Up Approach to Assessing Sovereign Default Risk. Journal of Applied Corporate Finance, 2011, 23(1): 20 – 31.

Altman E. I. and J. Spivack. Predicting Bankruptcy: The Value Line Relative Financial Strength System vs. the Zeta Bankruptcy Classification Approach. Financial Analysts Journal, 1983: 60 – 67.

Altman E. I. Financial Ratios, Discriminant Analysis and the Prediction of Corporate Bankruptcy. The Journal of Finance, 1968, 23(4): 589 – 609.

Altman E. I., and G. Bana. Defaults and Returns on High Yield Bonds: The Year 2002 in Review and the Market Outlook, 2003.

Altman, E. I., J. Hartzell, and M. Peck. A Scoring System for Emerging Market Corporate Bonds. Salomon Brothers High Yield Research, June 1995.

Altman, R. C. The Great Crash. Foreign Affairs, January/February, 2009. Retrived January 20, 2015 at http://www.foreignaffairs.com/articles/63714/roger-c-altman/the-great-crash-2008.

Alvaredo, F., A. B. Atkinson. T. Piketty, and E. Saez. The Top 1 Percent in International and Historical Perspective. Journal of Economic Perspectives, 2013.

Amadeo, K. Simpson-Bowles Report: Summary and Recommendations of Simpson-Bowles Deficit Reduction Plan. About.com, August 9, 2012. http://useconomy.about.com/od/usfederal-taxesandtax/a/Simpson-Bowles-Report.htm.

Appleson, J., E. Parsons, and A. Haughwout. The Untold Story of Municipla Bond. Liberty Street Economics, August 15, 2012. http://libertystreeteconomics.newyorkfed.org/2012/08/the-untold-story-of-municipal-bond-defaults.html#.VMlhNCzBq3o.

Balkan, E. M. Political Instability, Country Risk and Probability of Default. Applied Economics, 1992, 24(9): 999−1008.

Barclay. Barclays Wealth Insights at the Wayback Machine. Volume 5: Evolving Fortunes. Barclays, 2008: 7.

Barclays. Barclays Wealth Insights at the Wayback Machine. Volume 5: Evolving Fortunes. Barclays, 2008:7. Archived March 4, 2009.

Barnett, J., et al. 2012 Census of Governments: Finance-State and Local Government Summary Report. U.S. Census, December 17, 2014. http://www2.census.gov/govs/local/summary_report.pdf.

Barro, J. The False Obstacles to Pension Reform. Real Clear Markets, October 5, 2010.

Bartlett, B. The 81% Tax Increase, Forbes, May 15, 2009.

BBC. Stimulus Package 2009. BBC News, February 14, 2009.

BEA. Current-Dollar and "Real" Gross Domestic Product, 2015. Retrieved Februrary 7, 2015 at http://bea.gov/national/index.htm#gdp.

BEA. National Income and Product Accounts, 2003 through First Quarter of 2011. Downloaded on August 4, 2011.

BEA. National Income and Product Accounts. Bureau of Economic Analysis, July 30, 2014a.

BEA. News Release: Gross Domestic Product. Retrieved September 18, 2012 at http://www.bea.gov/national/index.htm#gdp.

BEA. U. S. International Trade in Goods and Services. February 6, 2014b.

Beaver, W. H. Financial Ratios as Predictors of Failure. Journal of Accounting Research, 1966: 71–111.

Becatoros, E. Greece Seeks More Time: Juncker Meets with Samaras. Associated Press, August 22, 2012. Retrieved August 22, 2012 at http://news.yahoo.com/greece-seeks-more-time-juncker-meets-samaras-145519211--finance.html.

Bennett, P. Applying Portfolio Theory to Global Bank Lending. Journal of Banking and Finance, 1984, 8(2): 153–169.

Berg, A. E. Borensztein, and C. Pattillo. Assessing Early Warning Systems: How have They Worked in Practice? IMF Staff Papers, 2005: 462–502.

Bipartisan Policy Center. Cooper-LaTourette Proposal. March 2012. http://bipartisanpolicy.org/blog/cooper-latourette-fiscal-year-2013-budget-details/.

Black, F. and M. Scholes. The Pricing of Options and Corporate Liabilities. Journal of Political Economy, 1973, 81(3): 637–154.

Bloomberg. Trichet Loses his Cool at Prospect of Deutsche Mark's Revival in Germany. Bloomberg, September 9, 2011. Retrieved October 2, 2011 at http://www.bloomberg.com/news/2011-09-08/trichet-loses-his-cool-at-prospect-of-deutsche-mark-s-revival-in-germany.

BLS. Alternative Measures of Labor Underutilization. Retrieved January 17, 2015 at http://www.bls.gov/news.release/empsit.t15.htm.

BLS. Employment Status of the Civilian Population by Sex and Age. Retrived January 17, 2014b at http://data.bls.gov/cgi-bin/surveymost.

BLS. Empolyment Situation. July 8, 2011. Downloaded on August 4, 2011 at www. bls. gov/bls/ newsrels. htm.

BLS. Labor Force Statistics from the Current Population Survey. Bureau of Labor Statistics. Retrieved July 6, 2014a.

Braun, M. Z. Jefferson County's Bankruptcy Left Few Winners. Bloomberg Business, November 24, 2013. Retrieved Feburaru 2, 2015 at http://www. bloomberg. com/news/articles/2013 - 11 - 22/jefferson-county-s-bankruptcy-left-few-winners-as-debt-forgiven.

Buchanan, J. and R. Wagner. Democracy in Deficit: The Political Legacy of Lord Keynes. Indianapolis, IN: Liberty Fund, Inc. 1977.

Bullock, N. and H. Weitzman. Accounting Changes will Deepen Hole in Public Pensions. Financial Times, June 25, 2012.

Carnegy, H. France Calls for Stability Package to Stem Crisis. Financial Tomes USA, June 14, 2012a.

Carnegy, H. France Faces "unprecedented" Spending Cuts. Financial Times USA, July 3, 2012b.

Catão L. and B. Sutton. Sovereign Defaults: the Role of Volatility. IMF Working Paper No. WP02/149, 2002.

CBO. 2014 Long-Term Budget Outlook. July 15, 2014a. http://www. cbo. gov/sites/default/files/45471-Long-TermBudgetOutlook_7-29. pdf.

CBO. Historical Tables. Retrieved Feburary 2013a at http://www. cbo. gov/publication/43904.

CBO. Letter to Senator Harry Reid. December 19, 2009a.

CBO. Monthly Budget Review for September 2014. October 8, 2014b.

CBO. Report on the Troubled Asset Relief Program. October, 2012a.

CBO. The 2012 Long-Term Projections for Social Security. Congressional Budget Office, October 2012b.

CBO. The Distribution of Household Income and Federal Taxes, 2010. Retrieved December 4, 2013b at http://www. cbo. gov/publication/44604.

CBO. The Long-Term Budget Outlook. July 16, 2009b. http://www.cbo.gov/publication/24943.

CBO. The Long-Term Budget Outlook. June 30, 2010. http://www.cbo.gov/publication/21546.

Celeste, T. M. and R. M. Andrews. National Inpatient Hospital Costs: The Most Expensive Conditions by Payer, 2011. HCUP Statistical Brief #160. Agency for Healthcare Research and Quality, Rockville, MD, August 2013.

Censky, A. QE2: Fed Pulls the Trigger. CNNmoney.com. November 3, 2010. Retrieved August 10, 2011.

Census Bureau. Income, Poverty, and Health Insurance Coverage the United States, 2008. Retrieved November 17, 2008.

Chantrill, C. usgovernmentdebt.us. Retrieved January 29, 2015 at http://www.usgovernmentdebt.us/download_multi_year_debt.

Charlie-Rose Show. Peter Orszag Interview, November 3, 2009.

Ciarlone, A. and G. Trebesehi. Currency and Debt Crises: A Review of the Early Warning Systems. In: Wilkin, 5. (Ed.), Country and Political Risk: Practical Insight for Global Finance, Risk Book, 2004.

Cline, W. International Debt: Systemic Risk and Policy Response. Institute for International Economics, Washington DC, 1984.

CNC. German Budget Draft. July 7, 2011. Downloaded on July 20, 2011 at www.cncworld.tv/news/v_show/16375_German_budget_draft.shtml.

Congress. Housing and Economic Recovery Act of 2008. 110th Congress Public Law 289. Retrieved January, 2015 at http://www.gpo.gov/fdsys/pkg/PLAW-110publ289/html/PLAW-110publ289.htm.

Congressional Research Service. State and Local Government Debt: An Analysis. April 14, 2011. http://fas.org/sgp/crs/misc/R41735.pdf.

CPC. The People's Budget. April 2011. http://grijalva.house.gov/uploads/The%20CPC%20FY2012%20Budget.pdf.

Dadayan, L. States Report Steady Growth in Tax Revenues in First Quarter. Rockefeller Institute

Data Alert, June 7, 2012.

Das, U. S., M. Polan, and M. G. Papaioannou. Strategic Considerations for First-time Sovereign Bond Issuers. International Monetary Fund, 2008.

Davis, A. and A. Marimov, Md. Teacher's Union Floats Alternative Pension Plan. Washington Post, March 23, 2011.

Deakin, E. A Discriminant Analysis of Predictors of Business Failure. Journal of Accounting Research, 1972, 10(1):167-179.

Deen, M. Sarkozy's Fight on Debt Crisis May Need French Dimension as Deficit Lags. Bloomberg, July 20, 2011a. Downloaded on July 23, 2011 at www.bloomberg.com/news/2011-7-20/sarkozy-s-crisis-fight-may-need-franch-dimension-as-deficit-lags.htm.

Deen, M. The Next Debt Crisis Could Come from Paris. Bloomberg Businessweek, July 21, 2011b. Downloaded on July 23, 2011 at www.businessweek.com/magazine/the-next-debt-crisis-could-come-from-paris-07212011.html.

Detragiache, E., and A. Spilimbergo. Crises and Liquidity: Evidence and Interpretation. 2001.

DiStefano, J. N. The Philadelphia Inquirer PhillyDeals Column: Taxpayers v. Bondholders, Aug 28, 2012.

Domhoff, W. Who Rules America? Sociology Department-University of California Santa Cruz. Retrieved March 2013.

EconPost. Four Million More People Working Part Time than 2 Years Ago. EconPost.com, March 17, 2010.

Edwards, C. Employee Compensation in State and Local Governments. Cato Tax and Budget Bulletin, January 2010.

Elton, E. and M. Gruber. Modern Portfolio Theory and Investment Analysis (5th editon). New York: Wiley, 1995.

Ewing, J. Cuts to Debt Rating Stir Anxiety in Europe. The New York Times, April 27, 2010.

Fahim, M. Local Government Advisor. City Mayors, Finance 17, 2012. http://

www. citymayors. com/finance/bonds. html.

Federal Reserve. Federal Reserve Board: Monetary Policy and Open Market Operations. Retrieved May 19, 2008.

Federal Reserve. Press Release. December 12, 2012. Retrieved January 22, 2015 at http://www. federalreserve. gov/newsevents/press/monetary/20121212a. htm.

Federal Reserve. Z. 1: Financial Accounts of the United States. Federal Reserve Board of Governors, March 6, 2014.

Ferguson, N. There will Be Blood. Globle and Mail Update, Feb 23, 2009. Downloaded on August 4, 2011 at http://www. theglobeandmail. com/report-on-business/article973785. ece.

Ferrara, P. America's Ticking Bankruptcy Bomb. Broadside Books, 2011.

Fioramanti, M. Predicting Sovereign Debt Crises Using Artificial Neural Networks: A Comparative Approach. Journal of Financial Stability, 2008(4):149 - 164.

France24. France Targets Deficit with 2012 Austerity Budget. September 28, 2011. Retrieved August 22, 2012 at http://www. france24. com/en/20110928-france-valerie-pecresse-budget-austerity-debt-paris-sarkozy-economy-euro-zone.

GAO. State and Local Governments' Fiscal Outlook. 2014. http://www. gao. gov/assets/670/667623. pdf.

Gavin, M. and R. Perotti. Fiscal Policy in Latin America. NBER Macroeconomics Annual 1997, Volume 12. MIT Press, 1997: 11 - 72.

Geithner, T. Secretary Geithner Testimony to House Financial Service Committee. October 29, 2009.

German Culture. German Economy. Downloaded on July 23, 2011 at www. germanculture. com. ua/library/facts/bl_economy. htm.

Gilliland, D. Detroit and Harrisburg: A Quick Bankruptcy Comparison. Pennlive. com, July 19, 2013. Retrieved Feburary 3, 2015 at http://www. nytimes. com/2013/07/25/us/harrisburg-sees-path-to-restructuring-debts-without-bankruptcy-filing. html.

Goldman, D. CNNMoney. com's Bailout Tracker. CNNMoney. com, November 16, 2009.

Governing. Why Camden, N. J. , Is Still Failing Despite State Intervention. Retrieved Feburary 1, 2015 at http://www.governing.com/columns/urban-notebook/col-pontiac-camden-pew-state-aid-municipal-financial-crisis.html.

Hackney, S. Detroit's Financial Crisis: City could Learn Its Fates This Week. Retrieved September 27, 2012 at http://www.freep.com/article/20120325/NEWS01/203250594/Detroit-s-financial-crisis-City-could-learn-its-fate-this-week.

Heytens, P. and C. Karacadag. An Attempt to Profile the Finances of China's Enterprise Sector. IMF Working Paper No. 01/182. Washington, D. C. : International Monetary Fund, 2001.

Hope, K. EU Puts Positive Spin on Greek Rescue. Financial Times, May 2, 2010.

House Budget Committee. The Path to Prosperity: A Blueprint for American Renewal. March, 2011. http://budget.house.gov/uploadedfiles/pathtoprosperity2013.pdf.

House, J. Premier Says Aid to Banks Will Lift Economy. The Wall Street Journal, June 11, 2012.

Hurst, C. E. Social Inequality: Forms, Causes, and Consequences. Pearson Education, Inc. , 2007.

IMF, Japan: Selected Issues, July 2010. Downloaded on July 21, 2011 at www.imf.org/external/pubs/ft/scr/2010/cr10212.pdf.

IMF. Assessing Sustainability, May 28, 2002.

IMF. Currency Composition of Official Foreign Exchange Reserves (COFER). June 30, 2011g. Retrieved April 21, 2012.

IMF. France Country Information, 2011e. Downloaded on November 17, 2011 at http://www.imf.org/external/country/FRA/index.htm.

IMF. German's Impressive Recovery Presents Reform Opportunity, July 12, 2011a. Downloaded on July 23, 2011 at www.imf.org/external/pubs/ft/survey/so/2011/CAR071211A.htm.

IMF. Germany Country Information, 2011c. Downloaded on November 17, 2011 at http://www.imf.org/external/country/DEU/index.htm.

IMF. Japan Country Information, 2011d. Downloaded on November 17, 2011 at http://www.imf.org/external/country/JPN/index.htm.

IMF. Sustainability Assessments-Review of Application and Methodological Refinements. June 10, 2003.

IMF. U. K. Country Information, 2011b. Downloaded on November 17, 2011 at http://www.imf.org/external/country/GBR/index.htm.

IMF. World Economic Outlook (database), Updated September, 2011f.

IMF. World Economic Outlook Update. July 16, 2012. Retrieved August 21, 2012 at http://www.imf.org/external/pubs/ft/weo/2012/update/02/index.htm.

Izzo, P. Broader U-6 Unemployment Rate Increases to 17.1% in April. Wall Street Journal, May 7, 2010. Retrived January 18, 2015 at http://blogs.wsj.com/economics/2010/05/07/broader-u-6-unemployment-rate-increases-to-171-in-april/.

Jaimovich, D and U. Panizza. Procyclicality or Reverse Causality? 2007.

Jonkhart, M. On the Term Structure of Interest Rates and the Risk of Default. Journal of Banking and Finance, 1979(3): 253 – 262.

Judis, J. B. The Paradox of American Democracy. Elites, Special Interests, and the Betrayal of the Public Trust. Routledge Chapman & Hall, 2000.

Kaldor N. and J. A. Mirrlees. A New Model of Economic Growth. The Review of Economic Studies, 1962: 174 – 192.

Kaminsky, G. L., S. Lizondo, and C. M. Reinhart. Leading Indicators of Currency Crises. IMF Staff Papers 45/1, International Monetary Fund, Washington, D. C., 1998.

Kealhofer, S. Measuring Default Risk in Portfolios of Derivatives. KMV Corporation, San Francisco, California. Unpublished, 1996.

Keating, G. et al. United States: Full Steam Ahead. Global Wealth Report 2013, Credit Suisse, September 17, 2013.

Kirchhoff, H. Muni Bond Market Size. Demand Media. Retrieved January, 2015 at http://

finance. zacks. com/muni-bond-market-size-7410. html.

Kleinbard, E. D. We are Better than This. New York: Oxford University Press, 2015.

KMV Corporation. Credit Monitor Overview. San Francisco, California, 1993.

Kruger, M. and M. Messmacher. Sovereign Debt Defaults and Financing Needs. IMF Working Paper 04. 53, Washington, DC: International Monetary Fund, 2004.

Krugman, P. Cheating Our Children. New York Times, March 2013.

Krugman, P. The Unwisdom of Elites, The New York Times, May 8, 2011b.

Krugman, P. Willie Sutton Wept, The New York Times, February 17, 2011a.

Krumm, K. and C. Wong. Analyzing Government Fiscal Risk Exposure in China. In Government at Risk: Contingent Liabilities and Fiscal Risk, Edited by Hana Brixi and Allen Schick, pp. 235 – 250. Washington, D. C. : World Bank, 2002.

LaCapra, L. T. IndyMac Bancorp to Liquidate. The Street. com. Retrieved August 2008.

Laffer, A. B., S. Moore and J. Williams. Rich States, Poor States. ALEC. Washington D. C. , 2010.

Lee, C. H. , R. J. Willhide and E. Pome. State Government Finances Summary. U. S. Census Governemnt Division Briefs, January 23, 2014.

Li, C. A. , Debt Arrears in Latin America: Do Political Variables Matter? Journal of Development Studies, 1992, 28(4): 668 – 688.

Libby, R. Accounting Ratios and the Prediction of Failure: Some Behavioral Evidence. Journal of Accounting Research, 1975, 13(1): 150 – 161.

Liu, S. The Institutional Characteristics of China's Fiscal Risks. Management World (in Chinese) 2004(5): 39 – 44.

Lu Y. and T. Sun. Local Government Financing Platforms in China: A Fortune or Misfortune? IMF Working Paper No. 13/243. Washington, D. C. : International Monetary Fund, 2013.

Lucas, R. E. On the Mechanics of Economic Development. Journal of Monetary Economics, 1988 (22): 3 – 42.

Lyall, S. and A. Cowell. Britain Plans Deepest Cuts to Spending in 60 Years. The New York Times, October 20, 2010. Downloaded on July 23, 2011 at www.nytimes.com/2010/10/21/world/erope/21britain.html.

Ma J. Hidden Fiscal Risks in Local China. Australian Journal of Public Administration, 2013, 72(3): 278-292.

Mallet, V. Nation Wearies of the Euro Crisis. Financial Times USA, June 12, 2012.

Manasse, P., N. Roubini and A. Sehimmelpfennig. Predicting Sovereign Debt Crises. IMF Working Paper WP/03/221, 2003.

Mariano, R. S., A. C. Abiad, B. Gultekin, T. Shabbir, and A. Tan. Markov Chains in Predictive Models of Currency Crises-with Applications to Southeast Asia. Penn Institute for Economic Researeh, PIER Working Paper 2002, 2(13).

Martinez-Peria, M. S. A Regime Switching Approach to Studying Speculative Attacks: A Focus on EMS Crises. Empirical Economics, 2001, 27(2): 299-334.

MBA. MBA Survey-Q3 2009. Mbaa.org. November 19, 2009. Retrieved January19, 2015 at http://www.mbaa.org/NewsandMedia/PressCenter/71112.htm.

McFeatters, D. Saluting 154 Million in Workforce on Labor Day. Napa Valley Register, September 6, 2010. http://napavalleyregister.com/news/opinion/editorial/article_43f9e712-b96a-11df-9e2d-001cc4c002e0.html.

McIntyre, D. A. More Queckly than It Began, the Banking Crisis is Over. Time, April 10, 2009. Retrieved January 21, 2015 at http://content.time.com/time/business/article/0,8599,1890560,00.html.

McMahon, E. J. Obama and America's Public Sector Plague. Encounter books, 2010.

Merton, R. On the Pricing of Corporate Debt. Journal of Finance, 1974, 29(2): 449-470.

Merton, R. On the Pricing of Corporate Debt. Journal of Finance, 1974, 449-470.

Messmacher M. and M. Kruger. Sovereign Debt Defaults and Financing Needs. International Monetary Fund, 2004.

Migdail-Smith, L. Many Americans Want Third Major Political Party. Poll Find. Readingeagle. com. Retrieved October 16, 2013.

Moody's Investment Service. Municipal Bond Defaults have Increased since Financial Crisis, but Numbers Remain Low. May 7, 2013. https://www. moodys. com/research/Moodys-Municipal-bond-defaults-have-increased-since-financial-crisis-but--PR_272561.

Moody's Investment Service. US Municipal Bond Defaults and Recoveries, 1970 – 2013. Moody's Investors Service, May 7, 2014.

Moody's Investors Service. 2011 State Debt Medians Report, June 3, 2011.

Moody's Investors Service. U. S. Municipal Bond Defaults and Recoveries, 1970 – 2009. 2010. http://bg. panlv. net/report/bad644e7929a208a. html.

Moody's. Aaa Sovereign Monitor. March, 2010. Downloaded on July 20, 2010 at www. finfacts. ie/biz10/Moodys_AAA_Sovereign_Monitor_march152010. pdf.

Morrison, W. M. and M. Labonte. China's Holdings of U. S. Securities: Implications for the U. S. Economy. Congressional Research Service. Retrieved August 23, 2014.

Mouratidis K. Evaluating Currency Crises: A Bayesian Markov Switching Approach. Journal of Macroeconomics, 2008, 30(4): 1688 – 1711.

Mulder, C. , R. Perrelli, and M. Roeha. The Role of Corporate, Legal and Macroeconomic Balance Sheet Indicators in Crisis Detection and Prevention. IMF Working Paper WP/02/59. 2002.

National Association of State Budget Officers. Fiscal Survey of the States, December 2009.

National Association of State Budget Officers. Fiscal Survey of the States, Fall 2014. http://www. nasbo. org/sites/default/files/NASBO% 20Fall% 202014% 20Fiscal% 20Survey% 20of% 20States. pdf.

National Poverty Center. Extreme Poverty in the United States, 1996 to 2011. February 2012.

National Vital Statistics System (Centers for Disease Control and Prevention). Births: Preliminary Data for 2013. May 29, 2014.

New York Times. European Sovereign Debt Crisis. Updated July 21, 2011. Downloaded July 27, 2011.

Niedowski, E. Centro Falls, Files for Bankruptcy; Layoffs Loom. USA Today, August 1, 2011. Retrieved Feburary 3, 2015 at http://usatoday30.usatoday.com/money/economy/2011-08-01-central-falls-bankruptcy_n.html.

Norris, F. Orange County Bankruptcy: The Overview. International New York Times, December 8, 1994. http://www.nytimes.com/1994/12/08/business/orange-county-s-bankruptcy-the-overview-orange-county-crisis-jolts-bond-market.html.

Norris, F. Recovery in U.S. Though Lacklaster, Trumps Europe's. New York Times, August 18, 2012.

Novy-Marx, R. and J. D. Rauh. The Liabilities and Risks of State-Sponsored Pension Plans. Journal of Economic Perspectives, 2009, 25(4): 191-210.

Obama, B. Remarks by the President on Fiscal Policy. April 13, 2011.

Ody, E. Carlos Slim Tops Forbes List of Billionaires for Second Year. Bloomberg, March 10, 2011.

OECD. Divided We Stand: Why Inequality Keeps Rising, Country Note: United States. Paris: OECD Publishing, 2011.

OECD. Frequent Requested Data. Retrieved September 22, 2012b at http://stats.oecd.org/Index.aspx? DatasetCode = SNA_TABLE1.

OECD. Household Income. Society at a Glance 2014: OECD Social Indicators, OECD Publishing. March 18, 2014. doi:10.1787/soc_glance-2014-en. Retrieved May 29, 2014.

OECD. StatExtracts. Retrieved August 21, 2012a at http://stats.oecd.org/Index.aspx? DatasetCode = SNA_TABLE1.

Ohlson J. A. Financial Ratios and the Probabilistic Prediction of Bankruptcy, Journal of Accounting Research, 1980, 18(1): 109-131.

OMB. President Obama: Living within Our Means and Investing in Our Future. September 2011. http://www.whitehouse.gov/sites/default/files/omb/budget/fy2012/assets/jointcommitteereport. pdf.

Orszag, P. History Shows U. S. Can Stimulate Now, Cut Later, Bloomberg, May 2012.

P. L. 112-125. Budget Control Act of 2011. http://www. gpo. gov/fdsys/pkg/PLAW-112publ25/html/PLAW-112publ25. htm.

P. L. 43-65, 40 Stat. 288, Enacted September 24, 1917.

Peter, M. Estimating Default Probabilities of Emerging Market Sovereigns: A New Look at a Not-so-new Literature. Available at SSRN 1017468, 2002.

Peterson Foundation. Citizen's Guide 2010: Figure 10 Page 16. Peter G. Peterson Foundation, April 2010.

Petrakis, M, Papandreou Faces Bond Rout as Budget Worsens, Workers Strike. Bloomberg. com, April 22, 2010.

Pettinger, T. UK National Debt. August 21, 2012. Retrieved September 18, 2012 at http://www. economicshelp. org/blog/334/uk-economy/uk-national-debt/.

PGPF. Solutions Summit. May 2011. http://pgpf. org/search/site/Issues%20Fiscal%20Outlook%202011%2001%2020%20PGPF%20Announces%20Grants%20to%20Six%20Institutions%20to%20Develop%20Solutions%20to%20Americas%20Fiscal%20Challenges.

Pianin, E. McConnell Vows to Avoid Another Debt Ceiling Crisis. Fiscal Times, March 8, 2015. http://news. yahoo. com/mcconnell-vows-avoid-another-debt-231000221. html;_ylt = A0SO8x8vN_5UT9QA0mlXNyoA;_ylu = X3oDMTEza2RuN3NpBGNvbG8DZ3ExBHBvcwMxBHZ0aWQDVklQNTg0XzEEc2VjA3Nj.

Piesse, J. and D. Wood. Issues in Assessing MDA Models of Corporate Failure: A Research Note. British Accounting Review, 1992, 24(1):33 – 42.

Platt, H. and M. Platt. Development of a Class of Stable Predictive Variables: The Case of Bankruptcy Prediction. Journal of Business Finance and Accounting, 1990,17(1): 31 – 51.

Rao, M. N. J. Won't Bail Out Camden Couty Incinerator. Philly. com, November 13, 2010. Retrieved Feburary 1, 2015 at http://articles. philly. com/2010 – 11 – 13/news/24955318_1_ trash-incinerator-trash-disposal-debt-payments.

RealtyTrac Staff. U. S. Foreclosure Activity Increases 75 Percent in 2007. RealtyTrac. com, January 30, 2008. Retrieved January 19, 2015 at http://www. realtytrac. com/content/press-releases/us-foreclosure-activity-increases-75-percent-in-2007 - 3604? accnt = 64847.

Reinhart C. M. Default, Currency Crises, and Sovereign Credit Ratings. The World Bank Economic Review, 2002, 16(2): 151 - 170.

Reinhart C. M. , and K. S. Rogoff. Serial Default and the "Paradox" of Rich to Poor Capital Flows. National Bureau of Economic Research, 2004.

Reinhart, C. M. , and K. S. Rogoff and M. A. Savastano. Debt Intolerance. Brookings Papers on Eeonomic Activity, 2003(1): 1 - 74.

Romer P. M. Increasing Returns and Long-Run Growth. The Journal of Political Economy, 1986, 94 (5):1002 - 1037.

Romer, C. Hey, Not So Fast on European Austerity. New York Times, April 2012.

Sahagan, Louis. Mammoth Lakes Files for Bankruptcy. Los Angeles Times, July 2, 2012. Retrieved Feburary 3, 2015 at http://latimesblogs. latimes. com/lanow/2012/07/mammoth-lakes-bankruptcy. html.

Sandleris G. , G. Gelos, and R. Sahay. Sovereign Borrowing by Developing Countries: What Determines Market Access? IMF Working Papers, 2004(221): 1 -41.

SBA. Office of Advocacy - Frequently Asked Questions - How Important are Small Businesses to the U. S. Economy? SBA. gov.

Schroeder, P. Debt Limit Deadline Now Seen at End of 2015. The Hill, May18, 2015. Retrieved June 26, 2015 at http://thehill. com/policy/finance/242404-debt-limit-deadline-now-seen-at-end-of-2015.

Schwartz, G. , A. Corbacho, and K. Funke. Public Investment and Public-Private Partnerships: Addressing Infrastructure Challenges and Managing Fiscal Risks. New York: Palgrave Macmillan, 2008.

Scott, J. The Probability of Bankruptcy: A Comparison of Empirical Predictions and Theoretical Models. Journal of Banking and Finance, 1981, 5(3):317 - 344.

SEC. Report on the Municipal Security Market. July 31, 2012. http://www.sec.gov/news/studies/2012/munireport073112.pdf.

SEC. The Laws that Govern the Securities Industries. Retrieved January 2015 at http://www.sec.gov/about/laws.html.

Seeeking Alpha. Debt Crisis 2012: How Long can Japan Beat the Odds? Retrieved September 16, 2012 at http://seekingalpha.com/article/316126-debt-crisis-2012-how-long-can-japan-beat-the-odds.

Smeeding, T. M. Public Policy: Economic Inequality and Poverty: The United States in Comparative Perspective. Social Science Quarterly 2005 (86): 955 - 983. doi: 10.1111/j.0038 - 4941.2005.00331.x.

Smith, D. Factbox: Comparing Obama, Ryan Budget Plans. Reuters, April 13, 2011. Retrived August 19, 2012 at http://www.reuters.com/article/2011/04/14/us-usa-budget-proposals-idUSTRE73D61N20110414.

Social Security Administration. Historical Background and Development of Social Security. Retrieved January 2015 at http://www.ssa.gov.

Social Security Advisory Board. Working for Retirement Security. 2008. http://s3.amazonaws.com/zanran_storage/www.ssab.gov/ContentPages/53509340.pdf#page=11.

Sturzenegger F. and J. Zettelmeyer. Creditors' Losses versus Debt Relief: Results from a Decade of Sovereign Debt Crises. Journal of the European Economic Association, 2007, 5(2-3): 343 - 351.

Summers, L. Growth not Austerity is Best Remedy for Europe. Financial Times, April 2012.

Tao, K. Assessing Local Government Debt Risks in the People's Republic of China: A Case Study of Local Government Financial Vehicles. China & World Economy, Forthcoming.

Task Force. Report of the State Budget Crisis. July 17, 2012. http://www.statebudgetcrisis.org/wpcms/wp-content/images/SBCTF_FINALREPORT.pdf.

Tavernise, S. City Council in Harrisburg Files Petition of Bankruptcy. International New York Times, October 12, 2011. Retrieved Feburary 3, 2015 at http://www.nytimes.com/2011/10/13/us/harrisburg-pennsylvania-files-for-bankruptcy.html?_r=0.

Tax Policy Center. The Tac Policy Brirfing Book. Downloaded on July 17, 2011. http://www.Taxpolicycenter.org/briefing-book/background/numbers/international.cfm.

TerraDaily. German Deficit Hits Three-year Low. September 1, 2011. Retrieved August 21, 2012 at http://www.terradaily.com/reports/German_deficit_hits_three-year_low_999.html.

The Economist. Avery European Crisis. February 4, 2010.

The National Commission on Fiscal Responsibility and Reform. The Moment of Truth, December 2010. http://www.fiscalcommission.gov/sites/fiscalcommission.gov/files/documents/TheMomentofTruth12_1_2010.pdf.

The White House. 2015 Budget, Historical Tables. 2015. http://www.whitehouse.gov/omb/budget/Historicals.

The White House. Historical Tables. http://www.whitehouse.gov/omb/budget/Historicals.

TheGuardian. US Federal Reserve to End Quantitive Easing Programme. October 29, 2014. Retrieved January 22, 2015 at http://www.theguardian.com/business/2014/oct/29/us-federal-reserve-end-quantitative-easing-programme.

The MalasianInsider. Poll: Japan's Economy Likely to Stall for Rest of 2012. Retrieved September 16, 2012 at http://www.themalaysianinsider.com/business/article/poll-japans-economy-likely-to-stall-for-rest-of-2012/.

Tocqueville, A. Democracy in America. Ed. by Phillipe Bradley. New York: Alfred A Knopf, 1945.

Tomz M., M. L. J. Wright, K. Kaufmann, et al. Sovereign Debt and Default: Theoretical Lessons from History. 2005.

Tornell A. and P. R. Lane. The Voracity Effect. American Economic Review, 1999: 22 – 46.

Tracy, R., J. Steinberg and T. Demos. Bank Bailouts Approach a Final Reckoning. December 19,

2014.

Trading Economics. Ireland Government Budget. Retrieved August 25, 2012c at http://www.tradingeconomics.com/ireland/government-budget.

Trading Economics. Italy Government Budget. Retrieved August 25, 2012a at http://www.tradingeconomics.com/italy/government-budget.

Trading Economics. Portugal Government Budget. Retrieved August 25, 2012d at http://www.tradingeconomics.com/portugal/government-budget.

Trading Economics. Spain Government Budget. Retrieved August 25, 2012b at http://www.tradingeconomics.com/spain/government-budget.

U. S. Census Bureau. LGF001 State and Local Governemnt Finaces by Level of Government and by State 2012. 2012. http://factfinder.census.gov/faces/tableservices/jsf/pages/productview.xhtml? src = bkmk.

U. S. Census. Household Income for States: 2010 and 2011. United States Census, American Community Survey Briefs, September 2012, Appendix Table 1.

U. S. Census. State and Local Government Finances, 2010 – 2011. July 2013.

U. S. Census. State, and Local Governments, Finance, State and Local Government Finances, 2007 – 2008. June 2011.

U. S. Census. U. S. and World Population Clock. 2015. Retrieved January 18, 2015 at http://www.census.gov/popclock/.

U. S. Congress. Bill Summary & Status: 111th Congress (2009 – 2010) – H. R. 4173 – All Information. 2009 – 2010. Library of Congress. Retrieved 11 October 2013 at http://thomas.loc.gov/cgi-bin/bdquery/z? d111:HR04173:@@@L&summ2 = m&.

U. S. Congress. Security Exchange Act of 1934. 1934.

U. S. Congress. The Patient Protection and Affordable Care Act. March 23, 2010.

U. S. Courts. Chapter 9 Municipality Bankruptcy. http://www.uscourts.gov/FederalCourts/Bankruptcy/BankruptcyBasics/Chapter9.aspx.

U. S. Debt Clock. U. S. Debt Clock. Retrieved January 27, 2015 at http://www.usdebtclock.org/.

U. S. Department of Commerce. Current Population Reports: Income of Nonfarm Families and individuals (1946), 1946.

U. S. Department of Commerce. Current Population Reports: Money Income of Households and Persons in the United States (1987), 1987.

U. S. Treasury and Federal Reserve. Foreign Portfolio Holdings of U. S. Securities as of June 30, 2013. April 2014. Retrieved Feburary 3, 2014 at http://www.treasury.gov/ticdata/Publish/shla2013r.pdf.

U. S. Treasury. Major Foreign Holders of Treasury Securities. 2014. Retrieved Feburary 3, 2015 at http://www.treasury.gov/ticdata/Publish/mfh.txt.

United Nations. World Urbanization Prospects, the 2014 Revision. Retrieved January 18, 2014 at http://esa.un.org/unpd/wup/.

Wallison, P. J. and E. Pinto. Why the Left Is Losing the Argument over the Financial Crisis. American Enterprise Institute, December 27, 2011.

Walsh, M. W. A County in Alabama Strikes a Bankruptcy Deal. International New York Times, June 4, 2013. Retrieved Feburary 2, 2015 at http://dealbook.nytimes.com/? module = BlogMain&action = Click&region = Header&pgtype = Blogs&version = Blog%20Post&contentCollection = Business%20Day.

Walsh, M. W. Harrisberg Sees Path to Restructuring Debts without Bankruptcy Filing. Retrieved Feburary 1, 2015 at http://www.nytimes.com/2013/07/25/us/harrisburg-sees-path-to-restructuring-debts-without-bankruptcy-filing.html.

Washington Post and ABC. Washington Post-ABC News poll, April 14 – 17, 2011.

West, R. A Factor-analytic Approach to Bank Condition. Journal of Banking and Finance, 1985, 9 (2): 253 – 266.

Wikipedia. 2008 – 2012 California Budget Crisis. Retrieved Feburary 1, 2015a at http://en.wikipedia.org/wiki/2008%E2%80%9312_California_budget_crisis.

Wikipedia. Bond Market. Retrieved January 29, 2015b at http://en.wikipedia.org/wiki/Bond_market.

Wikipedia. Budget Control Act of 2011. Retrieved January 2015c at http://en.wikipedia.org/wiki/Budget_Control_Act_of_2011.

Wikipedia. Bush Tax Cuts. Retrieved January 2015d at http://en.wikipedia.org/wiki/Bush_tax_cuts#The_American_Taxpayer_Relief_Act_of_2012.

Wikipedia. Business Cycle. Retrieved January 19, 2015e at http://en.wikipedia.org/wiki/Business_cycle.

Wikipedia. California. Retrieved Feburary 1, 2015f at http://en.wikipedia.org/wiki/California.

Wikipedia. Camden, New Jersey. Retrieved January 31, 2015g at http://en.wikipedia.org/wiki/Camden,_New_Jersey.

Wikipedia. Central Falls, Rhode Island. Retrieved Feburary 3, 2015h at http://en.wikipedia.org/wiki/Central_Falls,_Rhode_Island.

Wikipedia. Economy of the United States. Retrieved January 17, 2015i at http://en.wikipedia.org/wiki/Economy_of_the_United_States#cite_note-Bureau_of_Economic_Analysis-1.

Wikipedia. Financial Crisis of 2007 – 2008. Retrived January 20, 2015j at http://en.wikipedia.org/wiki/Financial_crisis_of_2007%E2%80%9308.

Wikipedia. Income Tax in the United States. Retrived January 20, 2015k.

Wikipedia. National Debt of the United States. Retrived January 20, 2015l at http://en.wikipedia.org/wiki/National_debt_of_the_United_States#Accounting_treatment.

Wikipedia. Orange County, California. Retrieved January, 2015m at http://en.wikipedia.org/wiki/Orange_County,_California#Economy.

Wikipedia. Quantititive Easing. Retrieved January 22, 2015n at http://en.wikipedia.org/wiki/Quantitative_easing.

Wikipedia. Special Purpose Entity. Retrived January 20, 2015o at http://en.wikipedia.org/wiki/Special_purpose_entity.

Wikipedia. Stockton, California. Retrieved Feburary 3, 2015p at http://en.wikipedia.org/wiki/Stockton,_California.

Wikipedia. United States Federal Budget. Retrieved Jannuary 10, 2015q at http://en.wikipedia.org/wiki/United_States_federal_budget.

Wikipedia. United States Fiscal Cliff. Retrieved January 14, 2015r at http://en.wikipedia.org/wiki/United_States_fiscal_cliff.

Wikipedia. United States Debt-ceiling Crisis of 2013. Retrieved January 14, 2015s at http://en.wikipedia.org/wiki/United_States_debt-ceiling_crisis_of_2013.

Williams, R. Municipal Revenue Bonds in a Fixed Income Portfolio. Schwab Investing Brief, November 28, 2012. http://www.schwab.com/public/schwab/nn/articles/Municipal-Revenue-Bonds-in-a-Fixed-Income-Portfolio.

Woolf, S. and A. Laudon. U.S. Health in International Perspective. National Research Council and Institute of Medicine, 2013: 171 - 172. Retrieved April 8, 2013.

World Bank. China 2030: Building a Modern, Harmonious, and Creative Society. Washington, D.C., World Bank, 2013.

Wright, N. It's Over. Jefferson County Today Emerges from Bankruptcy Following Sale of New Sewer Warrants. Blog.al.com. December 3, 2013. Retrieved Feburary 2, 2015 at http://blog.al.com/spotnews/2013/12/its_over_jefferson_county_emer.html#incart_river.

WXYZ Detroit. Detroit Bankruptcy Officially Over, Financial Handed back to the City. Dec 10, 2014. Retrieved Feburary 1, 2015 athttp://www.wxyz.com/news/region/detroit/detroit-bankruptcy-officially-over-finances-handed-back-to-the-city.

Yang, J. and J. Yang. Why Can LDA be Performed in PCA Transformed Space? Pattern Recognition, 2003, 36(2): 563 - 566.

Yang, L., X. Zhang, X. Chang, D. Tang, and C. Li. China's Sovereign Balance Sheet and Its Risk Assessment (I). Economic Research Journal, 2012, 47(6): 4 - 19.

Yeyati E. L. and U. Panizza. The Elusive Costs of Sovereign Defaults. Journal of Development Economics, 2011, 94(1): 95 - 105.

Zavgren, C. The Prediction of Corporate Failure: The State of the Art. Journal of Accounting Literature, 1983, 2(1): 1 - 37.

Zeaiter H. F. Determinants of Sovereign-Debt Default in Developing Countries. ProQuest, 2008.

Zhang L., E. I. Altman and J. Yen. Corporate Financial Distress Diagnosis Model and Application in Credit Rating for Listing Firms in China. Frontiers of Computer Science in China, 2010, 4(2): 220 - 236.

Zhang, Y. and S. Barnett. Fiscal Vulnerabilities and Risks from Local Government Finance in China. IMF Working Paper No. 14/4. Washington, D. C., International Monetary Fund, 2014.

中文参考文献

〔美〕N. 格里高利·曼昆著,卢远瞩译,《宏观经济学》(第7版),北京:中国人民大学出版社,2011年。

〔美〕文森特·奥斯特罗姆著,井敏等译,《美国地方政府》,北京:北京大学出版社,2004年。

〔美〕西蒙·约翰逊、郭庚信,《火烧白宫:美债从哪里来,往何处去》,北京:机械工业出版社,2013年。

〔英〕查尔斯·狄更斯著,严维明译,《雾都孤儿》,长沙:湖南文艺出版社,2011年。

巴曙松,"地方政府融资平台的发展及其风险评估",《西南金融》,2009年第9期。

巴曙松、孙兴亮、顾磊,"主权CDS对欧元区主权债务危机的影响",《国际金融研究》,2012年第7期。

财政部,《权责发生制政府综合财务报告制度改革方案》,2014年12月。http://www.gov.cn/zhengce/content/2014 - 12/31/content_9372.htm

曹红辉,"地方融资平台:风险成因与治理",《财政研究》,2010年第10期。

陈志昂、朱秋琪、胡贤龙,"'危机'是怎样炼成的?——从'夹层效应'看欧洲债务危机",《世界经济研究》,2011年第1期。

丁志凤,"我国地方政府融资平台风险防范问题研究",武汉:华中师范大学,2011年。

杜萌、马宇,"国家政治风险、人口老龄化与主权债务违约——来自新兴市场和发展中国家的证据",《国际金融研究》,2015年第1期。

冯芸、吴冲锋,"货币危机早期预警系统",《系统工程理论方法应用》,2002年第1期。

凤凰卫视,《新闻》,2012年9月25日。

付俊文,"基于银团贷款模式防范和化解地方融资平台风险的思考",《山西财经大学学报》,2010年第2期。

国务院,《关于加强地方政府性债务管理的意见》,2014年9月21日。http://www.mof.gov.cn/zhengwuxinxi/zhengcefabu/201410/t20141008_1146374.htm

黄益平,"化解地方债风险",《财经》,2014年第2期。

金鹏,"主权债务危机视角下的主权风险分析",大连:东北财经大学,2010年。

金融时报,"和克鲁格曼共进午餐",2012年6月20日。http://economics.dwnews.com/news/2012-06-20/58764553.html

林伯强,"外债风险预警模型及中国金融安全状况评估",《经济研究》,2002年第7期。

林河,"债务危机与货币危机相关性研究",上海:复旦大学,2011年。

林晓君,"地方政府融资平台的风险评估——以某省份为例的考察",上海:复旦大学,2011年。

刘畅,"中国地方政府融资平台风险管理研究",长春:吉林大学,2013年。

刘军宁,《保守主义》,北京:东方出版社,2014年。

刘珺珺,《地方政府债务融资及其风险管理:国际经验》,北京:经济科学出版社,2011年。

刘志强,"金融危机预警指标体系研究",《世界经济》,1999年第4期。

楼继伟,"预算法修改解答",2014年。http://baike.baidu.com/view/71849.htm

楼继伟,《中国政府间财政关系再思考》,北京:中国财政经济出版社,2013年。

栾彦,"主权债务危机研究的最新进展及评价",《管理现代化》,2013年第6期。

马金华,"地方政府债务:现状、成因与对策",《中国行政管理》,2011年第4期。

马宇、程道金,"主权债务危机影响因素的实证研究及启示——对新兴经济体与发达经济体的比较",《经济学家》,2014年第8期。

孟玲剑,"我国地方融资平台规范发展的对策研究",北京:中国社会科学院研究生院,2012年。

瞿定远,"中国地方政府投融资平台风险研究",武汉:华中师范大学,2012年。

人民代表大会,《中华人民共和国预算法》,2014年。http://baike.baidu.com/view/71849.htm

社科院"中国国家资产负债表研究"课题组,《中国国家资产负债表2013》,2013年12月。

沈安,"阿根廷债务危机的形成及启示——阿根廷金融危机探源之二",《拉丁美洲研究》,2003年第3期。

审计署,《2013年第32号公告:全国政府性债务审计结果》,2013年12月30日。http://www.audit.gov.cn/n1992130/n1992150/n1992500/n3432077.files/n3432112.pdf

司明、孙大超,"发达国家主权债务危机成因分析及启示——基于贝叶斯模型平均方法的实证研究",《中南财经政法大学学报》,2013年第4期。

孙雯,"地方政府投融资平台市场化运作研究",成都:西南财经大学,2012年。

孙亚伟,"有关主权债务危机的文献综述",上海:华东师范大学,2012年。

田立南,"地方政府融资平台信用评级方法研究",昆明:云南大学,2010年。

王丽,"商业银行对地方融资平台贷款信用风险管理研究",西安:西北大学,2012年。

王利娜,"企业破产预测实证模型评述",《河北经贸大学学报》,2012年第3期。

魏加宁,"地方政府投融资平台的风险何在",《中国金融》,2010年第16期。

魏加宁,"中国地方政府债务风险与金融危机",《商务周刊》,2004年第5期。

魏加宁、宁静、朱太辉,"我国政府性债务的测算框架和风险评估研究",《金融监管研究》,2012年第11期。

吴敬琏、马国川,《重启改革议程——中国经济改革二十讲》,北京:生活·读书·新知三联书店,2013年。

肖诗阳、唐宁越、张帆,"地方融资平台信用风险探讨",2014年。(待发表)

新华网,"从三方面分布推进转移支付制度改革",2014年。

闫亚磊,"信用债评级体系之城投债",天津:渤海证券研究所,2013年。

杨晓龙,"基于技术效率视角的欧元区国家主权债务危机原因分析",《国际金融研究》,2012年第12期。

杨跃东,"对地方政府投融资平台债务的研究",中华人民共和国统计局,2012年。http://

www.audit.gov.cn/n1992130/n1992150/n1992576/2946521.html

张帆,"美国地方政府债务对我国地方债问题的借鉴",《国际经济评论》,2015年。(将出版)

张帆,"美国地方政府债务及其对我国地方债问题的借鉴",财政部财政科学研究所《研究报告》,2014年第6期。

张帆,"美国地方政府债务与借鉴",国家发改委《改革内参》,2014年第1期。

张帆,"中美地方债比较",《地方财政研究》,2015年第5期。

张伟,"体制转换模型能预测货币危机吗?",《经济研究》,2004年。

张元萍、孙刚,"金融危机预警系统的理论透析与实证分析",《国际金融研究》,2003年第10期。

赵瑾,《国家主权债务危机——理论、影响与中国的战略》,北京:中国社会科学出版社,2014年。

郑彬,"地方政府软预算约束的比较研究",沈阳:辽宁大学,2013年。

郑春荣,"地方债改革:猛药去疾,挑战犹存",《中国改革》,2015年第5期。

周非舟,"分税制十年 制度及其影响",《中国社会科学》,2006年第6期。

周青,"地方政府投融资平台风险管理与度量研究",重庆:重庆大学,2011年。

周潇枭,"地方债风险集中县级政府,破产法待研究",《21世纪经济报道》,2014年11月13日。http://jingji.21cbh.com/2014/11-13/2NMDA2NTFfMTMzODk2NA.html

朱钧钧,"主权违约风险的评估方法和预警模型",上海:复旦大学,2011年。

朱钧钧、谢识予、朱弘鑫、卢书泉,"基于状态转换的货币危机预警模型——时变概率马尔可夫转换模型的Griddy-Gibbs取样法和应用",《数量经济技术经济研究》,2010年第9期。

名词索引

Bowles-Simpson report 8,98

CBO 37,53,67—68

Economic Stimulus Act of 2008 and American Recovery and Reinvestment Act of 2009 53

GAO 9,37,153,155

KMV 模型 12,141—146,225—227

Fannie Mae 29,63

FASB 138

Freddie Mac 29,63

Logit 模型 6—7

NTS 长期债券 131

OMB 37

The Path to Prosrity: *A Blueprint for American Renewal* 97

QE 33

Special-purpose vehicles 138

ST 216

案例 164—177

  其他案例 175—177

保守主义 51

卡姆登市 166—167

财政集中制 232—233

财政联邦制 232—233

财政整顿 94

橙县 164—165

赤字 48—50

底特律市 169—171

地方投融资平台 192—202,206—207,213—231

  风险 220—229

  财务数据 213—224

地方政府资本市场 124—127

共和党 53,88—94,95—105

福利 24—25,154—155

  工作人数/享受福利者人数 54—55,155

  福利国家 37,54,241

哈里斯堡市 173—174

华盛顿特区　165—167

加利福尼亚州　167—169

杰弗逊县　171—173

金融危机　28—34

决策瘫痪　102

监管　31,136—137,193—198

救助　139—140

利率　26,34,61,72—80,137—138

美国　17—34

  各级政府的关系　106—107

  对外经济关系　24

  国民经济　19—25

  国会　35—36,40,47,64—67

  国内总产值　20

  福利　45—47,52,54—55,90—92,102—104,154—155,239

  金融市场　23—24

  就业与失业　22—23

  历史　18—19

  人口　19—20

  收入分配　24—25

  通货膨胀　20—21

  住房泡沫　29—30

  总统　36

美国联邦政府债务　88—105

  历史　120—129

信用评估　133—136

债务监管　136—137

美国国债　59—62

美国历史　18—19

美国联邦政府　35—38

  财政　39—58

    未来趋势　55—58

  财政收入　39—41,52—53

  财政悬崖　64—67

  财政支出　43—45

    斟酌处置支出　46—67

  赤字　62—64

  干预　19,25—28

  宏观政策　25—27

  衰退　29—32

  税收　41—43,50—51,53—54

  研究报告　8—9

  运作机制　35—37

  预算　39—50

    长期问题　54—58

    短期问题　52—54

  债务　59—81

    长期　67—81

    公众持有　59

    可持续性分析　68—81

    风险　80—81

衡量 62—64

或有负债 138,191

两党的不同基本理念 88—90

外国人持有 60

未来发展趋势 67—68

成因 88—95

隐含负债 63—64

子孙后代 81

争论 63—64

政治程序 88—95

债务上限 64—67

组织结构 35—37

美国经济 17—34

美国政府 35—38

财政 39—58

债务 59—87

对中国的借鉴 232—240

美国州和地方政府 106—119

财政 112—118

财政收入 113—115

财政支出 116—118

结构 108—109

债务 120—124

风险 130—133

风险预测 141—150

监管体系 136—137

防范 156—158

历史 130—133

历史违约率 130

人均地方政府债务 123

隐性和或有负债估算

方法的改革 137—138

原因 153

现状 120—124

借鉴 236—240

职能 109—110

种类 110—112

地方政府资本市场 124—127

民主党 53,65,96,100,102,105

纽约-新泽西港务局 111—112

判别分析法 142—146

破产机制 136—137,139—140

强制性支出 45

斯托克顿市 175

市政债券 125—127

持有者 126

风险 126—127

违约 132—133

收益债券 125

一般责任债券 125

累进税率 42—43

医疗保障 46—47

医疗辅助 47

经济增长 94

 削减债务 94

债务 59—105,120—163

 风险 80—81,130—133,141—150,206—231

 实证研究 3—8

 违约 126—129,130—133,141—150,206—231

 主权债务理论 1

债务率 191—193,207,210—213,229—231

债务危机 59—105,151—163

政府财政可持续性分析框架 68—80

政府过度花费 90—92

中国 187—240

 财政 187—190

  问题 187—188

  对策 229—231,237—240

  权责发生制政府综合财务报告制度 189—190

  预算制度改革 188—189

  债务 187—205

中国地方政府债务 191—231

 风险 191—193,206—231

 债务构成 227—229

 思路 193—202

 问题 191—193

 预警模型 208—231

 根源 202—205

中美地方政府债务的比较 232—235